Yves BOULVIN & Anne VILLEMIN

CHOISIS LA VIE

365 invitations à changer de regard sur sa vie

10e édition
43e mille

Éditions des Béatitudes

OUVRAGES DU MÊME AUTEUR :

Renaître, éditions des Béatitudes, 2004

Rebondir après l'échec, éditions Saint Augustin, 2006

AUTRES PUBLICATIONS :

L'auteur publie un article tous les mois dans la revue

Feu et Lumière
(Le Grand Montaigu - 49290 Chalonnes-sur-Loire -
www.feuetlumiere.org)

Si vous souhaitez être tenu au courant de nos publications,
vous pouvez envoyer vos nom, adresse et email aux
Éditions des Béatitudes, Burtin, 41 600 Nouan-le-Fuzelier
ed.beatitudes@wanadoo.fr
www.editions-beatitudes.fr

ISBN 978-2-84024-173-7

AVANT-PROPOS

Ce livre a été conçu à partir des émissions *Foi et psychologie* d'Yves Boulvin, diffusées quotidiennement depuis de nombreuses années sur plusieurs radios chrétiennes du monde francophone. Il répond à la demande de nombreux auditeurs qui souhaitaient y retrouver ce qu'ils avaient entendu sur les ondes. Cet ouvrage ne se veut pas un traité de psychologie, ce qu'il est loin d'être, mais plutôt une sorte de compagnon de chaque jour. Ce compagnon n'a d'autre dessein que d'inviter chacun à regarder sa vie avec des yeux neufs et à en percevoir la beauté en dépit des errements, des tragédies et des difficultés que comporte toute existence humaine. Que le lecteur se sente comme en présence d'un ami et qu'il ait même l'impression de pouvoir échanger avec lui, voilà toute l'ambition de ce texte.

On peut évidemment le lire d'une seule traite, mais qu'en retiendra-t-on et qu'aura-t-on pu mettre en pratique ? Il y aurait plus de profit à en faire une lecture quotidienne et que cette lecture soit l'occasion d'une méditation de quelques minutes, c'est par de petits exercices quotidiens de ce type que chacun peut trouver le sens tout personnel qu'il donnera à sa vie et la manière d'agir ou de réagir face aux épreuves auxquelles il est confronté. Il est également possible d'ouvrir ce livre au hasard, de le parcourir dans n'importe quel sens, d'y rechercher un thème qui réponde à une attente précise et de laisser parler le texte à son cœur selon ce que l'on vit.

Tout être humain traverse ou traversera des crises ; ces crises ne doivent pas nous enfermer dans le malheur mais plutôt nous permettre de grandir si nous savons découvrir l'enseignement ou même le cadeau qui se cache derrière elles, et c'est bien l'Œuvre de Dieu que de nous faire découvrir les cadeaux de la vie, à condition que nous Le laissions agir

Yves Boulvin et Anne Villemin

1er
janvier

Ta vie est belle et féconde

Au lieu de porter tant de jugements négatifs sur ta vie, apprends à la voir et à l'aimer telle que Dieu la voit et l'aime. Entends-tu son merci pour ce que tu as permis et réalisé autour de toi, parfois sans même le savoir ?

Est-ce que tu veux bien ne plus généraliser en disant : tout est vide, sans valeur, je n'ai rien réussi, je ne suis bon, bonne à rien ? Ce sont peut-être des phrases que tu as entendues dans ton enfance, mais elles n'ont pas de sens.

Est-ce que tu veux bien ne plus te comparer aux autres ? Tu portes aux nues les réalisations de certains et tu dévalorises les tiennes. Veux-tu abandonner les jugements, les comparaisons, les phrases toutes faites ? Ces habitudes t'enferment dans le négatif.

Veux-tu cesser d'utiliser ta mémoire pour ruminer les moments difficiles, ceux qui t'ont fait souffrir ou ceux qui te font honte, alors qu'elle pourrait te servir à te rappeler ce qui est heureux, ce qui a été réussi, tous ces moments de grâce où tu as reçu la sainteté en toi, où tu as fait du bien, rendu service ou simplement eu l'intention de le faire ?

Est-ce que tu veux bien cesser toutes ces projections sur ton avenir ? Tu juges ton passé comme médiocre et tu te projettes dans un avenir du même type. Comment peux-tu connaître ton avenir ? Penses-tu qu'il soit déjà écrit ? Ne joues-tu pas à l'apprenti sorcier ? Tu colores ton futur de ce que tu crois être la grisaille de ton passé à travers tous les reproches que tu te fais.

Et si tu vivais le présent tel qu'il est, et que tu l'acceptes ainsi ?

Aujourd'hui est le premier jour de ta nouvelle vie, même si en ce jour se résume l'expérience de ton ancienne vie "repositivée". A présent, comme il est écrit dans la Bible, *voici que se font en toi toutes choses nouvelles*[1], enrichi que tu es par ton passé, construit et revigoré par lui. Car, si tu sais le discerner, dans tous les événements de ta vie, même les plus douloureux, il y a eu et il y a toujours un cadeau.

1. Apocalypse 21, 5.

2
janvier

Tout a un sens

Quelles que soient mes réussites extérieures, le sens de ma vie est de faire avancer l'humanité, ne serait-ce que de quelques pas. C'est à la fois une grande œuvre et une toute petite, parce que mes moyens sont limités, parce que je fais plein d'erreurs et parce que je n'atteindrai jamais la perfection.

Que je prenne conscience de l'importance de chacune de mes pensées et de chacun de mes actes. Tout ce que je vis, tout ce que je ressens, diffuse autour de moi, rejaillit sur d'autres et contribue à l'embellissement du monde ou au contraire, à sa détérioration. Voilà où est ma responsabilité.

L'œuvre de ma vie est d'une part, de casser les habitudes, les scénarios, les fausses croyances, les stéréotypes, les préjugés reçus des générations passées – tout en remerciant mes ascendants de ce qu'ils m'ont transmis de bon, de vrai et d'utile – et d'autre part, d'intégrer à ma vie et de faire fructifier cet acquis positif qui m'est confié. C'est ainsi que, sans en avoir vraiment conscience, mon éveil personnel rayonne autour de moi : je peux aider autrui, mais moi aussi je suis aidé par d'autres.

Ainsi, je peux concevoir, si je me vis comme relié à toute l'humanité, que mon existence tout entière soit riche de sens, même si je me sens seul, même si je n'ai pas d'enfant, même si je suis sans travail, même si je suis handicapé ou en train de mourir.

3

janvier

La crise est une opportunité

La survenue d'une crise – et nous en traversons tous – est une occasion de retournement, de mutation. Au début de ce qui est en réalité une crise d'identité, de croissance, je me sens très vulnérable, ballotté, perdu, abandonné.

Il arrive un moment où j'ai à prendre une décision : ou je baisse les bras et je me laisse couler, ou bien je choisis de faire un pas en avant. Ce sera par exemple une demande d'aide, un changement professionnel, la réalisation d'un projet qui me tient à cœur depuis longtemps, ou la mise à jour de ce que je suis vraiment.

Heureuse retraite qui me donne le temps et l'énergie – si je peux la prendre suffisamment tôt – de réaliser ma vocation, pour me permettre d'être enfin moi-même, car il n'est jamais trop tard.

Je n'oublie pas qu'une même vague peut noyer le nageur inexpérimenté et faire les délices du surfeur ; que les mêmes chutes peuvent faire chavirer un canoë et remplir de joie ceux qui descendent les gorges de l'Ardèche ou du Verdon. Ils savent qu'il y aura des passages difficiles et apprennent à les franchir ; c'est pour eux une joyeuse aventure. Et si je voyais ma vie comme cette épreuve sportive ? Je vais dans le sens du courant, je me laisse porter par lui, et je m'adapte aux accidents de parcours.

Je me souviens qu'un tunnel a toujours une sortie ; qu'une montagne, aussi escarpée soit-elle, a toujours un sommet. La souffrance qui est la mienne en ce moment, a un début et aura une fin. A moi d'en faire une traversée ou une ascension glorieuse.

4
janvier

Dieu retourne tout en bien

Quelle que soit l'image que tu as de toi, ta vie peut être complète-ment retournée en sorte qu'elle te paraisse bonne et estimable. Donne ton buisson d'épines et Dieu en fera un buisson ardent. Donne ton étable avec le fumier, et Il en fera une crèche dans laquelle Il viendra naître.

Donne ta croix ; Jésus qui t'a sauvé viendra la porter avec toi.

On t'a traité d'âne, mais rappelle-toi, c'est sur un ânon ou une ânesse que Jésus est entré triomphalement à Jérusalem.

Souvent tu es "allé au charbon" : quand tu t'es sali dans ton travail, quand tu t'es senti noir ou gris dans tes relations avec les autres. Donne tout le charbon de ta vie et Dieu en fera des braises. Dans l'encensoir, si l'on met des graines d'encens sur les braises, celles-ci vont pouvoir brûler et dégager un parfum suave.

Est-ce que tu veux bien retourner tous tes refus, tout ce tu aurais préféré ne jamais vivre, tout ce qui te paraît inacceptable, indigne de toi ? Est-ce que tu veux bien dire oui à tout cela ?

Est-ce que tu veux bien donner tes non-pardons, tes rancœurs, tes aigreurs, et même ce que tu dis être tes ordures. Ton Père Céleste les reçoit comme un cadeau et – si nous pouvons nous permettre cette comparaison audacieuse – il les reçoit comme peuvent le faire de jeunes parents, réjouis par les productions de leur tout-petit qui apprend à aller sur le pot. Dieu transforme tout en or, comme le roi Midas qui changeait en or tout ce qu'il touchait. Par Lui, les embûches de ta vie se transformeront en bûches qui alimenteront un feu continu et bienfaisant pour toi et pour les autres.

De tout, sans aucune exception, Dieu peut faire un Bien, un plus grand Bien.

5

janvier

Tu portes la joie

Souvent, je me compare aux autres. Comme je ne m'aime pas, je voudrais être plus important que mon voisin, posséder plus que lui. Le désir d'amasser des richesses est une quête qui n'a pas de fin: plus je crois m'approcher du but, plus il s'éloigne. Je me sens de plus en plus insatisfait et frustré.

Je cesse de gémir et je rentre en moi-même. Si je peux renouer avec mon être, mon grand Moi, c'est là que je trouverai mon trésor. Quand je suis ému par les plus beaux paysages ou quand je vis les instants les plus heureux, je touche mon immensité intérieure. Le temps est suspendu. Le présent est infini.

Si la beauté sous toutes ses formes peut me faire vivre la joie, il est une autre façon de la faire naître. Chaque fois que je fais un sourire, un geste vers quelqu'un, alors que je n'en ai aucune envie ou que je me sens sans force, je puise au plus profond de mon être. Je donne à mon prochain par ce sourire tout ce que j'ai. A son tour, il m'offre ce qu'il a de meilleur en lui, par son regard, par une parole. Il accueille mon cadeau comme j'accueille le sien et chacun de nous repart plus riche de la joie de l'autre.

Comme saint Christophe, je porte le Christ. Comme le chameau et sa réserve d'eau qui lui permet de traverser les déserts, moi aussi, porteur de vie éternelle, je traverse les difficultés de la vie et j'aide les autres à faire de même. Ainsi qu'il est dit chez les chrétiens d'Orient, je suis, nous sommes tous porteurs de la béatitude infinie. Nous sommes des passeurs, des messagers de la Bonne Nouvelle.

6

janvier

Rééquilibrer notre personnalité

Si nous nous comparons à un instrument de musique, comme l'orgue, nous pouvons dire que nous avons tous le même clavier, mais que nous n'en jouons pas tous de la même façon. Le travail de notre vie est de comprendre comment notre individualité psychique s'est modelée au fil de notre éducation, pour en changer les aspects dysharmonieux et outranciers. Ne nous réduisons pas à cette personnalité qui nous fait souffrir. Nous avons en nous un enfant de lumière chargé d'une mission, celle de nous faire vivre le bonheur ainsi qu'à ceux que nous côtoyons.

Notre personnalité est comparable à des tuyaux d'orgue : ils sont de toutes tailles et de tout calibre. Pour que la musique puisse naître – notre mission – il faut qu'un organiste – l'Esprit – envoie un grand souffle d'air dans des tuyaux qui ne soient ni bouchés, ni trop fermés, ni trop ouverts ; pour que le son soit juste, chaque tuyau doit avoir une ouverture et une longueur idéales, ni trop grandes, ni trop petites.

Nos problèmes relationnels avec nous-mêmes, avec les autres et avec Dieu, viennent de ce que notre structure psychique comporte des fermetures, des blocages, des excès de toutes sortes. Remettons de l'ordre là où il y des dysharmonies, calibrons les tuyaux d'orgue, rangeons-les de façon régulière, rééquilibrons les vides et les trop-pleins. Alors seulement, la musique de notre âme se fera entendre et notre mission se révélera à nous.

7

janvier

Du négatif au positif

Lorsqu'on prend une photographie et qu'on la développe, on obtient d'abord une image en négatif; l'étape du négatif précède celle du positif. Les dons que tu as reçus à la naissance n'ont pas été forcément perçus par tes parents, tes éducateurs, ni par toi. Tu as en toi comme une photographie, celle de ta vie, de tes potentiels, de tes dons. Pour qu'elle soit réussie, il faut une bonne exposition, une lumière suffisante. Plus la lumière aura été intense au départ, et plus le négatif sera noir. Lorsqu'on tirera le cliché sur le papier, on aura besoin du révélateur, puis du fixateur; et ce qui était noir sur le négatif deviendra lumineux sur le positif et y restera.

Plus tes dons seront importants ou délicats à mettre à jour, plus tu auras de difficultés à les voir au début de ta vie, voire dans la première moitié de ta vie. Il te faudra rencontrer un, ou des révélateurs, puis des fixateurs, pour que ce qui te paraissait si noir – le négatif –, devienne lumineux – le positif. As-tu rencontré ces révélateurs, ces fixateurs? As-tu rencontré Le Révélateur? Quel que soit ton âge, même si tu as 40 ou 70 ans, peut être n'as tu pas encore été révélé à toi-même? D'où les crises que tu vis. Pourtant, même si tu as cet âge, il n'est pas trop tard!

Voici ton parcours: un apprentissage. Regarde ton passé avec ses crises, ses difficultés, comme une préparation, comme une étape intermédiaire mais indispensable: celle du négatif dans la photographie. Reçois la lumière et le souffle de l'Esprit Saint. C'est lui le Révélateur qui vient transformer le négatif en positif. Tu Lui donnes ta photographie en négatif et Il te la rend en positif. Tu Lui donnes ton vilain petit canard et Il te rend un cygne. Tu Lui donnes ta bête et Il te rend une belle. Tu Lui donnes ton crapaud et Il te rend un prince. Tu Lui donnes ta Cendrillon et Il te rend une princesse. Il est Celui qui ravive tes dons, Celui qui te révèle ce que sont tes vraies couleurs et Il te fixe en toi-même, Il te fortifie, et t'aide à t'incarner pour que tu puisses porter du fruit.

Et ce négatif que tu trouvais si laid au départ, le voilà transformé en *épreuve* réussie dans les deux sens du terme, et à partir de ce seul cliché, on peut en multiplier le tirage à l'infini. Voilà le fruit de ta vie: cette photographie que l'on peut dupliquer sans limite, c'est le sens de ta vie sur terre. Ta réalisation, c'est la pièce que tu es chargé de mettre en place dans le puzzle universel, celle dont les autres ont besoin pour que le puzzle soit complet.

8
janvier

Un Cœur immense

Être croyant, c'est recevoir dans son pauvre cœur, étriqué, blessé, durci, Celui de Dieu qui comprend tout, qui embrasse tout, qui transforme tout, c'est un Cœur immense, ouvert à l'infini.

Ce vers quoi nous tendons tous de façon plus ou moins consciente, ce n'est pas d'amasser quantité de choses, du prestige ou de l'argent, mais de progresser, chacun avec son originalité, vers un approfondissement personnel, vers un accroissement de l'être, même si cet accroissement passe par des diminutions passagères ou définitives touchant à l'avoir. A l'origine de tous nos actes, se trouve le désir d'aimer et d'être aimé ; quoi que nous fassions, quoi que nous entreprenions, toi et moi recherchons cela.

Quels que soient l'âge que nous ayons, le poids de notre passé, les difficultés de notre présent, laissons-nous remplir par cette immensité divine, pour qu'à travers elle, nous puissions éprouver pour celui ou celle que nous croiserons aujourd'hui, un petit peu de ce que Dieu ressent pour nous.

9
janvier

Les trois niveaux de l'être

Nous sommes tous des poupées russes, des matriochkas. La première poupée est la plus grande et c'est elle qui contient toutes les autres ; la plus profonde étant la plus petite.

La première poupée représente le paraître, le masque, le *moi* extérieur, l'enfant maquillé, les jeux que nous jouons. Quand je me tiens à ce niveau, j'ai tendance à n'exister et n'agir qu'en fonction des autres.

Si l'on ouvre la première poupée, on en trouve une deuxième qui est notre personnalité, notre *petit Moi*, notre enfant blessé. Là sont nos qualités, nos défauts ainsi que les états de notre personnalité, *Parent*, *Adulte*, *Enfant*, tels que les décrit « *l'Analyse transactionnelle* ».[2] Cette poupée est le lieu du psychisme, plus ou moins meurtri chez nous tous, et qui peut blesser.

La petite poupée centrale, c'est elle qui représente notre être profond, l'énergie de vie, le *grand Moi*, l'enfant de lumière, le temple de l'Esprit.

Ce que je suis est un composé de paraître, de personnalité et *d'être*. Si je veux avoir des relations positives et légères avec les autres, j'ai à découvrir mon être. C'est lui qui me fait entrer en communion, en empathie avec l'enfant intérieur de l'autre. Sinon, je reste dans la superficialité relationnelle : dans le paraître ou dans le psychisme.

Pour rejoindre mon enfant intérieur, j'ai à équilibrer ma personna-lité de manière à ce qu'elle ne bloque pas l'expression de l'être, mais plutôt qu'elle la suscite en étant là comme en transparence.

---

2. *L'Analyse transactionnelle* a été inventée par Eric Berne. C'est un outil qui permet de décrire dans un langage accessible, les différents états de la personnalité appelés *Parent, Adulte, Enfant* ; elle décode les difficultés relationnelles ; elle permet à chacun de trouver des solutions à ses problèmes de communication, que ce soit avec ses proches ou dans le monde du travail. Consulter à ce propos : A. CARDON et coll., *L'analyse transactionnelle, outil de communication et d'évolution,* Les Editions d'Organisation, Paris, 1983.

10 janvier

Qui suis-je vraiment ?

Je ne suis pas ce paraître, je ne suis pas ce masque, je ne suis pas ce personnage de surface, ni cette marionnette qui fait des pirouettes. Je ne suis pas non plus cette tête qui pense, qui me juge, qui me critique, qui rejoue les mêmes scénarios ; je ne suis pas non plus celui qui répète ces phrases toutes faites, mille fois entendues.

Un des buts de ma vie est de découvrir qui je suis vraiment. Je ne m'identifie pas à mes erreurs, à ma pensée, à mon psychisme, mais je découvre en moi le tout-petit à travers qui le Tout-Grand se manifeste. J'apprends à dire non à tout ce qui m'encombre, à tout ce qui me nuit et fait du mal autour de moi.

Je ne suis vraiment moi-même que dans ce petit enfant intérieur, même s'il me faut pour le retrouver, passer par mon psychisme et mon corps. J'apprendrai, pas à pas, à utiliser ce qu'il y a de positif en eux.

11
janvier

Qui construit ma vie ?

Est-ce bien moi ? Sont-ce mes parents, mon éducation, mon entou-rage, le milieu d'où je viens ? Il est vrai que j'ai été façonné par tout cela ; mais ai-je appris à penser par moi-même ?

Si je suis plutôt rebelle, je tente de m'affirmer en luttant contre quelqu'un, contre une idéologie, ou contre un mode de vie. Je ne suis pas vraiment libre de mes décisions puisque je choisis systématiquement l'opposition et non pas ce qui vient de mon être.

Si je suis plutôt soumis, dépendant, conditionné, je me comporte comme je l'ai vu faire dans ma famille et j'agis pour être conforme à ce que l'on attend de moi, à l'éducation que j'ai reçue. Pour moi, être heureux, c'est me sentir accepté, reconnu. Je redoute ce que va penser mon mari, ma femme, mes parents, si je n'agis pas de telle manière. Je crains d'être jugé. Finalement, je vois bien que ce n'est pas vraiment moi qui décide. J'ai du mal à faire des choix, à prendre une direction. Je me sens souvent perdu et je cherche les solutions à l'extérieur de moi. Je les cherche dans des compensations, chez les autres, mes proches, chez ceux qui me soignent, ceux que j'admire et qui semblent avoir trouvé ce secret du bonheur qui me manque.

Je n'ai pas vu que ce secret était en moi. Je suis le seul détenteur du secret de mon propre bonheur.

J'ai peut-être été "paillasson" ou "hérisson" ; maintenant, je décide de devenir plus autonome, plus adulte[3], pour vivre "à l'unisson",[4] c'est-à-dire en communion avec Dieu, avec mon enfant intérieur et avec ceux qui m'entourent.

---

3. Voir note 2.

4. Vincent LENHARDT, *Les sept degrés de l'autonomie,* Sonothèque Média, 1988, Sauveterre de Comminges 31 510 – Barbazan.

12
janvier

Se réjouir de ses imperfections

Lorsque je fais une erreur, l'important ce n'est pas d'y revenir sans cesse et de m'en culpabiliser comme si je devais être parfait. Je n'ai pas à avoir dans la tête un étalon de perfection auquel je me comparerais perpétuellement, même si on a fait cela avec moi lorsque j'étais petit.

C'est pour cela que j'accepte à l'instant même d'avoir fait une erreur. Aujourd'hui, par exemple, j'ai dit une parole blessante que j'ai regrettée aussitôt. Je le reconnais et je cherche comment réparer. Je le fais et je n'y pense plus. Si j'agis ainsi avec moi, je serai moins exigeant envers les autres, plus stimulant, plus positif, plus tolérant.

Est-ce que je sais tirer le meilleur parti de mes erreurs ? Notre vie est une suite d'erreurs et de progrès ; notre évolution est le fruit d'une expérience et d'un apprentissage incessants. Mon devoir est de me construire, d'aller vers un approfondissement et un accroissement de l'être et non pas d'être parfait. Le *sois parfait* est une injonction que j'ai peut-être reçue, mais elle n'est qu'un fil conducteur, une orientation. Présentement, je ne peux qu'aller d'imperfections en imperfections acceptées dont je tire un enseignement. Si ce sont elles qui me modèlent, qui me font avancer, alors que je sache m'en réjouir ! Bénies soient-elles !

Il n'y a de perfection que dans l'imperfection parfaitement acceptée. Dieu seul est Parfait. Recevoir en moi sa Sainteté, retourne et transfigure toutes mes imperfections. Jésus a donné Sa Vie pour qu'elle jaillisse à travers mes voiles et que tout sans exception ait un sens dans ma vie. Il n'y a aucune erreur qui ne puisse être retournée ; aucune goutte de souffrance offerte qui ne soit inutile.

13
janvier

Etre un chercheur d'or

Quel être humain serait capable de faire face tranquillement à toutes les situations, à tous les changements et pourrait entendre sans se troubler toutes les critiques en disant simplement : je te comprends ?

Qui pourrait être pleinement tolérant, par rapport aux opinions, idéologies et choix des autres et pourrait simplement dire : "je ne suis pas d'accord", sans jamais attaquer l'autre dans son être ? Qui est capable de ne pas porter de jugement, de ne pas mettre d'étiquette ? Qui ne se laisse pas perturber par la différence, mais au contraire s'enrichit de celle-ci ?

Un tel être humain est un chercheur d'or.

Trop souvent quand j'ai peur, je passe à l'attaque, ou bien je fuis ou bien je me bloque. Tandis que si je comprends ce qui se passe, je perçois mes peurs et j'admets les tiennes. Ainsi donc, lorsque tu m'agresses, je discerne chez toi un petit qui souffre et qui a peur ; au fond de toi, dans la lumière de tes yeux, dans le son de ta voix, je devine un trésor. Cette vision fait que je n'ai pas envie de répondre par l'attaque. Je te montre que je te comprends.

De la même façon, heureux les parents qui reçoivent pour leurs enfants le regard valorisant qui sait mettre à jour leurs joyaux, leurs talents et qui les font fleurir. Ils n'enferment pas leurs enfants dans leurs projets, et surtout pas dans des missions de réparation destinées à combler ce qu'ils n'ont pas su réaliser. Bénis soient les parents qui savent employer des mots vitalisants qui font croître.

14
janvier

Le secret du bonheur

C'est souvent dans les moments les plus difficiles que paradoxalement, je peux découvrir le vrai bonheur. Si je peux renoncer à une situation ou à une personne à laquelle je tiens, sans masochisme, sans révolte, c'est alors que je vais me sentir comme délesté, allégé, rempli du désir de dire oui à la vie. Ayant perdu mes béquilles, mes faux supports, ne pouvant plus être en fusion ou en confusion avec celui ou celle que je croyais aimer, j'accède à la liberté intérieure.

Je deviens capable de vivre intensément le présent, pleinement, de tout mon être. Je comprends que tout mon bonheur est là et que le reste est moins important, par exemple mon état de santé, mon environnement, ou un problème de travail. Bien sûr cet état est un moment de grâce ; je sais qu'il peut s'échapper, mais je sais aussi que je peux le retrouver, car il est en moi. Cela m'encourage et m'aide à accepter les difficultés, la lourdeur de la vie.

Toute situation, même la plus négative, peut être retournée si j'y adhère totalement, telle qu'elle est aujourd'hui. C'est impossible d'y arriver d'emblée et quand je serai parvenu à cet état de consentement, il me sera sans doute difficile de maintenir la transformation de façon durable ; que je ne me décourage pas, cela se fera en moi petit à petit.

Je vis une difficulté de couple : je la reçois ; je vois ma part et j'accepte ce qui ne dépend pas de moi.

Je vis la mort d'un proche : je passe par des phases de refus, de désespoir, de découragement, de violence, de rejet de la faute sur les autres et enfin, je finis par y consentir. Je ne peux rien faire pour changer cet événement, alors je l'accueille, je cesse de résister, de me révolter et je sens monter de ma profondeur un état de paix.

15

janvier

Oser dire non

S'il est important de savoir dire oui à tous les événements de notre vie pour pouvoir avancer, il l'est tout autant de savoir dire non. Jésus a dit : « *Que votre oui soit oui, que votre non soit non.* »[5]. Or, très souvent, si nous sommes sensibles, nous croyons qu'être obligeants ou généreux c'est de toujours dire oui. Alors, nous subissons, nous nous en voulons de notre passivité et nous en voulons aux autres de ce qu'ils nous font endurer. Il serait plus juste de voir la responsabilité que nous avons dans cette soumission, puis d'accepter nos limites, et de savoir les montrer aux autres en disant « non, je ne peux pas accepter cela ».

Vis-à-vis de mes enfants, je sais user de mon autorité : je me donne le droit de dire non à mon fils qui veut prendre la voiture sans m'en demander la permission ; je sais refuser une sortie à cet autre enfant qui ne respecte pas l'heure convenue, qui rentre trop tard et qui tombe de sommeil le lendemain matin ; je sais inciter fermement ma fille qui "explose" à aller se calmer dans sa chambre, ou à taper dans un coussin pour se défouler.

J'ai peut-être souffert de la domination de mes parents et de refus tellement intransigeants que j'ai maintenant du mal à affirmer mon autorité. J'y retrouve la façon abusive dont mes parents ou mes professeurs l'ont exercée sur moi, et de ce fait, je ne peux rien refuser à mes proches, ni à mes enfants.

J'ai à travailler sur mon *adulte* pour cultiver et retrouver une affirmation sereine, pleine de tendresse, de discernement, qui sait poser des limites, qui ne prend pas tout sur soi et qui sait dire non à certaines dominations, à certains envahissements.

Cette autorité n'est pas écrasante, mais aimante.

---

5. Matthieu 5, 37.

16
janvier

Se poser sans s'imposer

Tu ne sais pas ou tu ne te permets pas d'arrêter une conversation, de partir, de quitter. Tu es à une réunion qui t'ennuie et tu attends la fin. Tu es invité chez des amis le soir et tu n'oses pas partir, alors que tu es fatigué et que tu dois te lever tôt le lendemain. Tu es au téléphone, la conversation tourne en rond depuis une heure, tu vois que ton écoute ne sert plus à rien et tu ne te donnes pas la permission d'interrompre l'entretien.

C'est important que tu prennes la liberté de mettre un terme à une communication quand elle n'est plus efficace, ou désagréable ; d'arrêter une relation quand elle est insupportable. Tu peux le faire positivement, sans être blessant.

Tu as le droit, quand tu es invité, de repartir à une certaine heure parce que tu sais que ce sera bien pour toi. Explique-toi avec courtoisie, de façon unifiée, c'est-à-dire en plein accord avec toi-même, sans culpabilité, parce que tu te donnes la possibilité de le faire. Peut-être d'ailleurs cela arrangera-t-il tes hôtes qui, eux-mêmes n'osent pas forcément te faire sentir qu'il est tard.

Tu as le droit de quitter une situation, quand il y a une violence qui s'exerce contre toi. Pose bien les limites de ta tolérance. De même que tu n'as pas à envahir les autres, de même les autres n'ont pas à t'envahir. Prends de la distance, momentanément au moins, vis-à-vis des personnes qui pour l'instant, t'empêchent de vivre ou ne te font pas de bien. Sache te protéger, même de tes proches. Vois bien tes limites et explique-les.

17
janvier

Le miracle du oui

Si je sais dire oui au temps qu'il fait, aux encombrements de la route, aux vexations, à mes douleurs physiques, je saurai le faire aussi pour mes erreurs et pour des événements plus difficiles à accepter.

J'aurais voulu arrêter de fumer et je n'y suis pas encore arrivé, je l'admets et je reprends ma décision. Je me suis à nouveau emporté et je le perçois ; la prochaine fois je privilégierai l'humour au lieu de tout prendre au tragique. Je n'ai pas osé affirmer ma différence, mon opinion ; malgré cela, je me regarde avec indulgence et je refuse d'entrer dans le ressassement.

Je ne reviens pas indéfiniment sur ce que j'ai fait ou ce que j'ai dit, en remâchant ma négativité, ma violence ou mon manque d'assurance, en pensant à ce que j'aurais dû dire et à ce que j'affirmerai la prochaine fois.

Je reste dans le présent. Le passé est révolu, seul compte l'instant présent.

Dire oui à ce qui est et ce qui a été, parce que c'est ou cela a eu lieu, libère mon esprit pour mieux agir maintenant. Si je sais dire oui dans les petites choses de la vie quotidienne, je saurai mieux accepter un changement, une séparation, une perte d'emploi ou un deuil, et trouver en moi les ressources nécessaires pour y faire face et poursuivre ma route.

18
janvier

L'unité intérieure

Je ne suis pas unifié lorsque j'hésite entre plusieurs solutions, entre plusieurs partis à prendre. Je suis divisé, morcelé. Et cela se complique si je suis encombré par un passé familial lourd, où j'ai eu des exemples d'irrésolution, des tergiversations, de flottement; il en est de même si j'ai appris à me culpabiliser à outrance et à subir.

C'est le plus souvent contre moi que je me bats. J'ai des pensées obsessionnelles qui m'épuisent; j'ai du mal à me concentrer, à choisir une orientation, parce que je ne sais pas où est ma vérité.

J'ai à apprendre à vraiment dire *je*. Aujourd'hui je décide de m'unifier davantage dans tout ce que j'ai à faire. Mon apprentissage à dire *je*, ne peut se faire que par des petits exercices quotidiens, des petites décisions. Moi, sujet de ma propre vie, je décide de donner ce coup de téléphone à cette personne qui m'impressionne et je tiens compte de mes limites et des conséquences de ce choix. J'agis, et quand c'est fait, je n'y reviens plus, même si cet entretien ne s'est pas passé comme je l'aurais souhaité. Je rectifierai plus tard quand je serai apaisé, et si c'est nécessaire, je prendrai une autre décision, mais étant unifié.

Chaque fois que je me surprends à vouloir me réfugier derrière l'avis d'un autre, ou derrière une formule commode: *tout le monde pense que*, je reprends le gouvernail de ma vie et je dis: « je crois, je décide ».

Il y a en moi un centre unifié, où règne l'Harmonie de Dieu. Il me reste à le découvrir.

19
janvier

Là où est ta blessure, là est ton don

Nous avons tous un domaine où nous sommes fragiles. Pour certains, c'est d'avoir connu la dépression, la solitude, ou la maladie, la dépendance alcoolique, l'hôpital psychiatrique. Nous pouvons aider quelqu'un, là où nous sommes encore sensibles, touchés ; nous pouvons partager la souffrance que nous avons vécue, et être pour d'autres un espoir et un témoin de la guérison possible.

Là où tu as le plus souffert, là se trouve sans doute ta vocation.

Un enfant est très sensible, très vulnérable à l'endroit d'un de ses dons. Un enfant qui a le don de la parole, souffrira plus qu'un autre qu'on veuille le faire taire, ou que l'on trouve ridicule ce qu'il est en train de dire ; il peut progressivement devenir complètement inhibé dans son expression verbale, ou bégayer, alors qu'il avait peut-être un don d'orateur, d'enseignant.

Un autre enfant sera par exemple, très rebelle devant ce qu'il estimera être une injustice : il va crier, taper du pied, casser des objets ; nous, ses parents, allons juger cette attitude insupportable et punir, au lieu de l'orienter. Et nous risquons de briser en lui cet élan. Il a peut-être un talent pour être un défenseur de l'humanité. Pensons, pourquoi pas, à l'abbé Pierre, cet "insurgé" de Dieu.

Un enfant qui casse beaucoup, a souvent un don manuel. Au lieu de le traiter d'incapable, de maladroit – ce qui risque de le marquer durablement – sachons l'aider à utiliser positivement l'énergie qu'il a dans les mains et découvrons ensemble quel don lui est sous-jacent : dessin, bricolage, musique, ou capacité de soigner.

C'est à nous, parents, de montrer à nos enfants où sont les dispositions que nous entrevoyons chez eux au-delà des apparences. Dans le négatif, le positif est toujours visible en filigrane. Si nous soulignons le négatif chez nos enfants, nous allons l'augmenter chez eux, comme s'ils se conformaient à l'image que nous leur renvoyons d'eux-mêmes. Sachons voir le positif en transparence. Devenons des chercheurs d'or et découvrons les pépites d'or dans la boue qui les dissimule.

20

janvier

Ce feu qui m'habite

Nous sommes remplis par le feu de l'Amour de Dieu. Ce feu est une centrale d'énergie qui est la source de notre vitalité, de notre joie de vivre, de nos passions ; ainsi en est-il de la colère. La colère est une expression de notre feu intérieur. Comme l'orage, elle peut détruire, elle peut m'abattre si je la retourne contre moi.

Je n'ai ni à rejeter ma colère, ni à l'exprimer bruyamment, ni à la couper brutalement. Comme le dit Jésus, il faut attendre le temps des moissons pour faire le tri entre le bon grain et l'ivraie. Ma colère n'est pas mauvaise: c'est une émotion parmi d'autres. Je n'ai pas à l'exprimer avec dureté et sans discernement, même si je pense me soulager dans l'immédiat. Avant de parler, je regarderai mon mécontentement, j'en comprendrai l'origine. Je me souviendrai que lorsque j'étais enfant j'avais déjà ce feu en moi ; ce feu signifie sans doute que j'ai la capacité de me lancer dans des actions concrètes et de façon énergique.

Je me réconcilie avec mes colères. Elles sont porteuses d'un dynamisme dont j'ai besoin pour avancer. Si je refuse de les vivre, je vais couper tout élan en moi et je serai sans désir, sans énergie, je deviendrai le spécialiste des phrases-impasses comme: « à quoi sert ma vie, à quoi bon tout cela ? » Lorsque je me complais dans cette négativité, la dépression n'est pas loin.

Si je me sens rempli d'une colère dont je ne comprends pas bien l'origine, au moins que je trouve un dérivatif, comme taper dans un punching-ball, crier dans une forêt, ou pratiquer un sport, le chant ou la danse pour ne pas garder tout en moi et agresser inutilement mes proches.

Par ailleurs, pour que ma colère passe, une fois en avoir pris conscience, l'avoir identifiée, je peux découvrir son origine ultime : une blessure, un besoin d'amour. Je vais alors apprendre à me laisser remplir en profondeur par l'Amour inconditionnel de Dieu dans un cœur à Cœur avec Lui et je vais chercher des endroits où je peux recevoir la tendresse, l'attention et l'écoute qui me sont nécessaires.

21
janvier

Aime ton corps

Tu as eu des enfants. Ton ventre a souffert, tu le trouves déformé, mais il a porté la vie. C'est dans les frémissements de tes entrailles que tu as senti l'amour maternel s'éveiller en toi

Qu'y a t-il de plus beau que le ventre d'une mère ? Aime ton corps embelli par l'amour, glorifié par l'épreuve, par les souffrances de la vie. Ton corps est marqué, mais il l'est par tout ce que tu as vécu ; et Dieu t'aime dans chacune de tes épreuves, dans chacune de tes souffrances. Ton corps porte les stigmates de ta vie.

Et puis tu as des rides d'expression. Aime-les. Certes, le lifting permet de les effacer, mais les rides parlent de ta vie. C'est toi avec tout ce que tu es.

Ton âge, ta morphologie, ta taille sont ce qu'ils sont. Accepte-les. Le début de ta croissance intérieure passe par le consentement à ce que tu ne peux pas changer. Tu as un certain poids ; dis-lui oui parce que pour l'instant c'est ainsi. Si tu n'en est pas satisfait, essaie de comprendre l'origine de ces kilos superflus ou manquants. Imagine-toi tel que tu voudrais être. Mais avant d'entreprendre quoi que ce soit pour changer de masse, aime-toi tel que tu es maintenant, et reçois l'amour de Dieu pour toi. Tu as tellement pris l'habitude de te punir en sabotant tes décisions, que tu risques de reprendre vite les kilos perdus ou gagnés – selon que tu voulais maigrir ou grossir – tout simplement parce que tu ne t'aimes pas.

22
janvier

Dieu embrasse toutes mes blessures

Dans nos relations humaines, trop souvent nous nous mangeons les uns les autres. Ceci ne vient pas de Dieu. Lui ne sait qu'embrasser sans fin chacune de nos blessures et sous ses baisers, toutes nos cicatrices guérissent. L'émerveillement de notre vie, c'est de voir qu'aucune d'entre elles ne peut résister à tant d'Amour.

J'accepte de regarder mes meurtrissures, sans les minimiser, ni les dramatiser ; je les comprends, je les vois avec sérénité : c'est vrai, là j'ai été blessé.

Et si j'ai des comportements d'agressivité, de domination, de soumission, de compensation, si j'ai des réactions disproportionnées, si je suis souvent abattu, malade, c'est parce que je suis blessé dans mon psychisme.

Dieu connaît l'origine de toutes mes souffrances. Il me dit : «Laisse-toi aimer. Laisse-toi embrasser dans tout ce que tu es, et dans tout ce que tu as fait. Ta vraie force est d'accepter ta vulnérabilité. Tu es petit, tu es faible, tu es meurtri. J'ai vécu en Jésus tous les tourments, toutes les afflictions de l'humanité, pour que tes blessures soient entièrement guéries.

Laisse-toi embrasser par moi. »

Se laisser embrasser, c'est aussi permettre au charpentier de Nazareth de poser des fenêtres, des baies vitrées dans les ouvertures que sont les fractures, les plaies de notre corps pour que Sa Lumière puisse les traverser. C'est ainsi que nous deviendrons des porteurs de lumière.

23
janvier

Prendre des bains de nature

Je me promène dans la campagne, ou dans un jardin public. Même si mon corps, malade ou handicapé me permet de ne faire que quelques pas, je vais goûter ces instants de communion avec la nature.

Ceux d'entre nous qui ont, ou ont eu des enfants, savent bien qu'en leur compagnie il faut renoncer à aller vite, à aller loin et accepter de faire seulement quelques pas lorsqu'ils sont petits. Pendant que le bébé qui apprend à marcher, ou qui marche depuis quelques mois, s'arrête pour ramasser un caillou, un brin d'herbe, un escargot, j'invente une nouvelle manière de profiter de l'instant au lieu de m'impatienter. Ce moment est l'occasion d'apprendre avec mon fils, ma fille, une façon de contempler que j'ai peut-être perdue de vue ou que je n'ai jamais eue. Je n'irai plus aussi vite, ni aussi loin, je n'aurai plus ce besoin de me dépasser mais simplement je reçois ce qui est ; ce petit enfant m'apprend un rythme lent, le rythme de mon enfant intérieur.

Alors tout à l'heure, tu sortiras et moi aussi, et nous irons avec nos moyens, avec notre corps tel qu'il est, simplement marcher. Faisons-le en ouvrant tous nos sens : nous écoutons, nous respirons, nous goûtons, nous sentons avec tout notre corps. Et cette promenade de seulement quelques minutes, consciente, ouverte, va nous ressourcer, nous revitaliser pour la journée.

Trouve un endroit de nature que tu aimes et sors chaque jour. Non pas pour te laisser encombrer de pensées lancinantes, mais pour t'en libérer, pour retrouver ton être dans un silence plein qui ouvre à la contemplation.

24
janvier

Un regard renouvelé

Je regarde par la fenêtre de mon immeuble, et j'en vois d'autres alentour que je pourrais juger tristes, laids. Dans la rue, il y a tous ces jeunes désabusés, désœuvrés qui souvent se bagarrent. La nuit, leurs cris m'empêchent de dormir. J'aurais des raisons d'être insatisfait ou d'être démoralisé par cet environnement, mais j'ai appris à voir autrement. J'ouvre mes yeux et je contemple cet unique arbre ; je pourrais me désoler qu'il ne s'agisse pas d'un jardin public et trouver que ce seul arbre ne vaille pas la peine que je m'y attarde ; mais je préfère le regarder intensément, m'en imprégner, me remplir du frémissement de son feuillage quand je passe tout près de lui et me réjouir de ses changements saisonniers. Je suis heureux qu'il existe. Je me nourris de lui. Je lui envoie de l'amour.

Je regarde ces jeunes qui se droguent sous mes fenêtres, avec les yeux de la compassion parce qu'en disant oui à leur présence, même si je reconnais qu'à d'autres moments cela m'est difficile, je perçois l'amour de Dieu pour eux. J'arrive à ressentir de la compassion pour leur désœuvrement, pour le non-sens de leur vie. Je les bénis.

Je veux bien consentir à ces papiers gras, à ces ordures sur le parking, à ces bicyclettes mal rangées, parce que depuis que je porte un regard renouvelé sur tout ce qui m'entoure, je me sens mieux. Je ne porte plus de jugement, je vois autrement, en profondeur.

Au lieu de me centrer sur le négatif, je regarde davantage ce qui est beau : l'arbre devant ma fenêtre, les fleurs sur mon balcon et cela me donne la paix du cœur. L'existence de l'arbre et le parfum de mes fleurs me font accepter plus facilement les détritus qui, d'ailleurs me rappellent qu'en Jésus, Dieu par Amour a accepté d'être le camion-poubelle de l'humanité, le paratonnerre de tous les maux.

Si je suis en paix, je trouverai sûrement une façon plus juste d'agir sur mon environnement ; je ne me contenterai pas de maugréer ou de regretter, j'agirai de façon concrète, efficace.

25
janvier

Des yeux de lumière

Lorsque je te vois, lorsque tu me regardes, je sais que nous avons appris à regarder l'essentiel, à voir la profondeur de l'autre. J'ai perçu celle qui t'habite et ce Dieu que j'aime, je le retrouve, je le sens en toi. Alors je te respecte, infiniment. Il m'a donné pour toi des yeux de lumière.

Je te remercie pour ce regard sur moi qui me rappelle que je ne suis pas seulement un " vilain petit canard", pas seulement un pauvre pécheur, mais que j'ai du prix, que j'ai de la valeur, que j'ai des dons, une richesse, des talents et que Dieu m'habite. Je le vois dans ton regard. Il me fait du bien. Il est un baume sur mes plaies. Tu as pour moi des yeux de lumière et j'ai pour toi des yeux de lumière. Dans nos yeux, nous avons un tout petit peu reçu de ce regard de Dieu sur nous. Donnons-nous de cette lumière et partageons-la autour de nous. Apprenons à voir l'essentiel, à ne pas quitter des yeux l'être profond de l'autre, afin de ne jamais rester dans une critique, ou un jugement sur une apparence ou un comportement. Je ne te confondrai jamais avec ce que tu as fait, avec les comportements que tu as eus, ou avec ton passé, car Dieu m'a donné pour toi et t'a donné pour moi des yeux de lumière.

26
janvier

Il n'est jamais trop tard !

Au point où j'en suis, c'est trop tard ! Au point où j'en suis, ça n'en vaut plus la peine ! Je ne peux plus changer, avec autant de cigarettes, avec autant d'alcool ! De toutes façon, je n'y arriverai jamais, alors autant que je continue...

Non ! Au point où tu en es, quel qu'il soit, il est temps de dire stop ! Dieu pour toi est la gomme, celle qui efface toutes les taches. Et au lieu d'en rajouter, de faire des taches et des taches : encore un verre de plus, encore un joint de plus, encore une cigarette de plus, encore un réfrigérateur de plus que je vais piller, encore une télévision de plus dont je vais me remplir la tête, je dis : stop !

Il est temps et il est toujours temps, jusqu'à la dernière seconde. Il n'est jamais trop tard.

Alors aujourd'hui, je m'arrête : je ferme mon réfrigérateur, je jette cette cigarette, je ne prends pas ce joint, je ne bois pas ce verre d'alcool. Je cesse de me faire du mal. Il n'est pas trop tard. Je ne dis plus : « Au point où j'en suis », parce que cette phrase n'a plus de sens pour moi. Mon « JE SUIS » intérieur est immense.

Il n'est jamais trop tard.

27
janvier

Etre soi, rien que soi, tout soi

Nous sommes porteurs de dons, de potentialités dont nous ne sommes pas toujours conscients, et que nous avons à découvrir et à purifier. En effet, il arrive que nos blessures psychiques nous fassent utiliser nos dons pour écraser, pour dominer les autres ou les manipuler. C'est le travail intérieur qui nous fera mettre à jour, à la fois les blessures à guérir et les dons à épanouir. Ainsi, nous apprendrons à les utiliser de façon appropriée.

Si je ne veux plus entrer dans les luttes de pouvoir, dans les jalousies, les comparaisons, j'ai à retrouver mon être profond et toutes les richesses qu'il contient. La méconnaissance de mon trésor intérieur est à l'origine des complications psychologiques dans lesquelles je me perds, à l'origine de mon manque de confiance en moi, de mes jalousies, de mes dévalorisations et de mes jeux de pouvoir: domination-soumission, séduction, manipulation. L'ignorance de ma fragilité, le refus de voir mes blessures et mes failles, est le fondement de mes illusions, de mon orgueil.

Oui, j'ai des dons. Je les vois et je m'en réjouis. En revanche, je ne peux avoir que de l'humilité devant mes insuffisances, mes meurtrissures, mes imperfections que j'accepte et que je regarde avec compassion.

Je suis ce que je suis, ni plus, ni moins. Si dans ma profondeur, je suis plus riche que je ne le crois, dans ma personnalité, je suis bien moins remarquable que je me plais à le penser. Nous portons en nous tout ce que nous reprochons violemment aux autres, tout ce qui nous irrite chez eux. De la même façon, nous avons en potentialité tout ce que nous admirons chez les autres et tout ce qui nous attire chez eux.

Je ne peux être que moi, avec mon histoire et le poids de mon passé. Je respecte ce que je suis et je reste fidèle à ce que je porte en moi: mes qualités, mes talents, mes aspirations, mes besoins, ma vulnérabilité et ce pour quoi je suis fait, c'est-à-dire ma vocation.

28
janvier

Le présent efface le passé

Au lieu de regretter le temps passé, de remâcher de vieilles rancunes, de m'alourdir de mes erreurs, je m'établis dans l'instant présent. Cet exercice ne me sera pas naturel si j'ai pris l'habitude de revenir sans cesse sur le passé ou d'être tendu perpétuellement vers le futur. Et pourtant, tout ce que je souhaite est dans le présent. Je suis dans la plénitude de l'instant quand par exemple, j'adopte un autre regard sur mes travaux quotidiens de mère de famille – pourtant si routiniers –, et que je les accomplis dans la pleine conscience, en étant rempli par chacun de mes gestes.

Quels que soient mes erreurs, mes chutes, mes égarements, tout cela est accompli, vécu, achevé. Le passé est mort ; il n'est plus qu'un souvenir. Rien ne sert d'y revenir sans cesse.

Même l'image que nous gardons de nos chers disparus est celle du passé. Soyons avec eux aujourd'hui, avec eux tels qu'ils sont maintenant. Seul compte le présent ; lui seul est porteur de vie.

Aujourd'hui, à cet instant, je savoure dans chaque parcelle de mon corps le fait d'être vivant, je vibre de la vie universelle et je me relie à tous. Si le présent est dilaté, le passé n'a plus de place et ne m'encombre plus.

Mais si je regrette telle ou telle partie de mon passé, c'est aujourd'hui que tout se joue, dans la façon de tirer la leçon et d'agir autrement. Si j'ai pris conscience, par exemple, que je n'avais pas assez aimé l'un de mes enfants, que je ne lui avais pas suffisamment montré ma tendresse, c'est aujourd'hui que je peux réparer en priant pour lui, en lui envoyant des pensées positives, en désirant pouvoir lui manifester mon amour. Je le lui témoignerai si c'est possible, de vive voix ou par écrit, selon ce qu'il est capable de recevoir ; sinon, j'attendrai le moment favorable.

29

janvier

Dieu est la gomme et le révélateur

Comme la mer efface les traces de mes pas sur le sable, Dieu efface toutes mes fautes, mes errances, tout ce qui me fait honte et tout ce qui m'empoisonne. Ce qui me pollue le plus souvent, ce sont mes culpabilités et celles reçues de mon hérédité ; et sans fin, je tourne en rond dans mon psychisme. J'ai tant de mal à me pardonner. Seule la gomme divine peut me débarrasser de tout cela et me donner accès à la joie du pécheur repentant qui se sait pardonné.

Dieu me révèle sans cesse mes potentialités, mes qualités. Il est l'ami, le frère qui a confiance en moi, qui me montre ce qu'Il aime en moi. Il met sur ma route des frères et sœurs qui me parleront en son nom avec amour. Je sais recevoir ces paroles qui m'encouragent, qui me révèlent à moi-même. Et je découvre, émerveillé, que je suis moi-même un cadeau quoi que j'aie fait.

Dieu seul est la gomme de mes fautes et le révélateur de mes dons.

30
janvier

Je suis sur terre pour apprendre

C'est un fait, je le constate : chaque jour je fais des erreurs. Paradoxalement, on s'est aperçu que les groupes humains les plus efficaces étaient ceux qui acceptaient le risque de se tromper. Pourquoi ? Parce qu'ils prennent des décisions. Or, toute décision comporte une part d'impondérable. Si je n'en prends aucune, si je me laisse porter par les événements, les autres ou la Providence seule, j'aurai tendance à accuser l'extérieur, mon employeur, mon mari ou Dieu qui me délaisse, des fourvoiements de ma vie. Alors que si le ratage vient d'un choix que j'ai fait, il me remet face à moi-même, face à ma responsabilité.

Est-il préférable que je reste chez moi sans rien entreprendre de peur de me tromper, ou que je prenne le risque d'une déception ou d'une bévue en prenant une décision qui m'engage ? Mieux vaut agir et rectifier ensuite en prenant de nouvelles mesures, plutôt que de rester passif et de subir une situation que je n'ai pas choisie.

A l'avance, j'admets la part de complications que pourront m'apporter certains de mes actes, ou certains engagements que je prendrai dans mon travail. Mes échecs me rappellent ma petitesse, ma vulnérabilité ; ils me rendent humbles ; ils sont pour moi une source de progrès parce que je sais en tirer la leçon. Si j'accepte mes erreurs, j'accepterai mieux les tiennes ; je serai moins exigeant, moins pointilleux avec toi

J'apprends à aimer mon imperfection. Dieu seul est Parfait.

31

janvier

Du *petit moi* au *grand Moi*

Souvent nous confondons le *petit moi,* celui qui est centré sur lui-même, avec le *grand Moi* qui est ouvert, généreux, libre. Dans les premiers temps de notre vie, nous construisons notre *petit moi* en référence à notre éducation ou en réaction à celle-ci ; si nous avons beaucoup subi, nous pouvons par exemple, mettre en avant un “moi-je” qui s’impose, qui écrase, par peur de revivre ces dominations du passé, ou bien, par habitude, nous remettre dans un “moi-je” victime ou fuyant.

La construction intérieure qui est un des buts de notre vie, consiste à ouvrir ce *petit moi* pour en faire un *grand Moi* qui s’affirme sereinement et qui permet aux autres de pouvoir faire de même. Le *grand Moi* est heureux, en paix ; il n’est pas dans les rapports de force ; il regarde ses frères comme d’autres *moi* qui ont des richesses complémentaires : « je suis jaune et tu es bleu ; ensemble faisons du vert ».

Restons le plus possible dans notre être intérieur, le *grand Moi.* Il est en filigrane, resplendissant de la Beauté de Dieu.

1er février

Stop au vagabondage mental

Je suis souvent encombré par des pensées parasites de ce type: “je devrais, j’aurais dû faire ceci; comment et quand vais-je faire cela?”

Je ressasse et cela m’empêche de dormir. Je gère mal ma vie quotidienne; je me laisse submerger par les tâches à accomplir qui envahissent mon quotidien ou bien je me refuse à les affronter et je les reporte indéfiniment à plus tard. Ces tâches prises toutes ensemble sont écrasantes, mais si je les exécute une à une, au jour le jour, elles deviendront tout à fait supportables, voire agréables.

J’apprends à organiser, à planifier ma vie. Voilà des mots que certains d’entre nous utilisent peu, soit qu’ils nous rappellent de mauvais souvenirs, soit qu’ils nous semblent bien loin de la spiritualité à laquelle nous aspirons. Or, c’est seulement lorsque nous serons débarrassés de tout ce qui peut nous encombrer la tête, que nous pourrons nous ouvrir à l’amour.

Pour ne plus avoir ces obsessions, je décide d’acheter un agenda et d’y noter chaque jour mes projets, mes loisirs, mes rendez-vous, le courrier qui n’attend pas, les factures à payer. Je hiérarchise et je fractionne; je fais ce qu’il y a de plus urgent, de plus important et je planifie le reste. Si tel jour je ne peux rien faire parce que je suis trop occupé par ailleurs, je reporte à un autre jour et je m’y tiens. Cela pourra concerner aussi bien mes papiers administratifs que mes rendez-vous d’amour avec mon conjoint ou même le temps que je me réserve pour moi seul. Si je répugne à m’occuper de ma comptabilité, je choisirai de la faire régulièrement, par petites étapes, à l’heure où je serai le plus alerte. Je chercherai à agrémenter mon travail en allumant une bougie ou un bâton d’encens, en mettant des fleurs sur mon bureau ou en le réalisant d’une façon nouvelle, créative.

J’aurai encore des accès de désorganisation, de sabotage où je n’aurai pas tenu compte de ce que j’avais prévu; peu importe, je décide à nouveau pour un autre jour et je n’hésite pas à demander de l’aide ou à déléguer une partie de mon travail à mes subordonnés, ou à mes proches.

Avant tout, je ne me laisse plus encombrer la tête par des reproches sans fin, de la culpabilité.

2
février

D'où viennent mes pensées ?

Ce que j'ai dans la tête à l'instant, sont-ce des phrases entendues, répétées, qui me viennent de mon éducation, de mon entourage, des personnes que j'admire, de la télévision, ou bien des phrases qui m'appartiennent vraiment ?

Sont-elles positives ? Est-ce qu'elles ouvrent le cœur ? Créent-elles de l'amour en moi et chez les autres ? Si elles sont de ce type, ces pensées viennent de mon être, elles font du bien autour de moi, même si je ne les formule pas.

Au contraire, si ce sont des considérations qui me font du mal, qui me dévalorisent, qui m'amènent à me renfermer sur moi, à me méfier de tout et de tous, alors elles sont des poisons pour moi et pour ceux qui me côtoient. J'ai sans doute reçu de mon éducation ces graines de souffrance et je les ai cultivées dans mon psychisme.

Sont-ce ces pensées qui tiennent le gouvernail de ma vie ? Est-ce que c'est mon héritage psychologique, mon *petit Moi* qui se débat dans ses contradictions ?

Si mon *grand Moi* est le fondement, l'armature de ma vie, c'est lui qui harmonise ma manière d'être, de penser et d'agir avec ce que je suis en profondeur. Je suis unifié, je suis en paix.

3

février

Penser autrement

Il y a une façon de relire ma vie passée, en la nettoyant de l'image négative quc j'ai d'elle pour la voir en positif. Ce sera le rôle de l'accompagnateur que de m'y aider et c'est cela qui peut me remettre en marche. L'empathie, la compassion et l'écoute profonde qu'il va me prodiguer dans mon cheminement intérieur, seront comme autant de cadeaux reçus de Dieu. Je saurai voir tout ce qui m'a blessé et je comprendrai que je peux grandir par ces blessures. Aucune blessure de ma vie n'est négligeable, ni méprisable, car toutes peuvent être retournées en positif et servir à faire du bien autour de moi. Si je n'ai pas acquis le regard de lumière, ni la paix du cœur qui viennent lorsqu'on se pardonne vraiment, il est préférable que je ne revienne pas sur certaines choses du passé. Dans le conte « Barbe bleue », il est question de cadavres qu'on ne doit pas chercher à voir; ils représentent le vieil homme en moi. Comme la femme de Loth, je suis invité à ne pas me retourner, c'est-à-dire, à ne pas succomber à la tentation de revenir en arrière.

Que je comprenne et bien plus, que je parvienne à aimer les accidents douloureux de ma vie et ce qu'ils m'apprennent: ils me révèlent des dons que je ne connaissais pas encore, et des limites sur lesquelles il me reste à travailler. Au lieu de vouloir rejeter loin de moi le fil de mon existence, je le ferai mien. Je finirai par en savourer toute la substance et le sens, sous le regard amoureux de Dieu pour moi. Il me dit que toute ma vie est belle. Il me dit que je suis Sa colombe, Sa bien-aimée, Sa princesse. Il me dit que chaque seconde de ma vie compte pour Lui, que chacune de mes actions et chacune de mes pensées est importante à Ses yeux. Il me dit de laisser de côté tous mes doutes sur moi, mes regrets, mes culpabilités, mes amertumes, tous mes retours sur le passé, mes interrogations sur l'avenir et d'ouvrir mon être à son Amour absolu.

4

février

Chaque jour et à tout point de vue je vais de mieux en mieux

Voilà ce que disait Emile Coué dans sa célèbre « Méthode », tellement mal comprise et souvent dénigrée. Je crois pourtant que j'aurais tout intérêt à la faire mienne parce que, depuis que je suis petit et sans en avoir vraiment conscience, j'utilise la méthode Coué à l'envers, en m'accablant de pensées négatives que je me serine à longueur de journées : « je n'y arriverai jamais, je suis incapable de, cela n'est pas pour moi, tout bonheur se paie etc. ».

Je ne fais que répéter ce que j'ai entendu dire et j'utilise la méthode Coué en négatif.

Il est important pour moi de me laisser retourner et de me l'appliquer en positif :

Tout concourt au bien de celui qui aime Dieu.

Dieu transforme tout en bien.

Chaque jour, à tout point de vue, je vais de mieux en mieux.

Je choisis de vivre et d'être heureux.

Mon corps se guérit petit à petit.

Des événements heureux vont m'arriver et je les reçois avec joie.

Je vais réussir ma vie.

Je suis porteur de bénédictions pour les autres qui sont source de bénédictions pour moi.

Je suis en paix, calme et serein.

Je refais facilement le plein d'énergie chaque jour.

Je vais inexorablement vers mon poids idéal.

Le travail que je cherche vient vers moi et je m'avance vers lui.

Je vais rencontrer celle que Dieu m'envoie et qui partagera ma vie ; je suis un cadeau pour elle, elle est un cadeau pour moi etc.

Plutôt que d'user mon énergie à me remplir de pensées négatives, maintenant j'affirme la réussite, la guérison, le droit au bonheur.

5

février

S'exercer chaque jour

Chaque jour je prends une petite résolution si je veux me préparer pour de plus grandes, de celles qui engagent toute ma vie. Décider, cela signifie renoncer à être parfait, à tout réussir immédiatement. Prendre une décision, c'est accepter une part d'erreur et également renoncer à d'autres options.

En faisant un choix qui vient de tout mon être, je m'unifie, je m'affermis. Même si j'ai simplement projeté de sortir de chez moi pour faire une course, puisque je l'ai décidé, je le fais, même s'il pleut, même si le téléphone sonne. Et c'est parce que je tiens bon que je vais reprendre confiance en moi, que je pourrai oser quitter mon appartement pour une démarche plus difficile.

Une petite décision m'ancre dans les gestes du quotidien, ceux-là même que je répugne à faire. J'habite mieux mon corps en étant conscient de chacune de mes actions, même celles que je vois comme les plus insignifiantes. La spiritualité s'incarne dans le quotidien qu'elle transfigure, auquel elle donne un sens. Aucune action n'est méprisable; s'accomplir n'est pas réaliser forcément des œuvres extraordinaires, mais plutôt faire extraordinairement de petites œuvres, en les vivant autrement que dans la routine, en les vivant en Dieu et de façon unifiée, en leur donnant un autre sens: celui de la communion avec l'humanité tout entière qui les accomplit comme moi au même instant.

Chaque jour, je fais des petits exercices. Chaque jour, je prends une résolution, même si elle me paraît mineure; pour mon affermissement intérieur, elle est capitale: j'ai décidé d'aller me promener, je le fais; j'ai décidé d'aller seul au cinéma, j'y vais, quoi qu'il arrive.

6

février

Se dire des phrases positives

Pour tenir une décision plus facilement, je m'encourage, je me félicite de mes progrès, j'en vois le côté positif et j'imagine le résultat. Par exemple, j'ai décidé de perdre du poids : je me vois dès maintenant avec ma nouvelle silhouette, celle que je porte en moi comme étant la vraie et je ne m'identifie plus à l'ancienne. Ainsi, le changement d'habitudes alimentaires, pour douloureux qu'il soit, est entrepris pour un mieux qui est déjà là, présent : je m'affine.

Je ne suis pas cette personne de quatre-vingts kilos, mais je suis celle que j'ai connue, bien dans son corps avec son poids idéal. Je me visualise ainsi. Je ne me dis pas que je vais perdre ces kilos pour les regagner ensuite, comme si un élastique me tirait en arrière. Je m'établis au contraire dans l'évidence que je vais atteindre ou reconquérir mon vrai poids de soixante kilos, et que ce fameux élastique m'y ramènera inexorablement.

Au départ, la restriction alimentaire va me sembler être un sacrifice impossible. Et puis, tout compte fait, cette frustration que je trouvais insupportable, aura été un accroissement personnel, puisque non seulement j'aurai atteint le poids que je souhaitais depuis longtemps, mais encore, j'aurai appris à me nourrir plus sainement.

Pour commencer, je ne prendrai qu'une seule petite décision ponctuelle, comme de ne pas manger de bonbon aujourd'hui. Et chaque jour je reprendrai cette même décision. Je ne me chargerai pas brutalement d'un programme trop lourd ; j'avancerai très progressivement ; je me féliciterai de mes succès et je ne dramatiserai pas mes échecs.

C'est par la réussite jour après jour, dans les petites choses que je vais me préparer à de plus grandes. Une année, ce peut être trois-cent-soixante-cinq jours de petites décisions prises et tenues.

Au bout d'un an, j'aurai conforté ma capacité de décider, d'agir, de trancher.

7

février

Pardon pour les étiquettes que j'ai mises sur toi

Je te demande pardon. Je n'avais pas vu toute la souffrance qu'il y avait derrière ce jugement que j'ai porté sur toi. Depuis, j'ai compris à quel point j'avais pu te faire souffrir, avec ce simple mot.

Moi aussi, j'ai connu la séparation, le divorce ou j'ai été tout près de le vivre, et cette épreuve a ouvert en moi la compassion pour toi qui as vécu la même chose. Comme toi, j'ai beaucoup lutté, j'ai tenté de retenir mon conjoint par le chantage, les menaces. Moi aussi, j'ai connu la honte, la violence, le désespoir; mais aujourd'hui, j'accepte. Dieu seul sait quelle a été ma souffrance; il l'a transformée en vocation: je suis devenu capable de te comprendre sans juger; de te regarder là où tu en es. Je me suis débarrassé de mon regard critique d'autrefois et de mes paroles de jugement. Je ne suis pas un "séparé" ou un "divorcé" et, pour moi, tu ne seras jamais une "séparée" ou une "divorcée". J'ai connu ce passage que je ne désirais pas, et cela m'a enrichi.

Je te demande pardon de t'avoir traité de**...** ou d'avoir dit de toi que tu étais un**...** Je me suis rendu compte que je n'avais fait que reproduire les comportements que l'on avait eus avec moi et qui m'avaient tant fait souffrir. C'est aujourd'hui que je comprends la souffrance que je t'ai infligée. Cela me fait mal au cœur. Je ne parlerai plus ainsi de toi.

8

février

Les rumeurs

Rien de pire que ces réunions ou ces rencontres où l'on se donne des nouvelles des uns et des autres. Beaucoup de personnes se sentent coupables pour toutes sortes de choses, que ce soit dans leur vie de couple, dans leur vie sexuelle ou de travail. Et moi aussi ! Que je sache voir mes hontes et les relativiser. Mais n'est-il pas avilissant pour moi, et bien plus que toutes mes hontes personnelles, que je sois celui qui propage une rumeur, un bruit de couloir ?

Le petit corbeau qui sommeille en moi est tout heureux de pouvoir lâcher ces propos qui me rendent momentanément intéressant lorsque je rencontre tel ou tel. Il faut bien trouver un sujet de conversation et puis cela fascine l'autre, alors je me lance. Ensuite, n'ai-je pas un goût de cendre dans la bouche ?

Dorénavant, je réfléchirai avant de donner des nouvelles et d'en demander. Je cultiverai le respect des autres et la discrétion à mon sujet. Si je sais être prudent pour ce qui me concerne, je le serai vis-à-vis des autres et je leur inspirerai confiance. Même si je suis sûr de l'exactitude d'une rumeur, pourquoi irais-je la propager? Pourquoi vouloir semer la zizanie ?

Quelles sont les nouvelles ? Je peux être sobre, je peux ne parler que de moi avec réserve. Je n'ai pas à parler des autres, parce qu'ils ne peuvent pas rectifier mes propos.

Rien de plus terrible que ces nouvelles qui vont, qui viennent, qui enflent. Je ne veux plus alimenter ce jeu dc massacre.

Le fabuliste Esope, à la demande de son maître, avait confectionné le plat qu'il considérait comme le meilleur: la langue; et toujours selon le vœu du maître, Esope réalisa ensuite celui qu'il trouvait le plus exécrable, c'était encore de la langue. Devant l'étonnement de son maître, Esope répondit: « la langue n'est-elle pas la meilleure et la pire des choses ? ».

Notre langue est capable de paroles de louanges comme de médisances et de calomnies.

9

février

La parole qui libère

Nous pouvons tous être des libérateurs pour les autres et en particulier pour nos enfants. Chacun de nous peut trouver des paroles qui allègent, qui font du bien, qui aident à repartir avec confiance.

Je sais que je libère mon enfant quand je ne m'arrête pas sur une erreur, quand je ne l'enferme pas dans sa culpabilité, quand je ne le maintiens pas prisonnier de mes peurs, quand je lui dis qu'il a le droit de se tromper, tout comme moi.

Ces paroles donnent de la joie. Elles décuplent la confiance en soi. L'enfant en a besoin pour faire ses choix avec justesse, pour oser grandir, s'affirmer.

Je sais dire à mon enfant que je suis heureux qu'il existe, qu'il est un cadeau pour moi. Je lui redis quelles sont les qualités que je découvre chez lui au jour le jour. Quoi qu'il fasse, je peux lui dire que je l'aime et que je serai toujours là pour lui, toute ma vie. Si j'ai des peurs à son sujet, ce sont bien les miennes et je lui dis qu'il n'en est pas responsable ; je ne veux pas que mes craintes l'entravent dans ses choix. Je lui montre que sa vérité est au fond de lui et que personne d'autre ne peut la lui imposer, même pas moi, son père ou sa mère. J'accepte que sa route soit différente de ce que j'avais rêvé pour lui, car il n'est pas chargé de réaliser mes rêves.

J'apprends à l'aimer pour lui-même et non pour ce qu'il m'apporte ; à travers moi il découvre un peu de l'amour inconditionnel qui le mettra sur la route de Dieu, tout Amour.

10
février

J'apprends à m'aimer

Je ne m'aime pas. Je me vois encore à travers les moqueries entendues dans mon enfance, les comparaisons désobligeantes pour moi, les reproches que je me fais, et toutes les culpabilités que je m'inflige. De plus, je me sens mal parce que je vieillis. Je ne dis pas mon âge, je ne veux pas qu'on fête mon anniversaire cette année. Je n'accepte ni mes cheveux blancs, ni mes rides, ni mon embonpoint.

Mais alors tu n'as pas compris la beauté de l'expérience d'une vie, tu n'as pas réalisé que jamais tu n'auras été aussi riche qu'aujourd'hui : tu es rempli de toute une expérience, une sagesse. Au lieu de refuser ce qui est, ne pourrais-tu pas au contraire, faire profiter les autres de tout ce que la vie t'a enseigné ? Dans les villages des siècles passés, les jeunes venaient apprendre auprès des anciens ce qu'il fallait savoir de la vie.

Qu'ils sont beaux tes cheveux blancs, qu'elles sont belles tes rides qui montrent une vie qui a cherché à être. Qu'elles sont belles tes failles à travers lesquelles on voit passer la lumière.

Viens avec ce que tu es. Le monde a besoin de toi, de ton âge, de tes rides et de tes cheveux blancs. Tu ne peux pas en rester aux valeurs du paraître qui sont souvent mises en avant dans notre société. Ne tombe pas dans ce piège. Tu avances en âge, et c'est merveilleux ! En même temps ton être profond s'est élargi. Si tu peux t'accepter tel que tu es, tu apprends à tes enfants et petits-enfants à faire de même.

Pense à ce moment qui n'est plus très loin, où tu vas entrer totalement dans la communion avec tous ceux que tu aimes et qui t'aiment.

11
février

L'affirmation sereine de soi

Je découvre le droit d'être moi, simplement moi, et de dire ce que je pense. J'apprends à m'affirmer sereinement et à ne plus me sentir agressé par les opinions des autres ; ce ne sont que des opinions.

Au lieu de ressasser mes jugements négatifs sur toi, j'irai te demander une explication, je te dirai clairement ce que je vis. Ce sera un *je* qui s'adresse à un autre *je*.

Je ne te critiquerai pas devant les autres. J'ai à respecter ta fragilité et ta fierté et à garder bien présente en moi la règle d'or du silence : si j'ai un reproche à te faire et que je n'aie rien de positif à te dire, il est préférable que je me taise.

Je ne te dirai pas : « on, nous, tout le monde pense que... ». Je commencerai ma phrase par *je*. Ma parole viendra d'un *je* humble : « je crois, je pense que..., je te vois comme cela ». Ce n'est pas un *je* écrasant qui prétend détenir la vérité. Je n'énoncerai pas *la* vérité, mais plutôt *ma* vérité et je reconnaîtrai que je peux me tromper. Je m'adresserai à toi qui es un autre *je*, qui peux refuser ce que je dis. Je dirai ce qu'il est important pour moi que tu saches ; je ne sais pas si c'est juste et je te reconnaîtrai le droit de penser autrement.

Je te demanderai seulement de m'écouter ; tu filtreras après. Tu as le droit de n'être pas d'accord, mais voilà ce que je pense.

J'ai à trouver le bon moment et la bonne façon de te parler. Le bon moment pour moi et aussi pour toi : ce ne sera pas quand je suis le plus fatigué ou le plus énervé, ni celui où tu ne seras pas disponible pour m'entendre. Fais de même avec moi. Je t'écouterai avec attention et je réfléchirai à ce que tu m'as dit.

Le *je* est humble ; ce n'est pas le *moi-je* qui domine ou qui n'en pense pas moins ; c'est le petit *je* qui s'exprime simplement, qui écoute les autres et en tire des leçons pour lui-même.

12
février

Mon corps, mon ami

Toi, mon corps, serviteur fidèle, trop souvent je te meurtris, je te néglige, je te prive de sommeil, je t'assomme de travail, je t'intoxique avec toutes mes drogues, mon alimentation trop riche ou déséquilibrée. Ou bien alors, je te donne trop d'importance et les soins que je te prodigue sont au centre de ma vie : je suis préoccupé par mon apparence, mes vêtements, mes produits de beauté, mes muscles, mes rides ; je suis obsédé par le vieillissement.

J'apprends à trouver la manière correcte de m'occuper de cet ami : il a besoin de sollicitude, il nécessite des soins attentifs, mais avec justesse.

Je me ressource dans mon corps en prenant des bains de nature. En elle, j'apprécie tout : le soleil, l'eau, le vent, la terre que j'aime toucher et sur laquelle je m'allonge sans penser à rien, en sentant simplement circuler la vie universelle. Parfois je mange peu, non seulement pour laisser mon corps se reposer, mais encore pour que la forêt dans laquelle je me promène me nourrisse, me revitalise et remplisse ce que j'ai accepté de laisser vide.

Si je suis implanté dans mon être, je suis content d'avancer en âge, parce que je sais qu'à la fois, j'ai retrouvé la fraîcheur de l'enfant et développé un certain accomplissement intérieur. J'ai retrouvé une innocence et en même temps j'ai acquis une plus grande expérience et une plus grande sérénité. Vieillir, c'est aller vers l'accroissement de mon être.

13
février

Marcher, simplement marcher

Lorsque je suis encombré ou fatigué, que je ressasse les mêmes problèmes de façon obsessionnelle, je sors de chez moi pour marcher tout simplement, sans autre but que celui-là.

Marcher dans la nature c'est respirer, se décontracter, revenir dans son corps et abandonner sa tête pensante. Je peux avancer rapidement, courir ou flâner, mais que ce soit une démarche consciente où je m'investis tout entier: corps, âme, esprit. Je laisse mes soucis à la maison et je m'ouvre à la contemplation. Je reçois de la nature tout ce qu'elle peut me donner. Je m'ouvre complètement. Je suis dans l'abandon. Je ne colle pas d'étiquette: je ne mets pas de nom sur cette plante, sur cet arbre, c'est un autre passe-temps qui n'est pas le mien aujourd'hui parce que je ne veux pas retourner dans mon intellect. A cet instant, j'aspire seulement à reprendre contact avec mon essence, à me sentir vivant dans ce corps qui me transporte.

Lorsque je me promène sur ce chemin familier, si je considère que je suis là pour la première et unique fois de ma vie, ou que je vis cet instant comme si j'allais mourir ce soir, alors tout prend un relief particulier: le bruit de mes pas dans l'herbe est musique; les odeurs de sous-bois, de terre humide, le vent, déclenchent des frémissements de joie; les insectes, les oiseaux vibrent avec moi. Si je me rappelle la salle des machines sans fenêtre, dans laquelle j'ai travaillé dans le bruit jour et nuit, ou bien encore si je me remémore les souffrances de mon incarcération où la nature me manquait tellement, alors je goûte pleinement les richesses de cette promenade.

Je suis dans mon être, je suis dans le présent, intensément. Pas de pensée parasite. Seulement le bonheur de me sentir vivant, d'être en communion, d'être avec Dieu.

14

février

L'Amour de Dieu régénère toutes mes cellules

Je peux aider mon corps à guérir en construisant un système de pensées positives, et en me disant que ces pensées me viennent de Dieu. Si je suis atteint d'un cancer, dans un premier temps il me sera difficile de changer ma conviction négative qui me dit que le mot cancer est synonyme de mort. Et pourtant, il est essentiel que j'y parvienne, car il est prouvé que l'état d'esprit et les émotions affectent l'évolution d'un traitement. Si une partie de moi s'est programmée pour la maladie ou l'autodestruction, une autre peut reprogrammer mes cellules pour la santé et la vie. La vraie question est celle-ci : comment vais-je orienter mes mouvements intérieurs, mes affects, pour apporter un soutien à mon traitement et aider à ma guérison ? Comment vais-je renverser le cycle du développement du cancer ?

D'abord, je vais croire en l'efficacité des soins qu'on me propose et accepter de les suivre, mais aussi je vais avoir foi en la puissance naturelle des défenses de mon propre corps. Je participerai à ma bonne santé en imaginant par exemple l'action de Dieu qui irradie toutes mes cellules cancéreuses. Je reverrai avec un accompagnateur tout ce qui a pu avoir part à l'éclosion de ma maladie, tout ce qui a rendu inefficaces mes mécanismes de défense : surmenage, tensions, conflits intérieurs, histoires inachevées, deuils non faits.

Maintenant, je visualise ma guérison : je participe pleinement à mon traitement, j'imagine mes cellules cancéreuses éliminées, irradiées par l'Amour de Dieu, je me vois rempli d'énergie et je me félicite jour après jour, d'avoir contribué à mon rétablissement. Je remercie Dieu qui en est la Source et le Promoteur.

15
février

Comprendre ou juger, il faut choisir

Mes éducateurs, en portant des jugements sur moi, m'ont appris à évaluer, à cataloguer les autres et moi-même. Le côté positif de cette pédagogie est que j'ai acquis la faculté de discerner. Cependant, si je découvre que ces jugements sont à l'origine de mes jeux de domination, des relations de pouvoir, et même des guerres à l'échelle planétaire, je ne peux plus continuer dans cette voie.

Je garde le discernement et rejette le jugement. Le discernement me donne la possibilité d'évaluer une situation, une décision et ses conséquences ; il me fait voir quelle relation ou quelle situation est bonne pour moi ; et il m'instruit sur ce qui risque d'être destructeur. Je raisonne avec mon *adulte*, à la lumière de mon *enfant créateur*, et cela n'a rien à voir avec l'étiquetage du *parent normatif critique*.

Le contraire de juger, c'est comprendre : rechercher en soi une profondeur de vue qui embrasse tout. Si j'y parviens, ma vie prendra un autre sens, celui de la compassion universelle, et en même temps, j'aurai l'intuition de ce que peut être l'Amour total de Dieu pour moi.

16
février

Je critique, car j'ai peur

Je critique celui-ci qui a quitté sa femme et celle-là qui a eu une aventure extraconjugale. Je le fais d'autant plus que je ne suis pas très sûr de la solidité de mon couple. Au lieu d'accepter que cela puisse m'arriver, je me durcis et je me réfugie derrière des valeurs. Si je suis intolérant, c'est parce que j'ai peur. Quand je pense à cette voisine que son mari vient de quitter ou à cet ami dont la femme est partie, je décide de ne plus les rencontrer parce qu'ils risquent de montrer un modèle de vie à mon conjoint. La vue de tous ces couples qui se défont, pourrait lui donner l'idée et l'envie d'en faire autant.

Je critique mon patron, cet ami, ou mon employé, parce que j'ai peur d'aller lui dire ce qui me chagrine dans son comportement ; je préfère le blâmer en son absence plutôt que de m'adresser à lui directement, simplement.

Que je sache voir mes peurs dans tous ces jugements : ce que je condamne, c'est ce que je crains de vivre un jour et je m'en défends en attaquant. Lorsque je juge celui-là avec tant d'intransigeance, en réalité, j'exprime ma peur d'affronter sa différence ou son désaccord ; et je m'imagine que ces médisances vont m'attirer la sympathie des autres et les mettre de mon côté.

Les peurs encombrent mes relations avec les autres. J'apprends à faire connaissance avec elles, à les regarder en face pour qu'elles n'empoisonnent plus mon cœur.

17

février

Reconnaître ses blessures

Nous avons tous des blessures. Accepter de les voir, c'est la voie de l'humilité. Mes blessures sont présentes dans mes réactions émotionnelles excessives, mes tensions, mes fatigues subites, les accidents que j'accumule, mes somatisations, les transferts que je fais, mes idées fixes, mes perpétuelles insatisfactions, la méfiance que j'ai vis-à-vis de tous, le fait que je parle trop ou que je ne parle pas du tout, mes durcissements, mes replis, mes jugements sur moi et sur les autres, mes agressivités, mes fuites, mes accumulations, mes compensations, mes excès, les jeux psychologiques auxquels je joue (persécuteur, sauveteur, victime) etc.

La vie psychique se traduit par une alternance d'états d'excitation et de dépression, de sentiment de bonheur puis de malheur absolu. Quand on parle de dépression, ce terme un peu galvaudé signifie que la vie psychique a pris le pas sur l'être profond. Je m'excite, je m'enthousiasme et puis je retombe. Lorsque je suis dans mon être, dans mon noyau central, là où Dieu est constamment, je suis heureux. Cela ne signifie pas que d'un seul coup, lorsque j'ai découvert cet endroit de moi, ma vie devienne facile, mais cela veut dire que je connais une manière d'exister toute différente de celle de mon psychisme. Je ne peux pas m'abstraire totalement de mon psychisme ; mais lorsque je suis dans l'affliction, je sais que je peux en sortir, parce que j'ai fait connaissance avec cette partie de moi où je suis déjà dans la paix et dans la joie.

18

février

Identifier ses peurs

Il est important que je sache voir les peurs qui m'empêchent de vivre, de rentrer dans mon être profond et qui font obstacle à des relations harmonieuses avec les autres et avec Dieu. Le véritable courage n'est pas de masquer ses peurs, de faire comme si elle n'existaient pas, mais plutôt de les reconnaître. Nous avons de multiples peurs plus ou moins développées en chacun de nous :

La peur de ne pas être aimé, d'être abandonné, d'être rejeté.

La peur d'aimer, de se lier, de s'engager.

La peur du jugement des autres.

La peur de l'inconnu, du changement, de l'avenir et de l'autonomie. C'est la peur, entre autres, de ceux qui ont développé un côté soumis.

La peur de se faire trahir, de se faire avoir.

La peur de manquer qui fait accumuler de l'argent, de la nourriture ; elle rejoint la peur du vide.

La peur d'être étouffé, d'être enfermé dans une situation, une routine. C'est la peur de ceux qui ont développé un côté rebelle.

La peur de la solitude, du silence.

La peur de souffrir, de la maladie.

La peur de décevoir, d'être déçu, de se tromper.

La peur de l'intimité, de l'intrusion, de la sexualité.

La peur de la mort. etc.

Quelle est la peur qui domine en moi ? Que je sache me faire accompagner par quelqu'un pour recevoir la lumière sur mes peurs les plus profondes. Elles sont à l'origine de mes réactions de défense : passivité, fuite, agressivité, manipulations, durcissements. Les voir en face, les identifier, me permet de ne plus être régi par elles à mon insu, de leur trouver une parade et de les utiliser positivement. Par exemple, si j'ai peur d'être enfermé dans une situation que je n'ai pas vraiment choisie, j'utiliserai positivement ma peur pour mettre des limites à la durée de ma disponibilité, à la quantité de travail que je peux fournir etc.

19
février

Rassurer les peurs

Tu as peur et j'ai peur. Tu as peur de moi et j'ai peur de toi. Tu redoutes les situations nouvelles, les changements et moi aussi. Même si tu es mon père, ma mère ou mon patron, dans certaines circonstances, tu es rempli de crainte. Tu redoutes mes critiques, mon jugement, ce que je vais décider, ce que je vais dire, et moi aussi je ressens la même chose vis-à-vis de toi. Alors quand je m'approche de toi, je comprends que d'abord j'ai à percevoir ta crainte et à la rassurer. Je peux l'apaiser par une parole, par un geste, par un regard. Si j'ai bien vu mes peurs, si j'ai admis qu'elles existaient, si j'en ai compris l'origine, si j'accepte d'être imparfait, alors seulement je pourrai être attentif à tes propres peurs ; je découvrirai la patience et l'indulgence pour tes faiblesses car je les reconnais chez moi. La parole, les gestes, l'attitude, l'intonation de la voix qui vont te tranquilliser, viendront de tout ce travail intérieur en moi.

Si je n'ai pas pris conscience de leur existence, je risque de cacher mes peurs derrière un masque de supériorité qui n'est qu'un aveu de mon désarroi intérieur. J'utiliserai les jeux de pouvoir dans mes relations familiales ou sociales.

En revanche, si je regarde mes peurs bien en face, elles vont me devenir familières, comme de vieilles compagnes de route dont je ne me séparerai jamais tout à fait. J'oserai dire à mes enfants que moi aussi j'ai des peurs, pour les aider à laisser voir les leurs, à les considérer avec humour, avec distance, avec légèreté.

20
février

Savoir pleurer

Tu me parles de toi, tu dis ta souffrance. Tu pleures. En ce moment, tu es un homme, une femme qui souffre et soudain, tu te reprends. Tu as honte de pleurer et tu t'excuses de te montrer ainsi, si faible, devant moi. J'aime cette vulnérabilité qui me rappelle la mienne. Et je te dis à quel point je suis sensible à cet aspect de toi, à quel point je crois que c'est une force de savoir montrer ses émotions, ses larmes.

Tu me dis que pleurer, c'est mauvais. Que cela fait du mal. Tu te retiens de pleurer devant tes proches pour ne pas leur faire de peine. Tu ne veux plus parler à tes enfants de leur père qui est mort, pour ne pas les attrister. Mais si tu savais combien ils souffrent de ce silence. Et si vous pouviez pleurer ensemble, comme cela vous ferait du bien. Il n'y a que vous qui puissiez vraiment vous comprendre, vous qui avez perdu le même être cher. Tu pleures. Tu me parles de ta souffrance. Je te comprends, j'ai vécu la même chose que toi. Tu racontes tes difficultés, tes blessures, ta rancœur. Je t'écoute. Je suis en empathie profonde avec toi et mes yeux se remplissent de larmes.

Je suis fatigué. J'ai le sentiment d'avoir beaucoup donné et pourtant le résultat de ce travail ne m'apparaît pas clairement. J'ai même l'impression que des personnes pour lesquelles je me suis tout particulièrement investi, sont dépourvues de reconnaissance. Lorsque je suis épuisé, je pleure pour me vider de ma fatigue ou de ma rancœur et retrouver la paix. Je me débarrasse ainsi des sentiments que je prête aux autres et des réactions qu'ils suscitent en moi. Cette libération par les larmes m'évitera peut-être "d'en avoir plein le dos", de me retrouver bloqué le lendemain parce que j'aurai développé des aigreurs.

Après avoir pu verser des larmes de victime, de dépit ou d'amertume, je vais enfin laisser couler les vraies larmes, celles qui nettoient le passé, celles de la déchirure du cœur enfin consentie. Ces larmes sont celles du regret sincère de m'être fait souffrir et d'avoir fait souffrir. Elles me font entrer dans la béatitude. [6]

Heureux ceux qui pleurent vraiment, profondément ; ils découvrent en eux dès à présent la Joie du Ciel.

---

6. Anselm GRÜN, *Prière et connaissance de soi,* ch.2 : Prière et componction du cœur, Médiaspaul, 1996.

21
février

D'où viennent nos colères

Nous sommes des êtres de désir, remplis d'énergie. Cette énergie, lorsqu'elle rencontre un obstacle à la réalisation d'un projet, peut se transformer en colère tournée vers l'extérieur, si l'obstacle est extérieur, ou contre moi si l'obstacle est intérieur. Mais il arrive que l'obstacle soit à la fois intérieur et extérieur.

Si l'obstacle est extérieur, je serai par exemple en colère contre toi si tu n'as pas tenu ta promesse. Je peux exploser et dire des mots plein de brutalité que je regretterai ensuite. Tandis que si d'abord, je prends le temps de bien voir ma colère, je saisirai ce qui l'a déclenchée. Si je décide de te parler de la déception que j'ai ressentie, je l'exprimerai mieux, tu pourras m'entendre et peut-être me comprendras-tu ?

L'obstacle est intérieur, si je suis trop dans mon “enfant soumis” : je m'interdirai d'exprimer mes aspirations profondes en me dévalorisant. Mon énergie vitale inemployée, non dirigée vers un but constructif, se transformera en colère contre moi ; et j'aurai des comportements d'autodestruction : des excès alimentaires ou d'autre nature, des maladies, ainsi je me punirai en me rendant encore plus malheureux, parce que plus coupable.

Derrière chacune de nos colères se cachent des ressentis mélangés : il y a des blessures du passé qui sont ravivées, mais aussi une aspiration au changement, une volonté d'agir, et enfin plus profondément, une énergie d'amour.

Je peux orienter cette émotion pour me mettre en mouvement. Lorsque je conduis ma voiture, je dois d'abord faire le plein de carburant. C'est grâce à ce plein d'énergie que je roulerai loin et longtemps.

22
février

Je me réconcilie avec mes colères

Mon éducation a pu me persuader que la colère était mauvaise. Et j'ai cru, non seulement que c'était mal de l'exprimer, puisque j'étais traité(e) de méchant garçon ou de méchante fille, mais encore, que c'était mal de l'éprouver. Or, nous avons en nous quatre émotions de base : la joie, la tristesse, la peur et la colère. Si je suis convaincu que je ne dois pas exprimer la colère, celle-ci peut parfaitement m'être devenue étrangère ; non que je sois réellement dépourvu de colère, mais en réalité c'est que je m'interdis de l'éprouver. A la place pourra se manifester une attitude permise ou encouragée par mes parents, comme la fatigue, la tristesse ou même, la maladie. Et là où j'aurais des raisons légitimes de ressentir de la colère, je vais être envahi par un mal-être qui peut devenir chronique, des problèmes de santé récurrents, un manque de courage ou un sentiment de culpabilité.

Se réconcilier avec ses colères ne veut pas dire les exprimer à tort et à travers ; cela signifie les reconnaître et savoir en diriger positivement le potentiel de feu dans la prise de décision et dans l'action. Si je les réprime, j'utilise de l'énergie pour contrecarrer une autre énergie qui était celle de ma colère, d'où une double déperdition ; et je m'épuise à lutter ainsi contre moi d'une façon improductive.

23
février

Sortir ses poubelles

De même que je sors les poubelles de mon habitation, que je me lave tous les jours et que mon corps se libère et s'allège par ses fonctions d'élimination, de même, j'ai à faire un nettoyage psycho-logique : celui de mes émotions chargées, de mes refus, de mes revendications, de toutes mes colères, de mes négativités. Pour cela, il me faut sortir mes poubelles psychiques. Parce que si je reste encombré de tous mes détritus psychologiques, ils vont m'intoxiquer, me causer des dommages physiques. Pensons à toutes ces affections physiques qui nous atteignent tous et qui sont au moins pour une part des intoxications psychiques.

Ai-je un endroit pour parler, pour exprimer ce que je vis ? Ai-je un ou des lieux de confiance, d'écoute où je rencontre quelqu'un qui me reçoit, m'accueille, m'entend.

Il est important que nos poubelles ne soient pas sorties n'importe où, ni n'importe comment. Ce n'est ni le rôle de nos proches, ni celui de nos amis ou de nos collègues de bureau de servir de déversoir à nos poubelles psychiques. Il y a des personnes formées pour cela. Mais si je ne fais pas cette démarche, au moins alors, quand je me sens rempli d'agressivité, que je sorte, que j'aille marcher pour sortir ce trop plein et me pacifier ensuite. Je peux aussi courir, chanter, ou taper dans un ballon, plutôt que sur mes proches ou mes voisins.

24

février

Un homme, un vrai, c'est quelqu'un qui pleure

Jésus a choisi de venir dans un peuple qui savait pleurer, et il a pleuré. Il a pleuré devant Jérusalem et devant la future destruction du Temple, destruction qui aurait sans doute été évitée si les siens l'avaient accueilli et reconnu, car la grâce Divine mise en œuvre aurait pu protéger Jérusalem.

Devant le tombeau de son ami Lazare, il a pleuré. Certains ne comprennent pas qu'il ait pu verser des larmes et doutent qu'il soit vraiment le Christ. A la fois vrai Dieu et vrai homme. Oui, un homme pleure.

Lorsque la vie ne va pas comme tu veux, lorsque tu es le témoin d'un événement poignant, et aussi quand tu es très heureux, il est normal de pleurer. Tu as le don des larmes si tu peux pleurer sur les difficultés de ta vie, sans te lamenter, sans t'y complaire, et si tu peux être ému par les souffrances des autres ; et même si tu peux accompagner des tiennes les larmes de quelqu'un que tu écoutes.

Il y a un certain courage à s'abandonner aux larmes, à se montrer vulnérable. Surtout pour un homme qui a reçu de son éducation le message *sois fort !*.

Rire et pleurer sont deux émotions humaines aussi essentielles l'une que l'autre. Pourquoi l'une serait-elle bonne et l'autre pas ? Les hommes et les femmes pleurent et c'est un signe de leur humanité. Pleurer, c'est quitter le masque. Le visage est offert dans sa nudité. Il rencontre le regard respectueux de celui qui est digne de recevoir les larmes comme un présent. Il s'installe alors un silence de communion d'où chacun sort grandi, enrichi, plus humain.

Heureux sont les soignants ou les prêtres qui savent pleurer avec les personnes qui viennent les trouver.

25
février

Rire

Nous avons en nous deux moyens de nous libérer lorsque nous allons mal, lorsque nous nous sentons coupables, lorsque nous ne sommes pas contents de nous ou que nous sommes soucieux. Redécouvrons les larmes mais aussi le rire. Ils permettent d'échapper à la violence, à l'agressivité.

Est-ce que je sais rire devant un film drôle ou une lecture qui m'amuse ? Est-ce que je peux me laisser porter par cet ami qui a le sens de l'humour et rire avec lui ? Il ne s'agit ni de se moquer ni de juger, mais de laisser la gaieté monter en moi et me désencombrer, au lieu de m'agripper à ma mauvaise humeur qui, à mes yeux, me donne de l'importance et qui veut te faire payer quelque chose. Le rire est la meilleure façon de me purger. J'aurai moins besoin de chercher un bouc émissaire pour déverser mon agressivité sur ma femme, mon mari, mon enfant ou mon chien, si j'ai pu sortir par le rire un trop plein, un encombrement.

Tous les jours, je vis des insatisfactions, des frustrations qui s'accumulent sous la forme d'énergie négative. Rire est un exutoire, de même que les pleurs ou le chant ; les moines et les communautés religieuses l'ont expérimenté. Laissons venir le rire, le chant, la danse. Voilà une bonne façon d'évacuer nos négativités.

26

février

Agir concrètement

Lorsque je sens que je m'évade dans la rêverie, que je fuis dans la boulimie, ou que je me déconnecte dans les activités obsessionnelles, alors, je décide de faire quelque chose de concret. J'en prends conscience. Je dis "stop" et je reviens dans le présent en accomplissant un geste physique, matériel, dans lequel je m'investis totalement. J'ai eu tendance à dévaloriser les activités manuelles, parce que je venais d'une famille d'intellectuels ; mais j'ai éprouvé dans mon corps que lorsque je fais des rangements, du jardinage ou que j'écris une lettre, je m'incarne, j'habite mon corps, je suis dans le réel. Je ne dis plus que c'est sans intérêt. J'ai pris conscience de mon besoin d'agir concrètement pour me réintégrer en moi-même.

J'ai compris que je ne pouvais pas rester uniquement dans la contemplation. J'ai un corps, donc l'action est nécessaire. Contemplatif et actif.

Je regarde ce que j'ai le plus développé : si c'est l'action, j'ai besoin de la contemplation et si c'est la contemplation, j'ai besoin de l'action. Je deviens un actif qui contemple et un contemplatif qui agit.

27
février

Savoir tirer les leçons

Au lieu de me demander si j'ai tout bien réussi, il serait plus approprié de chercher quelle leçon je pourrais tirer de mes échecs.

J'ai le droit à l'erreur, mais le devoir d'en tirer un enseignement. J'accepte de me pencher sur ma vie, pour en revoir les failles, comprendre le sens de mes erreurs et décider de changer d'orientation.

Nous parents, nous savons que nous avons pu nous tromper dans l'éducation de nos enfants. Ne nous culpabilisons pas, mais regardons-nous en face. Apprenons à nos enfants, par notre comportement avec eux, que l'erreur est permise, mais qu'il est un devoir d'en tirer une leçon et de lui donner un sens :

Oui, c'est vrai, j'ai eu tel geste de brutalité, telle parole violente et je le regrette. Oui, c'est vrai, je t'ai tenu des discours cérébraux, tant j'avais peur de te montrer ma vulnérabilité. Oui, c'est vrai, j'ai mis trop de limites ou trop peu et j'en vois les conséquences chez toi mon enfant adolescent.

Je n'ai pas su m'y prendre avec toi et je t'ai fait souffrir, pardonne-moi. Même si je n'ai pas pu te le dire dans le passé, aujourd'hui je te redis que je t'aime, en dépit de toutes ces difficultés entre nous. Si je t'avais parlé ainsi plus souvent, beaucoup de nos conflits se seraient résolus.

Je tire les leçons de ma vie et en cela, j'aide les autres, mes enfants les premiers, à faire de même.

28
février

Je cherche des solutions

Je trouverai d'autant mieux des solutions à mes difficultés que je serai en paix quelles que soient les circonstances ; et cela n'a rien à voir avec l'indifférence, ni avec le masochisme. Être en paix, c'est consentir à ce sur quoi je ne peux rien, à ce que je ne peux pas changer. Là où la passivité baisse les bras et sombre dans le désespoir, là où le masochisme se complaît dans la souffrance recherchée pour elle-même, au contraire, l'acceptation de tout mon être permet d'entrevoir une issue pour sortir de l'accablement et le moyen ne pas se laisser déborder par lui.

Je me sens rejeté par mon conjoint, mon compagnon ; je l'accepte, puisqu'à cet instant je n'y peux rien changer, et je me centre sur autre chose : mon travail qui me passionne, ou telle activité ressourçante. J'attendrai d'avoir retrouvé la sérénité avant de lui proposer une mise au point.

Mon enfant est en échec scolaire : je ne l'accable pas, puisque je ne peux pas revenir en arrière. Je vois avec lui où se situent ses lacunes. Je lui propose une aide extérieure et surtout, je ne l'enferme pas dans mon découragement qui l'empêcherait de mobiliser ses forces. Avant tout, je lui dis que je garde toute confiance en lui et je souligne, je mets en valeur les capacités dont il a fait preuve dans des circonstances analogues.

Une fois que j'aurai dit oui à ce moment difficile, à cette colère, à cet échec, alors seulement je pourrai chercher une solution. Parce que je serai unifié, c'est-à-dire en plein accord avec moi-même, la décision que je prendrai alors sera la plus juste.

29
février

Le *grand Moi* est toujours content

Je sais que je touche mon être profond quand je fais l'expérience du contentement, du ravissement, de la gratitude. Quand je suis dans mon *grand Moi,* je suis dans la louange : je vois autrement, avec les yeux de lumière. Quand je suis dans mon *petit moi* insatisfait, je compare ma vie à un idéal inaccessible et je me rends malheureux. Comme il est triste que je me batte avec tant d'énergie pour un avoir qui n'a pas de limite, qui ne peut pas me combler, alors que j'oublie si souvent d'être, tout simplement.

Pendant longtemps, je me suis identifié à mon psychisme, à mon *petit moi,* à ce faux moi, plus ou moins bien construit. Et puis un jour, j'ai découvert le vrai moi, le *grand Moi* qui est dans la joie.

Quand Dieu dit : *Demeure,* ce n'est pas un ordre qui contraint. Cela signifie : demeure en toi-même et reste avec moi dans cette immensité.

Quand j'admire le lever du soleil sur l'étang que j'aime, je suis dans mon *grand Moi.* Je laisse entrer en moi les forces de vie, je nourris mes graines de bonheur. Je ne laisse plus de place à mon *petit moi* ratatiné, transformé en champ de bataille. C'est lui qui me rend malheureux. Je ne cultive pas les graines de souffrance qui s'y trouvent. Je reste le plus souvent possible dans mon *grand Moi* ou j'y reviens sans cesse. C'est un exercice quotidien. Je n'oublie jamais que mon *grand Moi* est toujours présent en filigrane dans mon *petit moi.*

Dans mon identité d'enfant de Dieu, je suis toujours heureux.

1er
mars

Lentement, mais sûrement

Le progrès spirituel, l'amélioration que je cherche dans le changement de mes habitudes viendra lentement, mais sûrement. De même que la montée d'un escalier s'effectue marche par marche, de même les progrès de ma vie se feront par toutes petites étapes. Je garde à tout instant mon objectif devant les yeux, et j'accepte la lenteur. Je ne peux pas exiger de moi que, sur une simple décision, je puisse tout changer en peu de temps. Si je veux grimper dix marches d'un seul coup, je n'y arriverai jamais, même si je m'entraîne jour et nuit pendant toute ma vie. La guérison d'une souffrance, d'une habitude de vie, d'un comportement qui dure depuis trente ou quarante ans, ne peut pas se faire en quelques mois. Si je consacrais à ce travail sur moi un laps de temps au moins équivalent à un dixième de mon âge, je me donnerais alors les moyens d'avancer à mon rythme, de m'encourager chaque jour, de valoriser mes progrès, de ne pas m'arrêter sur mes chutes, ni mes retours en arrière. Au minimum me donnerai-je le temps d'une gestation et l'équivalent des premiers mois de vie du jeune enfant, soit une durée de neuf à dix-huit mois.

La croissance personnelle ne peut se faire que lentement, mais sûrement. On peut même dire qu'elle dure toute la vie, puisque la perfection est inaccessible. Alors, je tiens bon, je continue. Je me fortifie et je garde courage[7], je reste déterminé, quelles que soient les embûches, quels que soient mes sabotages. Je suis résolu à avancer et je prendrai le temps qu'il faudra.

7. Josué, 1, 9.

2

mars

Matin, midi et soir

Nous mangeons pour la plupart d'entre nous matin, midi et soir. Certains prennent des remèdes à ces trois moments de la journée, que ce soient des granules homéopathiques, des herbes chinoises, des médicaments. Matin, midi et soir, si nous écoutons les conseils des hygiénistes, nous nous lavons les dents, après chaque repas. Voilà une règle simple et couramment admise.

Et pourquoi ne l'appliquerions-nous pas à d'autres secteurs de notre vie, comme les temps de prière ou ces moments où nous affermissons une décision ?

Matin, midi et soir, les moines nous invitent à prier : au lever du jour, au milieu de la journée et le soir. Est-ce que je me donne le temps de me mettre en face de Dieu, au moins trois fois par jour ? C'est dans l'adoration que je prends conscience de la présence de Dieu en moi.

Matin, midi et soir, je peux aussi interrompre mes occupations pour reprendre une décision à laquelle j'accorde du prix comme, par exemple, d'être plus positif et plus valorisant pour les autres ; ou encore de savoir m'encourager moi-même par des pensées dynamisantes. Je sais que je me disperse dans ma vie quotidienne, partagée en activités multiples ; c'est pourquoi j'ai besoin de temps d'arrêts pour remettre ma décision sur le rail. Je me fixe trois périodes : matin, midi et soir, parce que le changement profond ne se fait que par la répétition quotidienne.

L'adoration peut être pour moi le moyen d'affermir ma décision en me laissant remplir de la force divine.

3

mars

Tu peux faire du bien

Deviens une voix, un regard, une présence, quelqu'un qui remet en marche celui qui peine, quelqu'un à travers qui passe le souffle de l'Esprit. L'Esprit Saint a besoin de toi : de ta voix, de tes bras, de ton regard, de ton sourire. Si toi qui lis ces lignes, tu souffres de la solitude, songe que tu la partages avec tant d'autres personnes. En vivant cette solitude dans la communion, tu as la possibilité de faire circuler la vie autour de toi. Ton sourire, un mot, un geste peut redonner courage à quelqu'un, même si tu te sens mal. Aujourd'hui, tu peux être un cadeau pour quelqu'un.

Toi que je croise dans la rue et qui me salues avec tant de gentillesse, et toi qui m'écris ce petit mot, tu me fais du bien et cela fait disparaître d'un seul coup la fatigue du jour ; de sorte que moi aussi, j'ai envie d'être un porteur de bonne nouvelle pour quelqu'un d'autre. Toi qui m'as dit cette parole réconfortante alors que j'étais triste, tu ne sais pas à quel point cela a pu me faire du bien et me remettre dans la joie ; et cette joie qui me remplit, je vais la partager avec d'autres qui feront de même. Nous sommes tous les dépositaires d'une parcelle de l'Amour Divin que nous pouvons répandre autour de nous, aussitôt reçue.

Même si tu ne sors pas de chez toi, même si tu es alité, même si tu es dans un fauteuil roulant, ou en prison, là encore, tu as la possibilité de faire beaucoup de bien : tu peux accomplir chacun de tes actes en te mettant en communion avec ceux qui vivent une situation identique à la tienne, avec tes amis et les personnes qui viennent te voir ; tu offres tous les moments de ta journée, même les plus difficiles, en pensant à eux tous.

4
mars

C'est trop laid pour être vrai

Mais oui, vous avez bien lu ! Il n'est pas écrit : c'est trop beau pour être vrai, parce que ce qui est beau, est vrai. La vérité vient de Dieu et elle n'est que beauté. Si c'est laid, alors, ce n'est pas la vérité de Dieu.

Certaines croyances me viennent de mon psychisme et de pensées héritées de ma famille. Moi qui aspire à vivre dans le beau, pourquoi est-ce que je persiste à détruire ce que je vis, surtout lorsque c'est un événement heureux, comme si j'en étais indigne ? Aurais-je vu ce comportement chez mon père ou ma mère ? Ai-je de vieilles culpabilités vis-à-vis d'eux ?

A partir d'aujourd'hui, je ne me dirai plus : c'est trop beau, cela ne va pas durer. Au contraire, si ce que je vis est heureux, alors c'est authentique et cela va durer. Je comprends de mieux en mieux que ce sont mes scénarios psychologiques qui arrêtent la beauté que je pourrais recevoir.

Oui, J'ai le droit d'avoir ma part dans la splendeur de la Création. J'ai le droit d'être heureux, de prendre du plaisir à vivre, et même si je viens de perdre un être cher. J'ai le droit de me faire du bien, d'avoir des relations gratifiantes, de vivre un bonheur familial tout simple, et tout cela sans que le châtiment arrive immédiatement derrière. Si je regarde bien, je vois bien que c'est moi qui me l'inflige, tellement j'ai l'habitude de me punir.

Quand je vis quelque chose de laid, je comprends que cet événement ne vient pas de Dieu, car tout ce qui vient de Dieu est beau et vrai.

Maintenant je dis : c'est trop laid pour être vrai, et je me débarrasse de la laideur qui m'encombre.

5

mars

J'accepte mes émotions

J'apprends à laisser fleurir en moi toutes les émotions : la joie, la tristesse, la peur, la colère.

L'éducation d'une époque censurait les manifestations émotives. La joie était brimée parce qu'il était déplacé de rire alors que d'autres étaient par ailleurs si malheureux. Les larmes étaient inacceptables parce que, pour un garçon, c'était le signe d'un manque de virilité. La peur, pour les mêmes raisons, était inavouable. Alors que restait-il aux garçons, puis aux hommes pour manifester leurs émotions ? Il ne restait que la colère. Et voilà le germe de tous les conflits, de toutes les guerres. Aux filles, il ne restait que la peur et la tristesse, parce que pour elles, la joie était déplacée et la colère intolérable, puisque réservée aux hommes.

J'ai non seulement à prendre conscience des émotions qui sont miennes et qui habitent tout être humain, mais aussi à mettre des mots justes pour les exprimer. Ce sera la meilleure façon de me libérer des sentiments qui m'envahissent comme la colère, la peur, les chagrins dévastateurs. S'en libérer ne signifie pas les supprimer parce que les émotions seraient mauvaises ; s'en libérer signifie au contraire, les accueillir lorsqu'elles se présentent, les vivre mais ne plus en être ni encombré, ni troublé de manière excessive.

Pour cela j'ai d'une part, à identifier ce qui a motivé l'apparition de cette émotion, quel est le mot ou l'attitude qui l'a déclenchée, et qu'est-ce que cela fait résonner en moi. Et d'autre part, j'ai aussi à discerner pourquoi telle personne a pu me parler ainsi ; parce que comprendre les mécanismes psychologiques de l'autre me fera relativiser la portée du message que j'aurai reçu.

Enfin dans mon cœur à cœur journalier avec Dieu, je me laisse remplir de sa paix et de son Amour tendre et comblant, et mes émotions en ce lieu privilégié prennent leur vraie place.

6

mars

Je cesse de dramatiser

Une parole m'a blessé. Si j'ai bien conscience de ce qui c'est passé vraiment, j'éviterai les généralisations abusives, la dramatisation.

Par exemple, moi femme, j'ai besoin de parler d'une difficulté à mon compagnon et je reçois de lui une parole de rejet, une longue explication ou des justifications alors que j'attendais simplement de lui une écoute attentive ; je me sens profondément blessée. Si je suis dans la dramatisation, je vais me dire : personne ne m'aime, personne ne m'écoute, je suis nulle, je ne sais pas me faire aimer. Et puis je vais transformer cet événement en généralité : mon mari est un égoïste qui ne pense qu'à lui, il a toujours raison, je ne peux jamais lui parler, il n'est jamais disponible. S'il m'aimait vraiment. etc.. J'oscille ainsi entre la dévalorisation de ma personne et le rejet de la faute (mais est-ce vraiment une faute ?) sur l'autre. La conscience de ce qui s'est passé réellement va me faire comprendre ceci : Oui, je suis dans une situation de détresse intérieure que j'aurais aimé partager avec mon mari.

J'ai mal choisi le moment pour lui parler, il revenait de son travail et je sais qu'il préfère le silence et la solitude à ce moment de la journée ; et d'ailleurs moi aussi, quand je reviens de mon travail, je préfère rester seule quelques instants.

J'ai ressenti très violemment ses paroles, comme si c'était un rejet de toute ma personne, comme si je ne l'intéressais pas, à la limite comme s'il valait mieux que je disparaisse de sa vie. J'ai à bien comprendre cela : en fait, je suis peut-être en train de revivre des paroles de rejet de mon père ou de ma mère qui n'avait pas le temps d'écouter mes histoires de petite fille parce qu'il était trop occupé ou qu'elle était surmenée ; et moi, j'en déduisais que je n'étais pas intéressante.

Si je suis[8] dans l'excès, je vais réagir bruyamment dans mon *enfant spontané* et me mettre en colère, ou bien négativement dans mon *enfant soumis* et me dévaloriser, ou pire, dans mon *parent normatif* critique, m'interdire d'éprouver quoi que ce soit et tout refouler. Pourquoi ne pas me remettre dans l'adulte, pour prendre du recul, relativiser, rassurer mes peurs avec mon parent nourricier et savoir enfin retrouver la joie de l'enfant libre ?

---

8. Voir note 2, page 15.

7
mars

Je prends du recul

Lorsque je souffre de me sentir incompris, c'est bien moi qui ressens cette souffrance et personne d'autre. Par ailleurs, l'autre qui, selon moi, ne m'aurait pas compris, n'est pas responsable de mon passé ; et c'est mon passé qui peut expliquer ma réaction d'aujourd'hui. Je suis donc à l'origine de ce que je ressens et je suis responsable de ce que je vais en faire. Par exemple, je ne dirai pas : "Telle personne me rend la vie impossible", mais plutôt : "j'ai de la peine, ou du ressentiment à cause de tel comportement, qu'est-ce que cela me rappelle ?" et je vais tout mettre en œuvre pour faire la clarté en moi. J'irai demander une explication franche, mais si elle est irréalisable, je comprendrai, j'accepterai, j'effectuerai un acte symbolique pour me libérer intérieurement. Ce pourrait être la rédaction d'une lettre que je n'enverrai pas, mais sur laquelle je noterai tous les comportements qui m'ont blessé pour les extirper de moi-même, ne plus les ressasser et bien discerner ce qui vient de moi et ce qui vient de cette personne.

Lorsque je suis heurté par une attitude ou une parole, au lieu de rester centré sur moi, je pourrais tenter de me mettre à la place de l'autre. Si j'essaie de comprendre le point de vue de mon conjoint ou de mon employeur, ou de n'importe quelle personne qui compte pour moi et de laquelle je reçois un message négatif, je saurai voir chez lui ou chez elle, une souffrance qui est complémentaire de la mienne : mon supérieur hiérarchique me dit que je suis nulle, mais lui, derrière son comportement écrasant, il a fort probablement un sentiment de doute vis-à-vis de lui-même.

Et mon mari qui ne veut pas m'écouter, n'aurait-il pas souffert de la possessivité débordante de sa mère ? Si bien que ma demande est peut-être vécue par lui, alors qu'il est fatigué par son travail, comme un envahissement de son espace intime, si souvent mis à mal durant son enfance.

Prendre du recul, c'est se mettre dans une attitude plus neutre, apaisée, qui considère les événements dans leur simple objectivité. C'est donc remettre à sa juste place, relativiser, mais aussi se protéger en donnant ses limites.

8

mars

Je tourne la page

Pardonner, tourner la page, remettre les compteurs à zéro, deviendra d'autant plus facile que j'aurai compris pourquoi j'ai réagi comme cela, et pourquoi l'autre a eu ce comportement. Une conscience éclairée par l'*adulte* retrouve sa liberté intérieure. J'admets que j'ai des sentiments négatifs en moi et que nous en avons tous ; c'est la part d'ombre de notre structure d'être humain. Les accepter signifie les reconnaître en soi, les regarder naître, les accompagner jusqu'à leur apaisement avec un regard de compassion pour soi et pour l'autre. Oui, nous sommes blessés tous les deux et je le vois. J'apprends à ne plus être inutilement agressif, ni maintenu dans le refoulement, mais plutôt à clarifier, à identifier mes émotions. Et c'est mon *adulte* qui aura repris la situation en mains.

Je vois où sont mes zones de fragilité. Je comprends ce qui se passe en moi et aussi en toi. Je me donne les moyens de ne pas remâcher ma souffrance, ce qui me la ferait éprouver doublement.

Cette compréhension psychologique m'ouvre le cœur au fait que je ne supporte plus de me nuire et de faire souffrir autour de moi. Assez de gâchis ! Enfin je peux pardonner et me pardonner : je tourne la page car Dieu le fait avec moi sans cesse, infiniment, en me donnant toujours une autre chance, en m'aidant à assimiler les événements du passé de façon positive.

9

mars

J'adhère au réel

Je commence par les petites choses : aujourd'hui, il pleut, c'est ainsi. J'ai cassé ce vase auquel je tenais, la table sur laquelle je travaille est branlante, j'ai rayé la carrosserie de ma voiture toute neuve, ce vêtement est taché, je l'accepte. Si je sais accueillir les petites choses, je serai armé pour les plus importantes : j'ai perdu mon travail, mon mari m'a quitté, je suis malade, mes enfants ne trouvent pas de travail, tout cela est.

Je sais voir aussi en moi les sentiments que je juge négatifs et je les contemple avec douceur : je suis en colère, oui c'est vrai ; c'est une émotion parmi d'autres ; en ce moment j'en suis tout rempli et je la vis jusqu'à son épuisement. Lorsque je suis apaisé, je comprends ce qui l'a fait naître et qui était peut-être infondé. Je reconnais de ma part une certaine intolérance ; alors, je vois comment je peux réparer et je décide de le faire. C'est ainsi que je retrouve la paix après la colère.

Adhérer à tout ce qui m'arrive me donne la paix profonde parce que je suis unifié au lieu de me mettre dans la dualité, la lutte intérieure. Ne confondons pas cependant l'acceptation avec la passivité. Il y a des situations contre lesquelles je dois m'insurger, comme celles où une violence, une domination s'exerce contre moi ou quelqu'un que j'ai à protéger.

Une fois que j'aurai vraiment dit oui à ce moment difficile, à cet échec, à ce départ, à cette séparation, à cette colère, alors seulement je pourrai chercher des solutions. J'aurai à prendre des décisions qui vont requérir ma participation entière, unifiée, et mon esprit d'initiative.

10

mars

Il en tient une couche

Voilà une expression souvent entendue. Mais moi aussi j'en tiens une couche, et j'en tiens même beaucoup !

Au début de sa vie, le tout-petit n'est que vulnérabilité, sensibilité. Il ressent durement la solitude lorsqu'il crie, lorsqu'il pleure et que personne ne vient, que personne ne comprend son besoin d'être rassuré. Alors le bébé, celui que j'étais et que nous étions tous, a mis en place une barrière pour se protéger de la peur de l'abandon.

Au fur et à mesure que ma vie s'est déroulée, j'ai mis plein de strates psychiques les unes sur les autres et, par-dessus tout cela, un maquillage, un paraître, un style, destiné à me faire admirer et aimer, en dépit de tout ce que je suis.

Se découvrir en profondeur, c'est mettre à jour toutes les coquilles protectrices que j'ai installées pour me défendre. Lorsque j'entreprends cette démarche, j'enlève progressivement chacune de ces couches qui se recouvrent étroitement comme des pelures d'oignon. Il est préférable que je le fasse avec l'aide d'un accompagnateur, sinon j'aurai trop froid, j'aurai peur de me retrouver dans cet endroit de moi où je suis nu, fragile, là où je suis comme un agneau, une brebis sans défense.

Et toi, mon frère, j'ai bien compris que si tu cherches à dominer, si tu cries, si tu es fuyant, si tu es agressif, dur, cassant, si tu es intellectualisé, cérébralisé à outrance, c'est pour te protéger. Alors, je ne t'attaque plus. Tu es vulnérable comme moi. Chacun de nous en tient une bonne couche et nous allons nous apprivoiser, comme le Petit Prince et le renard.

11

mars

Lâche prise !

Tu crois, en t'agrippant à cette personne dont tu recherches tant l'amour et qui ne te regarde pas que tu vas trouver le bonheur. Tu penses réellement en continuant à te cramponner à ce travail auquel tu as donné un tel prix, et en te réfugiant dans cette relation amicale dont tu attends tout, que tu vas être comblé. Tu te figures que si tu gagnais au loto et que tu puisses voyager ou réaménager toute ta maison selon tes vœux, tu serais plus heureuse. Tu te persuades qu'après ce lifting, tu serais vraiment quelqu'un d'autre, plus aimée, plus admirée, alors que ta vraie beauté est intérieure. Tu estimes que si tes enfants réussissaient dans leurs études comme tu l'avais projeté sur eux, tu serais un père ou une mère comblée. Tu es sûr que si tes proches, tes enfants, ton conjoint voulaient enfin suivre tes conseils et reconnaître que tu as raison, ils seraient plus heureux et toi aussi.

Tu rêves de considération, de pouvoir, de prestige, d'argent, de beauté, d'amour, et pour toi, avoir tout cela, dis-tu, serait le bonheur absolu.

Peux-tu lâcher tous ces désirs de possession ?

Lâche prise, et le cadeau va venir de lui-même. Le cadeau qui t'est destiné à toi personnellement, existe. Si tu restes bloqué dans ton psychisme, dans ton *petit moi*, dans ta superficie, tu n'avances plus. Tu n'imagines plus d'autre façon d'être heureux, alors qu'il en est de plus simple, de tellement plus à ta portée que tout ce que tu recherches ailleurs, loin de toi, loin de ton être réel.

12

mars

Je n'ai pas de temps à moi

Quand je dis cela, j'ai conscience qu'il est nécessaire pour mon équilibre de mettre des récréations, des oxygénations dans ma vie. Si au lieu de répéter que je n'ai pas de temps à moi, j'admettais enfin que je ne prends pas de temps pour moi ?

Sans doute ai-je eu l'habitude lorsque j'étais petit, d'entendre qu'il fallait d'abord travailler et que l'on ne pouvait jouer que lorsque le travail était terminé. Je reste persuadé que se distraire est une activité de second ordre. A moins que je ne trouve un bénéfice, ou que je ne cherche une reconnaissance à me plaindre sans arrêt du travail accompli et de celui qu'il me à reste à faire.

Et si tout simplement, je ne m'aimais pas suffisamment...

Il y a une autre façon d'avoir pour soi un temps quasi infini, illimité, c'est de vivre chaque minute, chaque seconde comme du temps pleinement à soi. Je suis au travail ; au lieu d'être tendu vers le moment où je vais enfin en sortir, je le vis pleinement comme un moment qui m'appartient, qui me construit. Quelle différence ! Je ne suis plus cette femme débordée, cet homme sans cesse sollicité, mais je m'unifie dans le fait d'avoir à répondre aux uns et aux autres. Ce travail, je le vis de tout mon être. Et cela n'est pas en contradiction avec le fait que j'ai besoin de solitude et d'aération ; mais vue ainsi, ma vie pourrait se transformer peu à peu en un état de félicité presque permanent. Moins de frustration, moins d'aigreur et un jour, plus du tout de frustration, ni d'aigreur !

13

mars

Je ne sais pas m'arrêter

Quand j'entreprends une activité, je voudrais déjà l'avoir terminée pour en entamer une autre, que je crois tout aussi urgente. Je travaille beaucoup et je ne sais pas m'arrêter. Je bouge sans arrêt, je m'agite, je ne peux pas m'asseoir sans avoir immédiatement l'impression que j'ai quelque chose à faire qui ne peut pas attendre.

Quand je suis en période d'examens universitaires, je reste des heures devant mes cours, même si mon travail est devenu inefficace, parce que je me sentirais coupable de quitter mon bureau pour me distraire.

N'ai-je pas reçu de mes parents le scénario : « Travaille dur. Fais des efforts. Ne t'arrête pas » ?

C'est une qualité de savoir mener à bien ce que tu commences, d'aller jusqu'au bout, mais c'est aussi une nécessité de savoir s'aérer. Tu reprendras d'autant mieux et tu auras d'autant plus d'énergie que tu auras pris le temps de refaire tes forces : tes idées seront plus claires. Repose-toi, ressource-toi. Abandonne-toi simplement dans les bras de ton compagnon, joue avec tes enfants, va marcher. Arrête de penser, de courir, de t'encombrer. Fractionne certaines activités, donne-leur de la couleur, du relief.

Fais des pauses de quelques minutes par jour, de quelques heures par semaine et de quelques jours par an.

14

mars

Se donner des récréations

Retrouver du temps rien que pour soi autorise de meilleures relations avec soi-même et avec les autres ; être bien avec soi donne la liberté, la légèreté dans les rapports avec autrui. Les autres ne sont pas là pour combler tous mes manques.

Ne pas me ressourcer, c'est laisser le champ libre au stress, à l'encombrement mental, aux souffrances physiques qui vont inévitablement en découler. Pour finir, je vais faire payer aux autres ma frustration en les rendant responsables de mon incapacité à me ménager du temps.

C'est pourquoi je vais dire : avant, je ne m'en donnais pas le droit, mais aujourd'hui je décide de retrouver du temps pour moi. Ce seront des moments de relaxation, de détente, de solitude où je vais développer mes dons, mes talents, où je vais sortir de ma tête pensante pour entrer dans mon cœur aimant ou dans mon corps qui a besoin de respirer, de bouger, de se dépenser.

15
mars

J'ai honte

Oui, il y a en moi toutes sortes de hontes : j'ai perdu la face à tel ou tel moment ; j'ai été pris en flagrant délit de mensonge, de tromperie, de vol. J'ai honte de certaines de mes habitudes sexuelles, de mes comportements vis-à-vis de l'argent. La honte est un poison qui me gangrène intérieurement.

Il y a les humiliations d'aujourd'hui, mais il y en a de plus anciennes qui remontent à mon enfance : on s'est moqué de moi à l'école, de mon nez, de mes grandes oreilles ; un professeur m'a humilié en prenant toute la classe à témoin ; j'ai fait pipi au lit lorsque j'étais invité chez un camarade ; un de mes propos négatif contre quelqu'un a été rapporté. Tout cela est inscrit en moi et entretient l'image négative que j'ai de moi, l'image du "vilain petit canard".

Pour retrouver le cygne en moi, l'enfant de lumière, il est indispensable que je nettoie tout cela, que j'éloigne de moi toute cette indignité, et que je puisse en parler. De même que l'on sort ses poubelles tous les jours ou plusieurs fois par semaine, de même, je vais vider mes poubelles psychiques et ne plus y revenir.

16
mars

Je me dégoûte

Quel jugement portes-tu sur toi ? Si tu as honte, c'est que tu te fixes sur un événement de ta vie ou sur un comportement et que tu ne vois plus que cela. Ne cultive pas cette image négative ; ne t'y complais pas. Tu as besoin de parler à quelqu'un qui t'écoutera avec amour de la part de Dieu. Parler et être compris te rendra une image positive de toi. Tu ne peux pas progresser dans la connaissance de ton être, si tu es paralysé par le dégoût. Tu as été blessé dans un endroit secret, peut-être le plus sensible. Sans doute avais-tu un autre idéal ; mais il est toujours là et demande à être guéri.

Cette honte, donne-la à Dieu.

Va rencontrer un frère qui t'écoute, quelqu'un dont c'est la fonction, le ministère, pour recevoir une image plus aimée et aimante de toi.

Accepte-toi. Aie de la compassion pour toi et ne porte plus de jugements auto-accusateurs.

17

mars

Ose parler de toi !

Peut-être pas à n'importe qui. Il ne s'agit pas de donner prise à des personnes qui pourraient ensuite te retourner tes paroles, ou s'en servir contre toi. Parle de tes difficultés, de ce qui te fait honte, de ce qui est lourd, mais adresse-toi à quelqu'un en qui tu as totalement confiance. Une personne qui a une formation et une qualité d'écoute reconnues et qui va t'accepter inconditionnellement.

Ne garde pas toutes ces souffrances en toi. Tout ce qui te mine à l'intérieur se transforme en rancœur, en agressivité, en réactions excessives. Tout ce que tu n'exprimes pas par les mots se manifeste par un autre langage, celui du corps. Et surviennent les somatisations : les maux de tête, de dos, les douleurs de toutes sortes, les infections à répétition.

Ce n'est pas une vertu que de ne pas parler de soi. Une saine humilité donne la liberté de parole. Retrouve l'usage du langage vrai avec l'aide d'un accompagnateur. Par cette expérience, tu apprendras à exprimer ce que tu ressens, ce que tu vis, et tu n'auras plus besoin de prononcer des jugements sur les autres. Tu apprendras à t'adresser à tes frères avec plus de simplicité, de justesse et eux, à leur tour, te parleront plus facilement d'eux-mêmes. Dieu vient libérer ta parole et te guider vers un endroit où tu vas pouvoir le faire en toute sécurité.

Ose parler de toi.

18

mars

J'aime la beauté de ton âme

Quand tu me parles et que tes paroles sont habitées par toi, quand chacun de tes mots résonne d'une vibration particulière, quand ta voix donne à ces mots tout leur poids, parce que c'est ta voix, la vraie, celle qui vient du profond de toi, alors je vois toute la beauté de ton âme. Et cette beauté m'ouvre à ce que j'ai de meilleur en moi. Tu me donnes accès à cette partie de moi que j'avais abandonnée, tu me remets dans la lumière. J'aime la beauté de ton âme.

L'âme du violon n'est qu'un petit morceau de bois de quelques centimètres placé au centre de l'instrument ; mais aussi simple qu'elle soit, elle est importante : c'est elle qui communique les vibrations à toutes les parties du violon en s'appuyant sur le fond de l'instrument ; elle donne au son sa qualité, sa clarté et sa puissance et elle fait vibrer les autres violons alentour.

Voilà, ton âme est ainsi : elle s'appuie sur des bases solides, elle irradie la lumière, elle donne de la puissance au verbe, une musicalité à tout l'être et elle fait vibrer les autres âmes à l'unisson.

J'aime la beauté de ton âme.

19
mars

Je crois en toi

Moi ton père, moi ta mère, moi ton ami, moi ton patron, je crois en toi. Je sais que tu as des richesses et des limites. Je sais que tu es différent de moi, que tu as ta personnalité, tes réactions, mais je sais aussi que tu as en toi un trésor profond. Même si tu cherches à me décourager, moi qui t'ai pris en charge, même si tu as des comportements que d'autres pourraient juger insupportables, je crois en toi. Je me fie à tes possibilités de transformation, de progrès. Si j'ai cette foi en toi, c'est parce que j'ai découvert que Dieu croit en moi. Dans son regard, je me sens fortifié. Il me révèle ma grandeur au-delà de mes imperfections et de mes erreurs ; et si j'ai appris à me considérer avec tendresse je saurai le faire avec toi. Et tu seras d'autant plus épanoui là où tu te trouves, que tu seras regardé avec amour et confiance.

Je crois en toi, j'ai confiance en toi et j'ai besoin de toi.

20
mars

J'ai du ressentiment

Il s'agit d'une colère que je n'ai pas pu exprimer parce que je n'ai pas osé le faire, ou parce que je n'ai pas vraiment pris conscience de ce que j'éprouve. En attendant, cette colère refoulée c'est en moi qu'elle fait des dégâts : c'est bien moi qui ai une gastrite ou un ulcère, parce qu'il y a bien quelque chose qui me ronge, qui me "bouffe", qui me donne des aigreurs.

J'en veux encore à mon père ou à ma mère décédée depuis longtemps, à cause des blessures de ma vie. Ai-je pris le temps de considérer tout ce qu'ils m'avaient apporté de positif, de retrouver les moments de bonheur que j'ai vécus grâce à eux ? Ai-je pris le temps de comprendre les difficultés de leur enfance, de leur existence ?

J'en veux à telle personne que je considère comme mon pire ennemi. Est-ce que je comprends qu'elle aussi puisse souffrir de notre différend ? Si je peux voir son amertume avec indulgence, j'aurai plus facilement pour elle des pensées positives ; je lui enverrai ma bénédiction, je pourrai lui souhaiter d'être en paix et légère de corps et d'esprit.

Si je peux me mettre dans cet état intérieur, je n'ai plus de raison de cultiver ma colère. Elle fera place peu à peu à une paix profonde.

21

mars

Je boude

Quand je fais la tête, cela dure longtemps. Le plus souvent, cela se passe le soir, lorsque mon mari rentre de son travail, ou d'un déplacement ; en général, il est fatigué de sa journée, et peut-être a-t-il vécu des choses difficiles. A ce moment, si je m'approche de lui pour lui parler, par exemple, d'un de nos enfants, il a cette façon de me lancer une parole cinglante que je reçois comme une gifle.

Alors, je boude. J'en conviens, cela m'arrive souvent de faire la tête et j'ai du mal à en sortir. Et je vois bien que mon mari est gêné d'avoir dit cette parole brutale et qu'il la regrette ; mais moi j'ai du mal à revenir vers lui. Je lui en veux parce que c'est trop facile d'exprimer si facilement contre moi une mauvaise humeur qui ne m'est pas destinée, et aussitôt après de se comporter comme s'il ne s'était rien passé, et même de vouloir m'embrasser ou plus encore.

Si mon compagnon est responsable du comportement qu'il a avec moi, ma responsabilité à moi c'est de me sentir blessée chaque fois que le fait se produit et de faire la tête. Et pourtant, depuis le temps que nous sommes ensemble, je sais bien que lorsqu'il rentre de son travail, ce n'est pas le meilleur moment pour l'aborder. C'est à croire que je cherche à déclencher une scène pour avoir un motif de bouder. Pourquoi est-ce que j'agis comme cela ? Qui m'a montré le modèle ? Était-ce ma mère, mon père ?

Faire la tête, c'est montrer une impuissance à verbaliser ses émotions, à exprimer des souhaits, à donner une opinion différente. C'est une façon de punir l'autre de n'avoir pas su deviner ce que je voulais, ou de s'être permis de me parler sur ce ton. Je me ferme comme une huître. Je suis là physiquement, mais je m'absente de lui. Il devient transparent. Il n'existe plus pour moi. Il ne peut plus prétendre à mon amour et je veux qu'il souffre, et qu'il souffre longtemps.

Si je suis dans mon enfant soumis, je n'ose pas dire à mon compagnon quels sont ses comportements qui me dérangent ou qui me blessent. Est-ce que d'une façon générale, je sais m'affirmer avec justesse, faire valoir mes droits ? Il ne s'agit pas de le faire dans l'agressivité, mais dans la compréhension ; pas dans le débordement d'émotions, mais avec mesure, et en ayant choisi le bon moment.

Maintenant, je vais oser dire à l'homme qui partage ma vie quel effet me font ses paroles désobligeantes – à moi qui l'attends avec impatience – et quelles blessures cela ravive en moi. Je lui demanderai d'être vigilant, d'être délicat par rapport à cela. Je parlerai de moi, de ce que je ressens et de mes réactions.

Ce sera la meilleure façon de ne plus faire la tête.

22
mars

Je suis paresseux

Quand j'étais petit, mes parents disaient de moi que j'étais un peu passif, nonchalant, faisant tout avec lenteur. J'ai souvent été traité de paresseux, de rêveur par mes éducateurs, parce que je fournissais un travail jugé insuffisant. « Peut mieux faire ! » Cette remarque était sur tous mes bulletins scolaires.

Ce jugement sur moi m'a longtemps suivi, jusqu'à ce que je trouve mon chemin et que je constate que j'étais capable d'une grande énergie, pour peu qu'elle soit orientée vers un but qui comble mes aspirations et que je sente une motivation à aller dans ce sens.

Aujourd'hui, je sais que j'ai une âme de contemplatif, mais je n'ai pas négligé pour autant mon engagement dans le concret. J'ai découvert que je savais être disponible, accueillir, écouter. Mes parents n'ont sans doute pas su mettre le mot adéquat sur ce qui émanait de moi, mais je comprends que cela n'ait pas été facile pour eux de supporter chez moi ce comportement en apparence apathique.

J'avais entendu que je ne fournissais aucun effort et j'ai compris que, toujours comparé à mon frère et à ma sœur qui eux, réussissaient bien, je m'étais peu à peu découragé.

J'avais entendu que j'étais insouciant, rêveur, trop sensible et paresseux, alors j'ai retourné cela en positif et je suis devenu un écoutant, un soignant, un orant. Je sais prendre du temps pour moi et pour les autres.

23
mars

Fortifie-toi et prends courage

Cette parole, Josué la reçoit à plusieurs reprises, lorsqu'il prend la succession de Moïse pour entrer avec le peuple hébreu dans la Terre Promise. Dans Josué, 1, 9, il est écrit : *« Fortifie-toi et prends courage, sois sans crainte ni peur, car le Seigneur ton Dieu est avec toi et sera avec toi partout où tu iras et dans tout ce que tu entreprendras ».*

Voilà une prière que je peux laisser entrer en moi, surtout dans des moments difficiles de ma vie, mais aussi pour aborder de façon plus positive mes petits soucis quotidiens ou mes peurs devant telle ou telle situation. Dieu me dit, comme à Josué :

« Pour entrer dans le monde nouveau, pour devenir un homme nouveau, pour vivre la joie parfaite dans l'amour universel, alors fortifie-toi, garde courage, n'aie plus peur parce que je suis avec toi. J'ai toujours été là quand tu l'as bien voulu ; et si tu le désires, je serai là dans tout ce que tu feras et dans tout ce que tu entreprendras. Reçois ma force. Je suis ton Seigneur et ton Dieu. Sois sans crainte ; et lorsque je dis cela, je ne t'ordonne pas de n'avoir plus de crainte, mais je t'affirme que tu n'en auras plus si tu m'acceptes à tes côtés, si tu me laisses transfigurer tous les événements de ta vie, même les plus douloureux. »

Jésus, lui aussi, nous a dit : *« Je suis avec vous tous les jours jusqu'à la fin des temps ».*[9]

Alors, comme Josué, laissons-nous remplir de ce don de Dieu et reprenons courage.

9. Matthieu, 28, 20.

24
mars

Tu casses toujours tout

Cette phrase a quelque chose de destructeur dans son aspect globalisant, définitif. Il y a d'abord le *tu* accusateur. L'emploi de l'adverbe *toujours*, est excessif, dramatisant, il n'est ni modéré ni relatif comme le serait *parfois*. Et enfin, dire : « tu casses tout » n'a pas la même signification que : « aujourd'hui, tu as cassé ce vase-là ».

Attention à ces paroles qui utilisent les mots *toujours*, *jamais*, *tout*, qui enferment mon enfant dans l'échec. Si je te dis : « tu n'y arriveras jamais », cela signifie que moi ton père, moi ta mère, je n'accepte aucune de tes erreurs, je n'ai aucun espoir de te voir devenir plus adroit et je ne te laisse à toi non plus aucun espoir. Tu n'as plus d'espoir, parce que tu te fies à ce que je te dis ; tu es encore petit et tu t'imagines que je suis parfait et que j'ai toujours tout bien réussi, comme je te le laisse croire par mes jugements. De plus, tu peux te figurer que je dis la vérité quand je te dis ces mots et tu risques d'obéir longtemps à mon injonction.

Toutes ces phrases négatives qui généralisent, peuvent détruire un enfant. Nous avons la possibilité d'utiliser notre langage pour construire, pour faire circuler plus de vie. A cause de notre psychisme blessé, nous l'utilisons bien trop souvent pour enfermer, pour juger, comme nous l'avons entendu faire par nos parents. Et nous disons : « *Tu* (accusateur) casses *toujours* (comme si c'était vraiment à chaque instant) *tout* (comme si c'était vraiment tout) » ; au lieu de dire : « Je suis fatigué ce soir, je suis énervé et je supporte mal que tu aies renversé ce verre ».

Apprenons à décrire objectivement les faits. Évitons les jugements. Parlons en disant *je* : « je pense que., je crois que., je souhaite que... »

Qu'il n'y ait plus d'accusation, plus de dramatisation.

25

mars

Mon fils, ma fille est infernal(e)

Qu'est-ce que je veux dire exactement ? Je veux dire que je suis fatigué par un excès de travail et que, rentré chez moi, j'ai besoin de calme ; alors que mon enfant de trois, sept ou douze ans, qui est allé à l'école et a dû s'astreindre au silence, a besoin lui, de s'exprimer, de bouger. Il y a quelque chose d'inconciliable entre le besoin d'expression de mon enfant et mon désir de paix, de silence ; que je comprenne bien avant tout que chacun d'entre nous ressent un besoin tout à fait légitime, et qu'il serait injuste que l'un des deux soit lésé au profit de l'autre.

Je pourrais dire à mon enfant : "je comprends que tu aies envie de jouer, de rire, de t'exprimer bruyamment ; mais moi, ce soir, je suis fatigué. Alors, s'il te plaît, va plutôt dans ta chambre ou dehors, sinon je risque de m'énerver et de crier. Je n'ai rien à te reprocher, mais moi je ne me sens pas capable, ce soir, d'accepter le bruit et l'agitation."

J'explique à mon enfant pourquoi je suis fatigué et à quel point j'aspire à la tranquillité, afin qu'il ne prenne pas pour du non-amour les moments où il m'est arrivé de me mettre en colère, et ceux où j'ai manifesté beaucoup trop d'autorité par rapport au contexte. J'ai aussi à savoir recevoir mon enfant dans ce qu'il me montre de lui ; à valoriser ce qu'il est. Mais je me donne le droit de différer ce moment de rencontre avec lui, et je lui demande d'aller rire, jouer, ou chahuter un peu plus loin.

Mon enfant a des besoins liés à son âge ; moi, j'ai des besoins liés au mien, à ma situation, à mon travail. Et nous allons tous les deux apprendre à les respecter et à nous respecter mutuellement.

26
mars

J'ai préféré un de mes enfants aux autres

C'est vrai, j'ai eu une préférence pour l'un d'entre vous et je m'en suis longtemps sentie coupable moi, votre mère. J'étais tellement persuadée qu'une mère normale devait aimer tous ces enfants de la même façon que lorsque cela m'est arrivé, je me suis crue monstrueuse.

J'ai compris que l'amour est un sentiment unique qui ne s'exprime pas de la même façon vis-à-vis de tous les êtres que l'on pense aimer. C'est pourquoi, toi ma fille, je peux te dire que j'aime en toi ta bonne humeur si communicative et toi mon fils ce que j'aime en toi, c'est ta sensibilité et ta générosité. Chacun de vous a une particularité, des qualités qui le rendent unique et qui suscitent chez moi un amour unique.

D'autres événements ont pu influer sur les sentiments que je vous porte. L'accouchement pour l'un d'entre vous s'est très mal passé, et la grossesse pour toi, mon autre enfant, s'est déroulée dans une conjoncture difficile: un déménagement imprévu, une perte d'emploi, un conflit familial ou dans un contexte de guerre.

Il y a aussi ces sentiments mélangés et irrationnels dus à des ressemblances avec votre père, vos grands-parents, ou avec moi selon que je m'aime ou pas, selon que j'ai accepté ou non telle ou telle partie de moi.

Il y a toujours en moi des sentiments complexes. J'ai à les voir d'abord avec bienveillance, à regretter ensuite les souffrances que j'ai pu infliger aux autres, et à les réparer. Surtout, je bannirai les sentiments de culpabilité qui me plongent dans le néant et m'empêchent d'agir.

27

mars

J'ai peur d'avoir mal

Je vais chez le dentiste. Comme j'ai très peur de la douleur, je me tends, je me crispe, j'anticipe une souffrance qui n'existe pas encore, je m'apprête à la ressentir et de ce fait, dès que le dentiste me touche, je ressens deux fois plus cette douleur pour l'avoir d'abord vécue en imagination.

J'en ai si peur que je la provoque moi-même. Si je m'interroge ensuite, je conviens que tout cela était bien supportable et pour me justifier à mes propres yeux, je vais dire une fois de plus que je suis comme cela depuis toujours, que je ne peux pas m'en empêcher et qu'on ne me changera pas.

Non, c'est vrai, on ne me changera pas. Mais moi, je peux changer si je le veux vraiment !

C'est vrai que la souffrance physique peut être extrême. Est-ce que je peux simplement m'entraîner à dire oui à mes petites souffrances quotidiennes ? Plus je vais les refuser, les craindre, les dramatiser et plus elles vont prendre de l'ampleur et plus je vais y être sensible. J'apprends à leur dire oui. Je ne les recherche pas, je ne les provoque pas, mais je les accueille en me mettant dans un état d'apaisement. Je vais chez le dentiste : au lieu de voir en lui comme je l'ai toujours fait, un homme qui va me torturer, je me le représente comme un serviteur ou un ami qui est là pour me soulager. Et je me regarde comme quelqu'un dont il a besoin pour vivre. Le contrat qui est entre nous est celui d'un échange. Une fois que je l'ai choisi, je lui fais confiance. Je me mets dans un état de réceptivité positive. Au lieu d'anticiper la douleur et de la provoquer, j'entre dans mon être, là où se trouve la confiance sereine, là où Dieu est présent. Je Le laisse agir en moi pour que ce moment se passe au mieux et dans une certaine mesure je participe à la réussite de l'intervention.

28
mars

Je vis la nuit

Je suis ce qu'on appelle un noctambule. Je me réveille quand les autres se couchent et alors, pour moi, la vraie vie commence. J'aime faire la fête et « m'éclater ». Je me couche au petit matin et, bien entendu, j'ai du mal à me lever pour aller travailler. Mon travail ne m'intéresse pas ; il est purement alimentaire. C'est grâce à lui que je peux m'étourdir la nuit. Comme je n'ai pas suffisamment dormi, je somnole à mon travail ; si j'ai une profession de contact avec une clientèle, je suis distrait, impatient, ou désagréable, dès que surgit la moindre difficulté. Si je suis étudiant, je bâille pendant les heures de cours quand il m'arrive d'y aller, et même souvent, je m'y assoupis. Je manque de sommeil. Je passe mon week-end à dormir, à tenter de récupérer mes forces suite à mes excès de la semaine. Je comprends peu à peu que je suis en train de me couper de la vie. Mes amis me quittent, sauf mes compagnons de sortie qui voient en moi un joyeux compère ; j'ai bien compris que si je changeais de vie, je les perdrais eux aussi.

Je suis en train de rêver ma vie. A-t-elle un sens, sinon celui du plaisir immédiat ? Je n'ai aucun projet, aucune vision d'avenir. Je ne me construis pas, je m'abîme. Je détruis mon âme en même temps que mon corps. Je me fuis ; j'ai peur de me rencontrer vraiment. Qui suis-je ? Ne suis-je que ce pantin, ce fêtard ? Je ressemble à Pinocchio. Et j'aimerais tellement, comme lui, rencontrer la fée bleue qui me ferait découvrir mon âme et m'aiderait à devenir un vrai petit garçon. En fait, sans en avoir vraiment pris conscience, j'aimerais renaître comme Jésus nous invite à le faire.[10]

10. Jean, 3, 1-10.

29
mars

J'ai peur de la nuit

Je redoute la nuit. Elle me fait peur parce que je ne peux pas dormir ; je ressasse mes problèmes de la journée, les soucis que j'ai avec mon collègue de travail, mes enfants, mes parents ou mes beaux-parents ; je remâche les griefs que j'accumule contre ma compagne, mon conjoint qui ronfle à côté de moi. Pour moi, la nuit est froide, lugubre. Je la vis dans une solitude désespérée. Je me dis que Dieu m'abandonne, qu'il n'entend pas mes prières.

Et puis aujourd'hui, au lieu de me raidir, de lutter contre l'insomnie, je décide de la vivre dans la communion : je pense à toutes ces personnes qui ne dorment pas pour des raisons professionnelles, comme le personnel soignant dans les hôpitaux, comme les ouvriers qui travaillent de nuit ; je pense aussi à tous les insomniaques, les malades qui sont tenus éveillés par leur douleur, et je demande à Dieu de les bénir. Si j'ai peur du noir, je pense à tous ceux qui sont non-voyants, à ceux qui travaillent dans des salles sans fenêtre, aux prisonniers, aux sous-mariniers ; cette pensée de compassion peut rendre ma peur plus supportable.

J'accepte de ne pas dormir cette nuit en me disant que la suivante sera meilleure.

Lorsque je regarde le ciel et qu'il est dégagé, la contemplation des étoiles me ravit. Je vois la lune comme une présence maternelle qui veille sur moi, petit enfant. Tout est calme ; la ville est endormie ; il n'y a plus de circulation et à nouveau tout respire librement.

Dans le silence de la nuit, Dieu est là, présent. Les moines prient la nuit et quand je me réveille ou que je dors mal, je me mets dans les bras de Dieu et je prie avec eux.

30
mars

J'ai peur du vide

J'ai peur du vide dc mon être ; je n'ai pas encore découvert qui je suis et je remplis ce vide avec de l'avoir. J'ai peur de manquer et j'entasse la nourriture dans mon réfrigérateur et mon congélateur ; je ne supporte pas qu'ils soient vides. Je fais des courses et des courses et je ne suis rassuré que lorsque mes placards sont bien remplis. Dès que l'actualité est inquiétante dans les relations internationales, je ne peux pas m'empêcher d'y accumuler des conserves, du sucre et des pâtes. Cela réactive en moi les comportements de stockage des temps de guerre qui étaient justifiés à ces époques, mais qui ne le sont plus.

J'amasse toutes sortes de choses pour me rassurer : des connaissances, des livres, du pouvoir, du prestige, des vêtements, des objets de valeur ou des objets sans valeur, de l'argent. Je fais des collections. Je mets tout mon amour, toute mon énergie dans l'agrandissement de mes collections et c'est un exercice qui n'a pas de fin, puisqu'une collection n'est jamais complète.

Je garde tout ; je ne sais pas jeter ce qui est inutile, parce que cela peut toujours servir.

J'ai peur du vide et j'ai peur du silence ; j'ai besoin de parler tout le temps pour meubler la conversation. Je ne sais pas rester dans le silence lorsque je suis seul. Alors je parle, je me parle ; j'invente des conversations, je refais celles du passé où je n'ai pas été brillant et j'imagine celles du futur où là, je serai à la hauteur, « intelligent ». J'allume la télévision ou la radio sans même les écouter. J'ai besoin d'avoir un bruit de fond qui me tienne compagnie, qui remplisse le silence de ma vie.

J'ai peur du vide, du vide de ma vie ou de ce que je crois être en fait, le vide de ma mort. Et si je découvrais le silence plein, habité ; si je laissais le vide se remplir d'amour et de paix, si je rencontrais l'immensité comblée de mon être profond...

31 mars

La peur de l'abandon

Le conte de Perrault, « Le petit Poucet » est l'histoire d'un petit garçon qui nous ressemble par certains côtés. Lui et ses frères sont abandonnés par leurs parents, trop pauvres pour subvenir à leurs besoins. Même si nous n'avons pas été abandonnés par nos parents, nous avons déjà vécu l'abandon sous d'autres aspects : comme la perte d'un être cher, une séparation ou un divorce. Nous portons en nous, inscrite profondément, la peur d'être abandonnés. Dans le conte, le Petit Poucet se sort magnifiquement de sa peur en acceptant la confrontation avec lui-même, en reconnaissant en lui des parties sombres – figurées par l'Ogre. Cette connaissance et la découverte de son être lui font trouver des solutions et prendre des décisions heureuses.

Dans mes relations affectives, j'ai peur d'être rejeté. Je suis envahissant, je manifeste mon amour d'une façon excessive, débordante, qui n'a pas de fin. Je suis insatiable et toujours en demande de manifestations d'affection, de présence, de gestes, de mots tendres, de regards. J'ai bien conscience que cela peut être étouffant pour l'autre, et en cela, ce n'est plus au Petit Poucet que je ressemble, mais plutôt à l'Ogre. J'ai du mal à freiner cet appétit féroce – toujours l'Ogre – pour les caresses. Je n'en ai pas reçu beaucoup quand j'étais petit, sauf durant mes premières années et je m'en souviens comme d'un paradis perdu.

J'en fais trop. Je déborde d'attentions, de cadeaux. Je perçois mal la limite de l'autre et longtemps j'ai cru qu'à force de manifestations de ce genre, j'allais réussir à changer son comportement à mon égard et qu'il allait finir par m'aimer. Mais je me trompe. Plus je suis dans l'excès, plus je provoque le retrait, la fuite, le découragement. Je suis comme un puits sans fond. Et je pleure, je supplie, j'argumente, je culpabilise l'autre en lui disant : si tu m'aimais vraiment.. et je perds tout respect de moi.

Si je regarde bien, je vois que je n'ai pas suffisamment développé mon être intérieur et que cette fuite dans la poursuite de l'amour de l'autre m'évite de me rencontrer vraiment, moi qui doute tellement de ma valeur. Qui suis-je ? Voilà la vraie question que je refuse de me poser.

Et si, comme le Petit Poucet, je prenais vraiment ma vie en mains…

1er avril

J'étouffe

Je suis angoissé depuis quelques mois et pourtant, je n'ai pas de souci particulier : mes enfants sont grands, mon travail me donne des satisfactions, je n'ai pas de problème conjugal, et malgré cela je me sens mal. J'ai des accès de palpitations au volant de ma voiture, à tel point que je pense ne pas pouvoir continuer. J'ai des sensations d'étouffement dans les grandes surfaces que je ne m'explique pas. Je vais finir par ne plus oser sortir.

Cette difficulté est peut-être une chance pour moi. Je suis arrivé à ce moment de ma vie où je me pose la question essentielle, celle que tout être humain se pose un jour, plus ou moins tôt: qui suis-je vraiment?

Si j'ai des sensations d'étouffement, je vais regarder d'abord tout ce que j'ai étouffé dans ma vie. Je suis femme et je ne parle que de mes enfants, de mon mari, de mes parents à qui je téléphone tous les jours, alors que je n'en ai pas envie. Ma famille est au centre de ma vie. Mais qu'est-ce que je souhaite vivre vraiment pour moi? Je suis en train d'éteindre en moi la flamme de vie et c'est mon corps qui m'en avertit par des signaux. Je ne néglige pas l'avertissement profond qu'ils me donnent. Ce n'est pas à coup de médicaments que je vais découvrir qui je suis et ce que j'attends de la vie. J'ai à voir quels sont mes manquements vis-à-vis de moi-même, au lieu de croire qu'il me faut donner toujours plus à mes proches qui d'ailleurs, finissent par trouver cela tout à fait normal. Mon premier devoir est de prendre soin de moi.

Je suis homme et j'ai du mal à faire entendre mon point de vue dans mon travail; je ne me sens pas reconnu. Dans mon foyer, c'est la même chose, je ne sais pas faire respecter qui je suis, parce que je n'ai pas de considération pour moi, ni pour mes désirs, ni pour mes projets. Je ne m'investis pas vraiment dans mes décisions, si bien qu'elles ne sont pas prises en compte par les autres, puisqu'elles ne le sont pas d'abord par moi-même. J'ai des angoisses, des insomnies.

J'ai à reprendre le gouvernail de ma vie. Je crois que je vais me faire aider.

2

avril

Je suis souvent malade

Je reconnaîtrai les blessures de mon psychisme dans certains signaux de mon corps qui se manifestent de façon répétitive et qui empoisonnent ma vie, que ce soient des maux de tête, des crises d'asthme ou de colite, des cystites, des angines, des douleurs de dos, de l'aérophagie etc.

Tous ces symptômes sont le résultat de conflits intérieurs : je ne sais pas faire valoir mon point de vue, poser mes limites. Je n'ose pas dire non à ma famille qui habite dans une autre région, qui s'invite chez moi sans me demander mon avis et s'incruste pendant des semaines. Au bout du compte, je me retrouve avec une douleur du dos tellement handicapante que cela les décide à partir. C'est bien mon corps qui a exprimé ce que mes lèvres refusaient de dire.

Je crois, dans mon désir d'être irréprochable, que si je suis toujours d'accord avec tous, je serai mieux aimé. J'ai trop développé mon enfant soumis et je renie mes préférences, mes choix, je désavoue ma personnalité au profit de celle des autres, lesquels ne s'en rendent pas forcément compte, mais profitent de l'aubaine. Je me rends vulnérable et c'est bien moi qui l'ai décidé ainsi.

Cette vulnérabilité, je l'aurai aussi vis-à-vis de l'environnement : par exemple, lors d'une épidémie de grippe, pourquoi vais-je la contracter et non telle personne de mon entourage ? Parce que je suis en ce moment plus fragile physiquement et psychologiquement. Et pourquoi suis-je dans cet état ? Serait-ce parce que je ne sais pas dire non, parce que je ne sais pas prendre de repos et que mon psychisme négatif a rendu mon organisme plus réceptif aux agressions extérieures ?

La maladie n'est-elle pas pour moi une vieille habitude dont j'ai du mal à me séparer, surtout si lorsque j'étais enfant, les seuls moments où l'on s'occupait vraiment de moi, c'était lorsque j'étais malade ?

3

avril

Un père absent

Mon père est revenu de la guerre lorsque j'avais cinq ans ; il a participé à la reconstruction de la France. Nous étions une famille nombreuse et il a beaucoup travaillé pour nous nourrir et pour toutes ces raisons, je l'ai très peu vu.

Mon père voyageait beaucoup. Il n'était là que le week-end et souvent fatigué ; il n'était pas disponible. Mon père travaillait la nuit et dormait le jour ; il ne fallait pas faire de bruit pour ne pas le réveiller. J'ai connu un père absent ; voilà pourquoi je fais de même, moi qui suis devenu père à mon tour. Cela m'arrange bien de revenir tard de mon travail, de la sorte, je n'ai pas à m'occuper de mes enfants, ni à supporter les reproches de ma femme qui se sent trop seule face à leur éducation.

Plus je fuis mes responsabilités de père, plus elles me paraissent insurmontables. Je ne sais pas comment entrer en relation avec mes enfants. Quand ils étaient petits, c'était simple : ils étaient entièrement dépendants de moi, de nous, leurs parents. Depuis qu'ils ont six ou sept ans, je ne sais plus comment leur parler. Je crois qu'ils me font peur. Ils me renvoient l'image du petit garçon que j'ai été et qui ne savait pas parler à son père. Je me revois en eux et je retrouve aussi le comportement de mon père avec moi lorsque j'avais leur âge. Mon père ne m'adressait la parole que pour me gronder, à la demande de ma mère quand elle estimait que je le méritais. Je me surprends à refaire la même chose avec mes enfants, au lieu de dire à ma femme de régler elle-même ses problèmes de discipline avec eux. Je refuse profondément ce rôle de gendarme qu'elle me fait jouer, mais j'avoue que c'est le seul que je connaisse et c'est le seul qui me reste face à mes enfants grandissants.

J'ai à me réconcilier avec l'image du petit garçon que j'étais. Au lieu de garder le portrait peu flatteur que mes éducateurs faisaient de moi, j'apprends à me voir autrement, avec indulgence, avec les yeux amoureux de Dieu pour moi. J'aurai peut-être besoin de l'aide de quelqu'un qui saura trouver des mots qui me valorisent dans tout ce que je suis. C'est seulement lorsque j'aurai réveillé en moi le petit garçon que j'étais, que je saurai vous aborder avec la simplicité de mon cœur, vous mes enfants tant aimés.

4

avril

Une mère possessive

Je me fais du souci pour mes enfants. Beaucoup trop, je le sens bien. Quand ils partent à l'école, je les accable de recommandations de toutes sortes pour qu'il ne leur arrive rien. J'attends leur retour dans l'angoisse, surtout s'ils ne sont pas rentrés à l'heure exacte. Je refuse qu'ils aient des sorties avec des camarades de leur classe, tant j'ai peur des accidents. Avec mes enfants mariés, je suis envahissante ; je leur téléphone tous les soirs, et eux passent me voir chaque jour, tellement ils craignent que je me rende malade si je n'ai pas de leurs nouvelles. Je n'ose pas partir en vacances avec mon mari, de peur qu'en notre absence, il arrive quelque chose à l'un de nos enfants ou petits-enfants. Je me rends compte que c'est excessif, c'est même un sujet de disputes fréquentes avec mon mari. Mais je n'y peux rien, je suis comme cela.

D'abord, j'ai à voir si l'un de mes parents ou les deux, ne m'ont pas montré le modèle. Si c'est le cas, je peux arrêter la répétition en leur écrivant une lettre symbolique que je n'enverrai pas. Dans cette lettre, je les remercierai de ce qu'ils sont et je reconnaîtrai qu'ils ont agi de leur mieux, mais j'indiquerai clairement que je romps avec certaines habitudes et attitudes qu'ils m'ont inculquées. Puis je prendrai une petite décision chaque jour : aujourd'hui, je n'appelle pas ma fille. Ce sera difficile, je le sais, parce que vont monter en moi toutes sortes de bonnes raisons de lui téléphoner quand même : ma fille va s'inquiéter ; ou bien elle va penser qu'il m'est arrivé quelque chose ; ou bien c'est à elle qu'il va arriver malheur et je n'en saurai rien. Mais j'ai décidé, alors je tiens ma décision avec l'aide de Dieu. Si j'y suis parvenue, je m'en félicite et je poursuis dans la même direction. Si je n'ai pas tenu et que j'ai téléphoné quand même, alors je me regarde avec indulgence, je ne me complais pas dans la pensée de mon échec et je reprends la même résolution pour le lendemain.

Aux prochaines vacances, j'accepte de partir quelques jours avec mon mari. Je me donne le droit d'avoir des angoisses, mais j'apprends à ne pas en rendre mes enfants responsables, ni à leur en faire porter le poids. Je suis l'auteur de mes propres angoisses et je n'en accable plus personne. Au contraire, je dis à mes enfants qu'ils doivent vivre leur vie, sans tenir compte de tout ce que je ressens, puisque c'est mon problème. Je vais plutôt m'interroger sur la source de mes angoisses et y remédier.

5
avril

Je me gomme

J'ai du mal à trouver ma place. Je n'ose pas parler, donner mon opinion. Je me fais tout petit. Je crois que j'ai mal compris : l'humilité n'est pas de m'effacer, mais d'accomplir la fonction, le service, la vocation qui sont les miens. Dieu seul est la gomme qui efface toutes mes fautes, tout ce que je regrette d'avoir fait. Loin de m'inviter à me gommer, Il m'incite à découvrir mes dons, mes talents et à les faire éclore.

Je suis important, essentiel aux yeux de Dieu ; je sais qu'Il m'aime et qu'Il aime chacun de nous d'un amour préférentiel. A travers son regard aimant, j'accepte de me regarder et de découvrir l'enfant de lumière qui est en moi, afin d'accomplir tout ce dont je suis porteur.

Je cesse de me gommer ; il n'y a aucune vertu à cela. En revanche, je laisse Dieu m'aider à gommer mes comportements de négation. J'apprends à être moi, à affirmer clairement qui je suis et ce que je veux. Je suis moi, rien que moi, mais entièrement moi.

6

avril

J'ai des blocages

Lorsque je regarde un film qui pourrait m'émouvoir, je ne veux pas laisser monter l'émotion, alors je fais des commentaires en ridiculisant, en dévalorisant ce que je vois. Et je me moque de mes proches qui se laissent toucher par ce qui n'est qu'une fiction. Et finalement, j'en arrive à ne plus rien éprouver, comme je l'ai appris auprès de mes parents. Ils s'ingéniaient à masquer ce qu'ils ressentaient et niaient chez moi toute manifestation émotionnelle en changeant de conversation ou en m'expliquant que ce que je croyais ressentir n'existait pas, que j'étais sans doute fatigué. J'ai compris qu'il valait mieux ne rien éprouver pour ne pas les déranger ou les gêner. Je ne sais pas apprécier la beauté de la nature, d'un être, d'une œuvre d'art, parce que je ne l'ai pas appris dans mon enfance et puis parce que cette beauté risquerait de me toucher.

Lorsque je redoute une situation nouvelle, il m'est impossible de dire que j'ai peur : je préfère m'anesthésier en prenant des tranquillisants. Ainsi grâce aux médicaments ou à l'alcool, je peux afficher une assurance que je n'ai pas, et que je m'imagine mieux acceptée par les autres. En fait, comme je m'exprime peu sur moi, les autres ne viennent pas volontiers vers moi. Je demeure une énigme pour eux et ce qui est plus grave, pour moi aussi, puisque je reste étranger à mes émotions. Je ne les ressens pas. Je commence à entrevoir tout ce qui manque dans la connaissance que j'ai de moi. Je ne sais pas qui je suis. Il me reste à me découvrir vraiment.

7

avril

Je pleure à l'intérieur

En moi, il y a une petite fille, un petit garçon qui pleure. Je pleure à l'intérieur et cependant tu ne verras que mon sourire ; tu ne percevras que des éclats de rire et de la gaieté. C'est le seul moyen que j'ai de souffrir un peu moins. Je ne veux pas t'accabler avec mon chagrin. Chacun a ses problèmes, ai-je coutume de répéter. Pourtant, je peux ressentir de la joie et même intensément. Il y a en moi une joie profonde et en même temps, en moi, il y a ce petit enfant qui pleure. Je tiens compte de ma tristesse. J'essaie de la comprendre, de voir d'où elle vient et je m'occupe de mon petit enfant blessé à l'intérieur de moi. Je l'écoute, je l'entends. J'ai pour lui la sollicitude que Dieu a pour moi. Je sais le rassurer, lui redonner confiance et l'aider à repartir.

J'ai souvent des saignements de nez, des écoulements internes, des hémorragies génitales, mes seins ou mes yeux coulent et parfois abondamment, et c'est comme si quelque chose pleurait en moi ; tous ces chagrins pour lesquels je n'ai pas eu de larmes me parlent, se rappellent à moi d'une autre façon, me collent à la peau Que j'apprenne à ne pas négliger ces signes que je m'adresse à moi-même ; que je sache vivre jusqu'au bout mes chagrins en sachant les dire avec simplicité. Les dire, c'est déjà pouvoir les mettre à distance et les voir d'un regard neuf.

8 avril

Je me sens paralysé

Dans certaines circonstances, je ne parviens pas affirmer simplement ce que je suis, parce que j'ai peur du regard critique des autres. C'est vrai, dans le passé, des personnes de mon entourage familial ou des éducateurs m'ont jugé, ou ont fait de l'ironie à mon sujet. C'est pourquoi je me sens souvent indigne d'être là, de m'exprimer, et même d'exister ; j'ai souvent l'impression de ne pas être à ma place et qu'on me regarde avec curiosité. J'ai peur de parler en public, je deviens rouge, je perds tous mes moyens, je bafouille, tout est vide dans ma tête, ma voix résonne, je voudrais être une petite souris et pouvoir disparaître. Je redoute d'affronter mes collègues de travail ou même mes proches et de leur dire quand je ne suis pas d'accord.

J'ai tout simplement peur de voir qui je suis. J'ai besoin de retrouver ma valeur, la beauté de mon âme, mais aussi d'accepter d'être un petit qui a peur. Et toi qui m'impressionnes, si je te voyais également comme un petit qui tremble, je comprendrais que lorsque tu veux m'écraser de ton importance, toi aussi tu veux avant tout masquer tes craintes et tes insuffisances.

Si j'abandonnais mon regard critique pour laisser l'Amour de Dieu me traverser et couler vers toi, j'aurais moins peur d'être désavoué par toi. Si je me débarrassais de mes pensées négatives et des paroles de jugement qui me paralysent, pour au contraire, t'envoyer des pensées positives, je t'aborderais différemment. Je ne craindrais plus tes observations, tes remarques car je me souviendrais que moi aussi j'ai pu blesser d'autres personnes.

L'image que j'ai de moi ne dépend pas de ce que les autres disent de moi. La guérison est là quand je peux reconnaître que je suis aimé par Dieu tel que je suis. Alors je me débarrasse de mon besoin d'être reconnu ou admiré de telle ou telle personne. Je reprends ma liberté. Ce n'est pas l'image que les autres ont de moi qui me définit : il y a du vrai et du faux dans ce qu'ils pensent. Je sais faire le tri : j'écoute ce qui me semble exact et je refuse ce qui est la projection d'autrui. Je ne deviens pas sourd à ce que l'on dit de moi mais je n'accepte pas tout non plus. J'apprends le discernement, la façon ferme d'exprimer ce que je crois, et de refuser ce qui ne me paraît pas fondé.

9

avril

Je bégaie

Je souffre de bégaiement depuis si longtemps que j'ai renoncé à parler à d'autres personnes qu'à mes proches. Et encore, s'ils ne m'obligeaient pas à m'exprimer et à terminer mes phrases, je crois que je ne dirais plus rien. Je passe de longues heures enfermé chez moi, en silence. Je ne veux plus voir personne. Parler est devenu une torture ; j'en ai perdu le goût puisque, de me voir peiner à chaque mot, les autres ressentent un malaise qu'ils me communiquent et qui accentue ma honte.

Tu voulais parler et tu avais tant à dire ! On te faisait taire parce que tu racontais tes histoires d'enfant qui n'intéressaient pas les adultes. Tu as entendu que ton bavardage incessant était fatigant ; que tu parlais à tort et à travers et que tu devais apprendre à tourner sept fois ta langue dans ta bouche avant d'oser sortir un seul mot. Tu tentais alors de dire le plus vite possible tout ce qui te venait à l'esprit et les mots se bousculaient, se catapultaient. On te l'a tellement imposé que tu as fini par te taire.

Et pourtant, tu as le don de la parole : la parole vraie, celle qui saisit l'âme. Découvre ton don, aime-le, cultive-le. Apprends avec l'aide d'un ami, d'un guide à retrouver la confiance en toi et en ce que tu dis. Laisse-toi prendre par la main. Apprends à faire sortir les mots qui viennent de ta profondeur, ces mots qui touchent ; vois comme ils font vibrer ceux qui t'écoutent et reçois d'eux le témoignage de leur émotion, de leur gratitude.

On dit de Démosthène, célèbre homme politique et orateur athénien, qu'il finit par réussir à surmonter ses défauts d'élocution en s'entraînant à parler haut et fort face à la mer, la bouche remplie de cailloux. On peut penser que Démosthène avait en naissant, du moins potentiellement, le don de la parole, que des blessures d'enfance avaient été à l'origine de son handicap et qu'en cultivant la confiance en lui par l'entraînement, il avait pu retrouver et amplifier son don initial.

10
avril

Je suis tendu

Je reconnaîtrai la vie compliquée de mon psychisme dans toutes mes tensions : mes encombrements intérieurs, la façon que j'ai d'être toujours dans l'urgence, la précipitation. C'est important d'être à l'heure, mais si je pars un peu plus tôt, je ne serai pas obligé de courir. Et si je courais sans arrêt pour me donner de l'importance ? Pour me fuir ? Pour fuir les autres ?

Je suis tendu dans mes attitudes parce que j'ai peur d'être jugé. Je suis raide, je bouge très peu, j'ai le regard fixe et même inexpressif ; j'ai parfois des gestes maladroits tant je me surveille. Je m'exprime avec affectation, précision, je choisis mes mots. Je ris peu et quand cela arrive, ce n'est pas un rire qui me libère, c'est un rire tendu. J'ai des vêtements qui entravent mes mouvements et je suis toujours "tiré à quatre épingles". J'ai un visage de marbre et je laisse peu voir mes émotions. Je souffre de cette tension intérieure et d'autant plus que, par mimétisme, les personnes que j'approche adoptent un peu mon attitude. J'ai souvent des raideurs de nuque, des douleurs de dos parce que je suis crispé en permanence.

Lorsque j'ai affaire à des personnes très naturelles, qui expriment facilement ce qu'elles ressentent, cela m'aide à me sentir mieux. Avec elles, je ne me sens pas jugé ; comme elles aiment être écoutées, je suis pour elles l'interlocuteur idéal.

J'apprends tout doucement à me "décoincer" avec des personnes qui sont libres dans leurs attitudes et qui ont une physionomie avenante. Je m'apprivoise en leur présence. Je libère mes mouvements : je décroise les bras ; je me plante bien à plat sur mes deux pieds pour me sentir en sécurité, je me tiens droit sans raideur et je respire amplement ; j'ouvre les yeux, je regarde mon interlocuteur quand je lui parle. Il me renvoie alors de moi une image positive et je me sens mieux. Je reprends confiance en moi.

11
avril

Je fais des transferts

Je comprendrai que j'ai des blessures à travers mes transferts positifs ou négatifs. Je fais un transfert positif chaque fois que je tombe éperdument amoureux et que j'éprouve une admiration inconditionnelle pour une idole : un acteur, mon médecin, mon psychologue, un professeur de mes enfants ou un prêtre. J'idolâtre cette personne et j'imagine qu'elle est vraiment exceptionnelle, merveilleuse.

Il m'arrive aussi pour certaines personnes de passer d'un transfert trop positif à un transfert négatif : je mets quelqu'un sur un piedestal et s'il me déçoit, je ne vois plus que ses travers et je les majore.

Je fais un transfert négatif quand je ne peux pas comprendre que l'on puisse aimer telle autre personne à qui je trouve tous les défauts ; je dresse alors d'elle un tableau complètement négatif auquel je crois.

Ces transferts sont le signe que j'ai manqué dans mon enfance d'un père ou d'une mère qui me dise vraiment son amour, qui m'individualise, qui me donne confiance en moi. Et je suis toujours à la recherche d'un idéal que je projette sur d'autres "parents", d'autres personnes. Cela me montre que j'ai des blessures psychologiques. Je ne trouverai la paix du cœur qu'en me libérant peu à peu de tous ces attachements excessifs. J'apprendrai à les relativiser, à les remettre à leur juste place et cela d'autant mieux que je vivrai une relation d'Amour avec Dieu. Lui seul mérite toute mon adoration.

12
avril

Je ne sais pas voir mes qualités

Beaucoup de nos dépressions viennent du fait que nos qualités ne sont pas reconnues. Elles ne l'ont pas été d'abord par nos parents, et ensuite par nous qui n'avons pas appris à les voir. Si nos parents n'ont pas su faire surgir nos qualités, ne nous les ont pas nommées, celles-ci nous sont devenues étrangères, tant il est vrai que lorsque nous ne sommes pas encore structurés, nous nous laissons définir par les autres, ceux qui comptent pour nous. Et nous devenons parfois ce qu'il a été dit de nous : tu es un paresseux, un incapable, par fidélité, par obéissance à nos parents. Nous pouvons aussi nous fixer sur une image disgracieuse de nous-mêmes, être tourmentés par un soi-disant défaut physique que nos camarades de classe avaient relevé et alors nous nous prendrons définitivement pour des vilains petits canards, des laiderons, affublés que nous étions des oreilles de Dumbo l'éléphant, du nez de Cyrano ou des grands pieds de la fameuse Berthe. Si nous ne connaissons pas notre valeur, nous ne saurons pas l'exprimer et les autres nous renverront en miroir l'image dévalorisée que nous leur offrons de nous. Il en est ainsi de cet homme à qui son père affirmait qu'il n'était qu'un *bon à rien* et qu'à quarante ans sûrement, il n'aurait encore rien fait de sa vie ; parvenu à quarante ans, il n'avait en effet, ni travail, ni vie sentimentale. La première fois qu'il osa courtiser une jeune fille, la fille de son voisin, celui-ci crut bon de la mettre en garde en décrivant le jeune homme comme un bon à rien : le jeune homme attirait, sans le vouloir consciemment, l'image de lui et les mots mêmes qui allaient le blesser.

Nous rendre à nous-mêmes, c'est toute l'œuvre de Dieu à travers ceux que nous croisons sur notre route et qui peuvent nous aider à retrouver notre identité.

Le regard de lumière de Dieu sur moi me donne le courage de voir en face mes blessures et me fait voir la nécessité de me faire aider physiquement, psychologiquement, spirituellement, car je suis corps, âme, esprit. La découverte des obstacles que je mets à la vie est un passage obligé de mon existence, celui auquel tôt ou tard je devrai m'affronter.

Si je n'accepte pas de voir en moi ces obstacles à ma croissance intérieure, je vais rentrer dans les conduites d'évitement, de fuite, dans les rapports de force, ou bien dans ce qu'on appelle communément la dépression.

13

avril

Dieu me guérit à chaque instant

Lorsque je me sens mal, que ce soit dans mon corps ou dans mon psychisme – et d'ailleurs les deux souffrent conjointement – si je me tourne vers mon être, mon centre vital je retrouverai la paix intérieure. C'est dans cet endroit profond de moi que Dieu vient me guérir: Il apaise les rancunes que je garde contre tel collègue de travail ou l'un de mes proches qui abuse de ma disponibilité, Il me soulage des soucis que j'ai pour l'avenir de mes enfants et des tracas que me cause ma santé, Il allège le sentiment de dévalorisation dont je m'accable. Il me guérit de toutes mes pensées malveillantes, de tout ce que je répands négativement autour de moi. Je sais tellement bien ressasser mes échecs, me torturer, que je parviens même à me rendre malade: j'ai des accès de palpitation, des crises d'étouffement, des évanouissements dans les lieux publics.

Je comprends que jusqu'à présent je n'ai pas osé me rencontrer vraiment. Sans doute y arriverai-je plus facilement avec l'aide d'un psychologue, s'il sait me renvoyer une image positive de ce que je suis. C'est la découverte de mon être intérieur qui me fera retrouver la sérénité. Dans ce lieu où Dieu se tient, je suis guéri à chaque instant si je le veux bien. Mais est-ce que j'y crois ? Est-ce que je crois que Dieu me ressource de l'intérieur, me revitalise, régénère mes cellules, alors que je provoque le contraire avec mon psychisme malade ? Dans les causes de mes malaises physiques, il y a la part de mon hérédité génétique, mais aussi celle des comportements reçus de ma famille ; il y a la part de mon environnement et aussi celle de mon hygiène de vie qui elle-même, est conditionnée par les blessures de mon *petit Moi.*

Jésus qui n'a jamais été malade, était rempli de compassion et multipliait les guérisons physiques: au lieu de guérir la belle-mère de Pierre, il aurait pu lui conseiller seulement d'offrir sa fièvre pour la venue du Royaume ; ce qu'elle aurait pu faire par ailleurs, si Jésus ne s'était pas trouvé là. Jésus n'a jamais invité à la maladie, ni à la souffrance. S'Il a souffert Lui-même, ce fut uniquement par amour et pour que le mal soit vaincu. Que je me rende compte sans m'en culpabiliser que bien souvent c'est moi seul qui me complais à certaines souffrances qui pourraient être évitées.

14
avril

Je suis serein, tranquille et calme

Lorsque je fais semblant d'être en pleine forme, d'être paisible, ou d'être gai, alors que dans ma partie psychique je suis en révolution, je ne suis pas dans mon être, mais dans mon paraître. Je suis dans ma partie fragile, celle qui se laisse déstabiliser par les autres, celle qui a peur de ne pas être aimable, celle qui redoute les critiques.

Si je sais faire taire en moi toutes ces voix qui profèrent des jugements sur moi ou sur les autres, ces phrases toutes faites qui m'alourdissent, si je sais rentrer dans mon être, même si tout est confus autour de moi, alors tout va s'apaiser. La tempête pourra faire rage, je m'endormirai avec Jésus dans sa barque ; et quand bien même elle serait prête à chavirer, je ne craindrai aucun mal, puisque avec Lui, dans ma profondeur, je suis en sécurité.

Il m'est difficile d'appréhender que je puisse être intérieurement dans la paix quand je me sens énervé, excité, troublé, en proie à des émotions de toutes sortes. C'est pourquoi il est important que chaque jour je me rappelle que c'est au centre de moi-même, dans mon cœur profond, que j'existe pleinement. Je me répète cette simple phrase posément, lentement, en me pénétrant bien du sens de chaque mot : « je suis serein, tranquille et calme ». Je me la murmure plusieurs fois par jour, aussi souvent par exemple que je prends du repos ou que je m'alimente, parce que ce sont des points de repère simples que j'oublie rarement.

15
avril

Présence de Dieu dans la souffrance

Au lieu de me demander si souvent « pourquoi Dieu permet-Il tant de souffrance ? » pourquoi n'admettrais-je pas que non seulement Il n'est pas à l'origine de mon malheur, mais bien plus, qu'Il est présent dans tout ce que je vis de douloureux et qu'Il souffre avec moi ?

Et si la souffrance qui est la mienne à cet instant était une façon pour moi de connaître Dieu ? Ou bien d'appréhender sa paternité et ce qu'elle implique de renoncements et de chagrins vis-à-vis de nous, ses enfants tant aimés ? Ma douleur me fait ressentir un peu de celle de Dieu à mon égard.

Moi qui, par exemple, ai perdu un enfant dans un accident de voiture, une maladie ou un suicide, j'ai cru toucher le fond du désespoir. J'ai pensé ne plus jamais pouvoir rire, ni profiter des moments heureux de l'existence. Ma vie avait basculé du côté de la souffrance, et puis j'ai compris celle de Dieu à travers la mienne. De même que moi, son père ou sa mère, je n'ai pas su ou pu empêcher la mort de mon enfant, de même Lui, qui nous laisse entièrement libre de gouverner notre destinée, souffre de nous voir prendre des chemins de traverse, nous éloigner de Lui, nous laisser ballotter dans des lieux ou des situations qu'Il n'avait pas souhaités pour nous et dans lesquels Il lui est difficile d'intervenir. Dieu est souvent impuissant à nous faire changer de route, puisqu'Il respecte notre liberté.

Dans ce que sont nos épreuves de parents, nous percevons un peu ce que sont les souffrances de Dieu, notre Père bien-aimé vis-à-vis de nous, ses enfants. Si j'ai perdu un enfant, que puis-je dire de Dieu qui a en vu tant et tant s'éloigner de Lui, se perdre et mourir ?

16

avril

J'accumule les accidents

Je reconnaîtrai mon psychisme blessé aussi à travers mes accidents ; ils traduisent souvent un état d'encombrement mental et donc un manque de vigilance qui me met en situation de vulnérabilité.

A propos des accidents, il est prouvé que les facteurs psychologiques y tiennent une grande part. Quelqu'un qui est désencombré, qui voit la vie de façon positive et qui a une bonne hygiène de vie, sera beaucoup plus attentif qu'un autre qui se sent très coupable, qui se surmène et qui passe son temps à se punir en s'attirant des ennuis.

Mon psychisme est plein d'astuces pour m'aider à me nuire, pour me prouver que j'ai raison de ne pas m'aimer et que je mérite tout ce qui m'arrive, puisque je suis rempli de culpabilités.

Les accidents qui surviennent de façon répétitive au sein d'une même famille, indiquent souvent qu'il y a dans cette famille un modèle donné par un proche, un parent ou un ancêtre.

Dans une telle famille, on trouvera peut-être dans le passé, l'accident d'un aïeul. Cet accident aura beaucoup frappé l'entourage, parce que cette personne était particulièrement vénérée ou bien partie brutalement très jeune, et on en a parlé longtemps. Ou bien au contraire, on n'en a pas parlé parce que c'était trop douloureux et le souvenir s'est perpétué par un "silence assourdissant" ; et il réapparaît dans la génération suivante par identification à l'aïeul admiré ou à cet enfant idéalisé. Et parfois de façon encore plus marquée dans les générations successives, parce qu'au fil du temps, s'est installée une fausse croyance de ce type : nous sommes une famille à accident, le mauvais sort s'acharne sur nous, nous n'avons pas de chance etc.

Dans cette famille où s'accumulent les accidents, il serait souhaitable qu'un de ses membres puisse décider de dire devant tous qu'il n'y a aucune valeur, dans le fait de se casser un bras ou une jambe et qu'à partir de maintenant, c'est fini. Qu'il démontre que la fidélité à tel ou tel comportement n'a plus aucun intérêt, même si l'un ou l'autre, obligé de marcher avec des béquilles pense, tout à fait inconsciemment, assouvir par ce moyen son besoin d'être aidé, soutenu, soigné, ou son désir de faire l'objet de propos apitoyés. Pour finir, qu'il donne l'assurance qu'il y a d'autres façons de se faire aimer, d'être apprécié, d'avoir de la valeur que celle de faire pitié. Le membre de cette famille qui aurait l'inspiration de tenir ces propos, rendrait un grand service à tous, en leur rendant leur place d'individus autonomes, en leur proposant un autre sens à leur vie au lieu de les maintenir dans une tradition familiale où tous sont indifférenciés et unis dans la même fausse croyance. Mais, paradoxalement, il faut parfois beaucoup de courage pour se démarquer ainsi d'une croyance familiale.

Ne faisons pas germer ces graines de souffrance, cassons ces fausses croyances. Il n'y a pas de fatalité, pas de déterminisme à ces accidents, sinon une légende familiale entretenue avec zèle. Plus il y aura eu de répétitions dans une famille, plus la tendance à la reproduction sera grande et plus il faudra une conscience aiguë pour l'arrêter. Et bien souvent nous ignorons ce qui s'est passé dans les générations précédentes, ce qui a pu être à l'origine des maladies, accidents ou morts brutales en question, et il survit en nous seulement un scénario. Demandons l'aide d'un accompagnateur pour y voir plus clair : à travers lui agira l'Esprit Saint qui vient *libérer les captifs*[11].

11. Luc, 4, 18.

17
avril

Quel gâchis !

Je me retourne sur ma vie et je pleure devant tant de gâchis. J'ai vécu si longtemps dans l'ignorance de mon être profond ; j'étais une marionnette, un singe savant qui exécute les tours qu'il a appris. Que de temps perdu à courir derrière un avoir, un paraître, ou la possession d'un être idéalisé, toujours décevant parce qu'il ne peut jamais combler toutes mes attentes : à cet égard, que de baudruches à dégonfler dans ma vie ! Que d'infidélités à moi-même, à mes engagements. Combien de fois ai-je tué la vie en moi en n'acceptant pas d'être tout simplement l'homme, la femme que je suis à cet instant ; en recherchant sans cesse dans le futur ou ailleurs, un bonheur qui existe maintenant, dans mon existence actuelle.

Si je suis parti, si j'ai quitté mon conjoint, si j'ai rompu des vœux monastiques ou un engagement sacerdotal, j'apprends à me voir avec tendresse, avec le regard de Dieu pour moi. S'il n'y a pas de retour possible – et que je l'ai vu avec honnêteté –, alors je n'entre pas dans la condamnation stérile. Je refuse le syndrome de Judas et je ne vais pas chercher la corde pour me pendre.

Je regrette qu'il y ait eu tout ce gâchis dans ma vie, mais je sais que Dieu me donne une autre chance et je vais y répondre tel que je suis maintenant ; et là où j'en suis, je Le servirai autrement.

J'ai compris ce dont j'étais vraiment capable et je suis devenu plus petit, plus humble, moi qui avais facilement des paroles de jugement pour les autres. Je n'oublie pas ceux que j'ai fait souffrir. Je cherche à réparer par le dialogue, au moins en intention ou par la prière. Je ne vais pas m'éloigner de Dieu sous prétexte que j'ai rompu mes engagements ; au contraire, j'ai besoin plus que jamais de Son Amour et je cours m'y plonger. Il ne m'a jamais quitté et me guide dans une nouvelle voie.

18

avril

Sortir du découragement

Le peuple hébreu en Egypte était prisonnier de son découragement, de son passé. Le peuple hébreu représente toutes ces parties de nous qui refusent d'aller vers la Terre Promise, qui résistent, qui font obstacle ou qui sombrent dans la passivité, la désespérance.

C'est Josué qui fait entrer les Hébreux en Terre Promise. Soyons tous des petits Josué. Quittons la passivité, l'endroit où nous nous enfermons ; sortons de notre domicile où nous restons cloîtrés, même si c'est uniquement pour aller chercher du pain ou mettre une lettre à la poste. Débarrassons-nous du découragement. Levons les yeux vers le ciel tout en gardant les pieds bien posés sur le sol.

Que tu es belle ma compagne, que tu es belle ! tes yeux sont des colombes[12]. Ces mots du Cantique des Cantiques sont pour chacun de nous. Ces mots que nous avons tellement désiré entendre, ces mots que nous ne pouvons plus entendre, ces mots que nous n'avons jamais entendus, sont pour nous. Ce sont ces mots-là qui vont nous mettre en marche. Ces mots d'amour viennent vers nous par l'intermédiaire de petits événements, mais encore faut-il que nous sachions les voir. Ce seront des moments de communion avec tous ceux que nous aimons, avec tous ceux qui nous ont précédés et qui sont toujours là. Nous ne sommes jamais seuls.

Bien sûr, je peux ne voir de l'existence que ce qui ne va pas. Je peux m'arrêter à la violence, à tous ces comportements égoïstes qui me révoltent. Mais ces agissements que je dénonce, il m'arrive à moi aussi de les accomplir.

Je peux ne percevoir du monde que les injustices, les déchirures et me dire que tout est pourri, que la vie ne vaut rien. Mais si je sais voir qu'en moi aussi coexistent le sublime et l'intolérable, j'aurai amorcé une véritable conversion, celle de changer mon regard sur ce qui m'entoure.

12. Cantique des cantiques, 1,15.

19

avril

Non à la dépression

La pente de la dépression commence par des refus. D'abord ce sont des petits refus quotidiens qui me paraissent anodins, sans importance : je n'accepte pas le temps qu'il fait, l'endroit où je vis, cette parole blessante, mon aspect physique ; puis je ne suis pas content du comportement de mon conjoint, de celui de mes voisins, de l'évolution de la société et je rends le monde entier responsable de mon mal-être. Ensuite, je refuse d'être ce que je suis, je refuse de vivre ce que j'ai à vivre : cette situation professionnelle difficile, ce deuil, cet abandon, cette maladie. Je me cramponne dans ces refus et j'y épuise toutes mes forces.

Comment sortir de cette torpeur dépressive ?

Tout d'abord, j'évite de m'ensevelir sous des paroles vaines comme : *« je ne changerai jamais, c'est dans mon caractère d'être comme cela ; je n'ai aucune volonté et je ne peux plus changer parce que c'est trop tard. »*

Il est d'autres injonctions encore plus pernicieuses, comme *je dois aller bien*, ou *je dois être fort*, qui amplifient mon angoisse, qui m'accablent d'une charge supplémentaire. Si j'ajoute un refus de l'angoisse lorsque celle-ci survient, je vais me sentir encore plus mal.

J'apprends à regarder mes souffrances avec compassion et non avec des mots de rejet, de jugement sur moi. J'ai le droit de ressentir de l'anxiété lorsque je vais faire quelque chose de nouveau, lorsque je prends une nouvelle orientation, lorsque je pars en voyage. Non seulement je m'en reconnais le droit, mais en plus je me réconforte, je mets en place des conduites qui me rassurent, je me fais du bien pour que cette anxiété ne soit pas trop envahissante.

Ensuite, je sais découvrir les cadeaux que la vie me réserve. Si je le peux, je me dirai que ce cadeau reçu vient de Dieu. J'aurai sans doute du mal à y croire au début, surtout si cela fait longtemps que je doute, que je me décourage et que je crois avoir si souvent demandé et n'avoir rien reçu. Mais petit à petit, j'apprendrai à reconnaître ces « clins Dieu ! »

Chaque jour, je m'offre des moments de contemplation de la nature, des moments de tendresse et de rire. Je m'entoure de beauté, d'harmonie. Je m'achète des fleurs. Je colore ma journée par des pensées positives sur ma vie :

Aujourd'hui, je décide de vivre un peu plus. Aujourd'hui, j'entre un peu plus dans la vie. Aujourd'hui je me lève et je dis *merci* à la vie.

« La vie est belle.

Ma vie est digne d'être vécue.

Elle est riche de sens. »

J'apprends tout doucement, à mon rythme, à la recevoir avec émerveillement, à la regarder avec bienveillance.

20
avril

Après avoir avorté

Peut-être une parole a manqué : celle qui aurait pu t'encourager dans ton désir d'être mère. Est-ce celle de tes parents au moment où tu as découvert la sexualité ? Qu'aurais-tu aimé entendre ? Qu'aurions-nous aimé entendre ? « Tu es ma petite fille chérie et nous t'avons vraiment désirée. Tu es notre amour ».

Ensuite, est-ce la parole de ton compagnon qui t'a fait défaut ? Tu aurais tant voulu qu'il te dise : « J'aimerais un enfant de toi qui ait la lumière de tes yeux, qui ait ton cœur ».

Est-ce enfin la parole des soignants qui t'a blessée ? Eux aussi ont leurs peurs, leurs manques d'amour, leur solitude, leurs préjugés, leurs expériences douloureuses ou exaltantes de la maternité ; pour toutes ces raisons, ils n'ont peut-être pas su entendre ta difficulté à être mère. Ainsi ont-ils pu t'encourager à avorter, par lassitude, par découragement ou simplement parce qu'ils n'avaient pas de temps à te consacrer.

Tu as avorté, oui, c'est ainsi. Mais ne te réduis pas à cet acte. Tu n'es pas avant tout une femme qui a avorté, tu es d'abord une femme. Tu es une femme qui a souffert et encore aujourd'hui, si longtemps après, tu te sens coupable, jugée. Je reconnais ta souffrance et je me mets en communion avec elle. C'est vrai, rien n'est plus grand que la vie et pourtant nous sommes capables de la supprimer.

Dieu ne te condamne pas. Il te demande seulement de te pardonner. Bénis cette petite âme qui a retrouvé le sein du Père. Donne-lui un prénom, si tu veux. Ne reste pas enfermée dans cette mort à laquelle tu as participé. Aujourd'hui, tu peux aider d'autres à ne pas prendre cette décision, à ne pas être acculés aux mêmes choix. Tu peux les éclairer sur d'autres solutions.

S'il y avait plus d'amour, plus d'accueil vis-à-vis des demandes d'aide de nos enfants, si nous leur avions appris le discernement et enseigné la prévention avec amour, il y aurait moins d'avortements, moins de situations compliquées.

21
avril

Dieu me parle

Quelle parole innocente et souvent entendue : Je suis relié directement à Dieu, Dieu me parle. Oui, c'est vrai que Dieu peut s'adresser à moi, mais pas de cette façon retentissante ; il s'entretient avec moi dans le murmure léger de mon âme. Il ne me fait pas de grandes phrases, pas de prophétie, ni de menace. Il s'adresse à moi sur le mode de l'intuition, par des mots qui viennent à ma conscience, par des convictions profondes qu'il faut confirmer avec l'aide de personnes extérieures : les porteurs de Bonne Nouvelle qui sont sur ma route pour m'aider à grandir. « *Quand deux ou trois sont réunis en mon nom, je suis au milieu d'eux.* » [13]

Combien d'inflation ou d'illusions surviennent chez des personnes qui suivent cette voix intérieure qu'elles pensent être celle de Dieu ou de leur ange gardien, sans éclairage extérieur. Comment puis-je savoir que cette voix n'est pas celle de mon psychisme ? Comment faire le tri, discerner ?

La voix de Dieu est toujours toute petite, pleine d'amour, de délicatesse et c'est une parole brève qui m'est donnée. Il ne s'agit sûrement pas de ces voix psychiques fortes qui m'amènent à des souffrances inutiles, qui me tourmentent, me culpabilisent et qui blessent autour de moi. La voix de Dieu, en tout cas chez ceux qui cherchent à s'améliorer, donne la Paix profonde (voir les exercices spirituels de saint Ignace[14]). « *Je vous laisse la paix, je vous donne ma paix.* »[15]

---

13. Matthieu, 18, 20
14. Ignace de Loyola, *Exercices spirituels,* édit du Seuil, 1982.
15. Jean, 14, 27.

22
avril

Vraies croix et fausses croix

Nous ne serons jamais l'Agneau sans tache, le Juste. Seul Jésus peut prétendre à cela et c'est pourquoi Lui seul pouvait assumer et vivre sur la croix toute la souffrance du monde, pour emmener à sa suite l'humanité à la résurrection.

Regardons bien ce que nous appelons les "croix" de notre vie. Il y a celles que nous attirons parce que nous avons un scénario de victime ou parce que nous avons des culpabilités et que nous pensons devoir nous faire payer quelque chose. Le plus souvent, si nous ne voulons pas porter la responsabilité d'avoir suscité ces croix, nous dirons que c'est la faute des autres, voire celle de Dieu.

Ayons la simplicité de prendre conscience que certaines de nos croix ont été provoquées par nous. Apprenons à les voir, à les comprendre et à les vivre dans l'acceptation de ce que nous ne pouvons plus changer si c'est le cas ; ensuite nous en tirerons un enseignement en nous disant : plus jamais ça !

Néanmoins, il y a des croix qui tombent sur nous de façon brutale ou imprévisible, comme la maladie d'un proche ou un deuil ; d'autres, dont nous ne sommes que peu ou pas du tout responsables, comme par exemple, une maladie virale venue d'une transfusion sanguine.

Ces épreuves nous font entrer petit à petit dans la voie de l'Agneau. Dieu tout Amour nous aide à les utiliser comme un tremplin pour nous ouvrir à une compréhension et un amour plus universels, ayant eu nous-mêmes à vivre dans notre chair la difficulté d'accepter quelque chose d'injuste, voire d'absurde. Les porteurs de lumière ont le plus souvent vécu dans leur existence et à plusieurs reprises, le passage du refus à l'acceptation lumineuse. Ils deviennent ainsi des passeurs, porteurs d'espoir pour d'autres qui connaissent le même type de souffrance.

23
avril

La joie du pécheur repentant qui se sait pardonné

Dieu n'est que pardon et j'ai tant de mal à recevoir sa miséricorde ! Les reproches que je me fais et des culpabilités profondes sont à l'origine de mes violences, agressivités, somatisations et difficultés à vivre : je m'en veux et je me fais du mal pour me punir.

Lorsque je reçois le sacrement de pénitence, j'accepte que Dieu me demande pardon pour moi-même. Puisque j'ai tant de mal à m'absoudre de mes erreurs, Il prend ma place pour que ce soit à Lui que je puisse offrir cette grâce que je ne veux pas me donner. Il se substitue aussi à ceux que j'estime être mes ennemis et me demande pardon pour ceux qui ne savent pas ou qui ne peuvent plus le faire. Lui, l'Innocent, prend la place de ces personnes par lesquelles j'ai tant souffert pour que je parvienne à les voir avec indulgence.

Mais que je sois lucide : le plus grand de mes ennemis, le plus souvent c'est moi-même et c'est moi que je considère avec dureté.

Veux-tu me pardonner, à moi qui suis en toi ? me dit Dieu.

Si j'acceptais que cette grâce coule en moi, je vivrais alors la joie parfaite : elle me régénérerait, elle effacerait en moi toute la grisaille de ma vie, et je serais rempli d'une énergie d'amour.

Seigneur, je reçois ton pardon. Toi qui m'habites à l'instant, profondément, je te laisse conduire ma vie, Toi, le chef d'orchestre de toutes ces parties de moi qui se combattaient et qui par Toi s'unifient peu à peu. C'est Toi qui me reconstruis de l'intérieur, Toi, mon Seigneur ; et je ne me cherche plus de maître à l'extérieur, car à l'intérieur, j'ai trouvé mon Maître Bien-Aimé.

Devenir chrétien, c'est vivre la joie de me sentir totalement aimé et principalement là où je m'en veux le plus, là où j'ai le plus honte et où j'ai le plus mal, c'est-à-dire dans tous mes manquements à l'amour.

On peut dire que pardonnent le mieux ceux qui ont eu la conscience la plus vive à un moment de leur vie d'avoir produit de la souffrance autour d'eux, que ce soit vis-à-vis d'un enfant, d'un conjoint ou d'un ami. Ils ont regretté sincèrement leurs actes, en ont eu une véritable contrition et ont fait l'expérience du Pardon absolu de Dieu. Ceux qui savent avoir pu bénéficier de la plus grande clémence en sont reconnaissants et pardonneront plus facilement aux autres.

Jean Valjean, dans *Les Misérables* de Victor Hugo, se voit pardonner un vol d'argenterie par l'évêque de Digne, Monseigneur Bienvenu, qui l'avait invité à sa table. Non seulement ce dernier ne l'accable pas, mais le libère des policiers qui l'avaient arrêté avec son butin en déclarant lui avoir offert son argenterie et de plus, il lui remet deux chandeliers qu'il aurait oublié de prendre. Ce pardon et le cadeau donnés en réponse à son larcin, transformeront profondément Jean Valjean qui, à partir de ce moment, aura pour idéal de venir en aide à son prochain.

24
avril

Les trompettes de Jéricho

Quelle extraordinaire aventure que celle de Jéricho ! Josué a su utiliser d'autres armes que celles du combat. Et Josué, c'est nous. Le désert, pour les Hébreux, a été un lieu de purification, d'apprentissage où Dieu a formé son peuple à combattre autrement que par la force. Si Josué avait attaqué Jéricho avec des armes et une stratégie guerrière, il n'est pas certain qu'il soit parvenu à ses fins. Josué instruit par Dieu dans le désert s'est adouci, simplifié. Il a suivi le conseil de Dieu : le peuple hébreu a fait le tour de la ville en faisant sonner les trompettes et les murs de Jéricho se sont écroulés.

Nous aussi nous avons à utiliser d'autres armes que les rapports de force, que la domination. Laissons-nous inspirer d'autres façons d'agir. Nous avons dans nos difficultés relationnelles avec les autres, mais aussi avec nous-mêmes, à faire le tour de nos murailles intérieures. Nous ne les attaquerons pas de front, mais nous en ferons le tour en laissant jouer la musique de notre âme. Sans doute l'aide d'un accompagnateur peut s'avérer utile ; c'est lui qui peut nous révéler quelle genre de musique vient de notre être. Lorsqu'elle sera libérée, vont alors s'effondrer nos repères confortables, nos structures rigides, nos comportements de marionnettes. Ce moment de chaos doit être vécu et traversé, pour que nous puissions atteindre un état renouvelé et rencontrer dans notre profondeur la Paix, la Joie et l'Amour de Dieu.

25
avril

Tous tes péchés sont pardonnés

Cette phrase que j'entends lorsque je reçois le sacrement de pénitence, suis-je bien sûr de l'avoir comprise, vraiment entendue ? **Tous** tes péchés sont pardonnés !

Quand je vais voir un petit homme, un prêtre dans sa petitesse, je n'attends pas de lui qu'il soit parfait pour qu'il puisse m'entendre. Il est ce qu'il est, avec ses qualités et ses imperfections humaines ; mais il est là, présent. Il m'écoute sans me juger. Il me dit des mots tout simples de la part de Dieu. A travers lui, Dieu m'entend, me comprend et me dit : tous tes péchés sont pardonnés. Vraiment tous mes péchés ? Pas seulement ceux que j'ai dits, ceux dont je me souviens, mais tous, absolument tous ? Alors, j'abandonne mes scrupules destructeurs, mes obsessions morbides. Quand je vais me confesser, me réconcilier, je garde à l'esprit l'essentiel et c'est cela que je dirai. Puis, je me laisse Aimer par Dieu.

26
avril

Se pardonner

Que je sache me pardonner à moi-même, voilà la base des relations humaines saines. L'humilité, c'est de m'accepter tel que je suis : mon corps avec ses imperfections, ses maux ; mes qualités, mes difficultés personnelles. C'est d'abord parce que j'aurai accepté tout cela que je pourrai m'améliorer. Je ne veux plus être un autre, avoir un corps différent, une intelligence plus grande, une autre vie. Je me pardonne d'être tel que je suis. Si j'ai appris à me regarder avec indulgence, je saurai le faire pour les autres. « *Aime ton prochain comme toi-même.* »

Si Hitler, ou tout autre dictateur, avait appris à s'aimer, il aurait pu être un homme extraordinaire, un exhortateur au nom de l'amour, au lieu d'avoir à ses pieds des foules fanatisées, rassemblées par la haine. Plutôt que de rechercher une compensation à son sentiment d'infériorité par une domination sans mesure, il aurait pu avoir un charisme magnifique. Il avait un don pour la parole, une capacité à entraîner les foules et ce don a été perverti par son psychisme blessé ; ce talent a été dévoyé parce qu'il n'avait pas découvert le véritable amour de soi. La preuve en est qu'il avait désavoué son origine juive et les humiliations de son enfance au lieu de les accepter comme faisant partie de son histoire personnelle. N'ayant rien oublié et rien pardonné à ceux qui avaient pu l'humilier, il était tout rempli de haine.

Freinons en nous tous le dictateur potentiel. Que tous nos processus de dévalorisation et les surcompensations qui en découlent soient interrompus par le pardon que nous allons nous donner. Guérissons nos blessures, allons voir ceux qui peuvent nous aider et devenons des créatures nouvelles.

27
avril

« Aujourd'hui même tu seras avec moi au Paradis »

Sur le Golgotha, il y avait trois croix: la croix de Jésus qui n'appartient qu'à Lui seul, Lui le Pur, le Juste qui donne sa vie pour l'humanité, et puis les croix des deux larrons. A nous de choisir entre ces deux croix. Celui qu'on appelle "le mauvais larron" revendique ses droits auprès de Jésus qui pourrait bien faire quelque chose pour lui, puisqu'on Le dit si puissant; il ne revient pas sur ce qu'il a fait, il n'en tire pas de leçon, mais se trouve des justifications.

Celui qu'on appelle "le bon larron" et qui était sans doute un criminel tout autant que l'autre, manifeste de la contrition. Il reconnaît que ses agissements lui ont attiré ce châtiment. Il se tourne vers Jésus et lui dit: « *Souviens-toi de moi quand tu seras au Paradis* ». Et Jésus lui fait cette réponse merveilleuse: « *Je te le dis, aujourd'hui même tu seras avec moi au Paradis* ».

Quelle croix choisissons nous?

28
avril

Jésus résume tout

L'analyse transactionnelle[16] décrit sept états du moi psychique, présents chez nous tous à des degrés divers et avec plus ou moins d'équilibre. Ces sept parties sont aussi en Jésus.

Le *parent normatif*, c'est l'autorité, les valeurs : Jésus respectait la loi, Il l'accomplissait. Il donnait des règles, mais des règles libérantes, dans l'amour. « *Je ne suis pas venu abolir la loi, mais l'accomplir.* »

Le *parent nourricier* : il est attentif aux autres, il est compréhensif, il soutient. Jésus guérissait les malades, nourrissait les foules affamées. Il était plein de compassion pour les souffrances humaines.

La partie *adulte*, organisée, rationnelle, est celle qui pense, qui raisonne, qui donne des informations, qui structure, qui prend du recul par rapport aux événements. Jésus décidait de sa vie : Il savait échapper à ses admirateurs quand Il avait besoin de solitude ou à ceux qui lui voulaient du mal avant son heure. Il disait et dit toujours à notre partie adulte : « *Que votre oui soit oui, que votre non soit non* ».

La partie *enfant*, émotionnelle, affective, est celle qui vit les émotions : joie, peine, peur, colère. Elle contient l'énergie vitale.

L'enfant soumis : Jésus était soumis à Dieu et non aux hommes. S'Il fut soumis à ses parents jusqu'à sa vie publique, Il n'a pas cherché à être compris, aimé, reconnu par tous. Il accomplissait simplement ce qui lui était inspiré par l'Esprit.

L'enfant rebelle : Jésus était un rebelle, non pas dans la violence, mais avec la fermeté et l'autorité nécessaires pour dénoncer l'injustice, abolir les anciens préceptes et permettre au Royaume de Dieu d'advenir. Ainsi, Il renversa les tables des marchands du temple pour préserver la sainteté du lieu.

L'enfant créateur et *l'enfant spontané*, appelé aussi *l'enfant libre* en Jésus était la joie, la louange, le ravissement. Il nous regarde avec des yeux amoureux mais aussi des yeux d'enfant et réveille en nous l'enfant émerveillé, joyeux, notre enfant de lumière.

Chacun de ces sept personnages est constitutif de notre personnalité, mais le plus souvent avec des déséquilibres : des insuffisances ou des excès. Jésus, Lui, les a accomplis de façon parfaitement harmonieuse.

---

16. Voir note 2, page 15.

29
avril

Voici l'homme

Pilate montre Jésus à la foule après l'avoir fait flageller et dit: « *voici l'homme!* ». On devrait écrire: « voici l'Homme! » Le film de Franco Zeffirelli, "*Jésus de Nazareth*", illustre cette scène en faisant réapparaître Jésus à contre-jour dans l'ouverture qui le ramène dans le prétoire. Là, un court instant, l'homme vaincu dans sa chair, pauvre corps meurtri, sanglant, apparaît en silhouette devant la lumière du soleil qui l'entoure d'un nimbe aveuglant; cette image est bien celle de l'homme-Dieu: le corps est broyé, anéanti, mais il est éblouissant de la Lumière divine.

En Jésus, nous avons tout. De même qu'il y a quatre évangélistes symbolisés par l'ange, le taureau, le lion et l'aigle, de même Jésus résume ces quatre Vivants et nous invite à développer en nous leurs qualités.

Avoir le recul, la réflexion, le savoir de l'ange, pour comprendre, approfondir la connaissance de l'être humain et nourrir en soi le divin; avoir la patience et la persévérance du taureau, le courage d'aller jusqu'au bout de sa tâche; avoir la force et le courage du lion, le verbe puissant, l'autorité du croyant pour oser prendre la parole; avoir l'intuition, la hauteur de vue et la vision synthétique de l'aigle, l'aigle qui regarde le soleil en face, dans le cœur à cœur avec Dieu et qui en reçoit la Lumière pour la porter aux hommes.

Jésus était tout cela. Il a montré au centre de la croix qu'il n'était ni tout en haut comme un aigle en vol qui s'éloigne de la Terre, ni tout en bas comme le taureau, bien terrestre, qui serait coupé du haut; ni tout à fait du côté gauche, comme le lion qui domine ou qui serait la proie de ses passions, de ses sentiments; ni tout à fait du côté droit comme une personne trop dans son intellect ou sa raison. Il réunit le haut et le bas, la gauche et la droite, il réunit la spiritualité et l'incarné, le savoir et le cœur, et puis au milieu il y a ce petit agneau, abandonné, vulnérable, l'innocence de Dieu.

Voici l'Homme!

30
avril

« Qui m'a vu a vu le Père »

C'est important que nous ayons de Jésus une représentation, même si elle est imparfaite. Heureuses icônes, heureuses images qui nous font toucher quelque chose du sein de Dieu. Qui de nous n'a pas en mémoire une représentation bouleversante de Jésus issue d'un livre illustré de son enfance ? Nous avons tous besoin de références ; nos enfants en manquent souvent cruellement. Ces images de l'enfance restent gravées avec une force de séduction qui ne s'épuise pas avec le temps, et qui demeure en nous comme la référence idéale de la beauté.

Lorsque je me remémore ce visage adoré, c'est aussi celui du Père bien-aimé que je vois. Jésus lumineux, Jésus guérissant, Jésus accueillant, mais aussi Jésus martyrisé, couvert de sang, Jésus souffrant pour moi.

Je retrouve aussi le visage du Père dans mes frères et sœurs, dans un sourire, dans un regard lumineux, dans un geste de tendresse, dans une autorité royale ou sacerdotale pleine de majesté donnée à certains.

Quand je suis comblé par la beauté de la nature, par ce coucher de soleil, c'est un peu de la splendeur du Père que je contemple.

1er
mai

Un simple sourire

Nous avons tous la possibilité de sourire. Un sourire rayonnant, un simple sourire a pu empêcher quelqu'un de se suicider. Le sourire de quelqu'un croisé dans la rue me réchauffe le cœur et peut me redonner goût à la vie si je vais très mal. Tu as ce don et j'ai ce don. Même si je vis en ce moment des choses très difficiles, très douloureuses, je ne me dirai pas que mon sourire est artificiel et sans valeur. Je sais faire la différence entre l'affectation du sourire superficiel et la sincérité de celui qui vient du plus profond de moi, de mon soleil intérieur.

C'est pour cela que lorsque je me sens mal, je laisse sortir mon sourire. Il me fait du bien parce que je vois qu'il te fait du bien. Il se donne et en même temps je le garde. C'est comme le feu : je peux donner du feu et en même temps le garder pour moi. Je peux conserver mon brasier et en même temps donner ma flamme à tous.

Je souris à la caissière épuisée, au facteur qui pédale sous la pluie, à ma voisine de palier qui ne me dit jamais bonjour, à ce bébé dans sa poussette, à ma secrétaire qui a des soucis, à l'agent qui me demande mes papiers.

Un sourire donne de la joie et allume un feu : une personne nouvellement arrivée dans une région en saluait une autre qu'elle croisait chaque jour dans la rue et qui ne la regardait même pas ; la scène s'était répétée ainsi durant cinq ans, cinq ans d'une même attitude persévérante au bout desquels la dame ainsi saluée esquissa un premier et timide sourire. La glace était rompue. Depuis, ces deux personnes se saluent à chaque rencontre.

Et cette autre dame qui, devant passer tous les jours devant une certaine boucherie pour se rendre chez son boucher habituel, était fort étonnée que le boucher chez qui elle n'allait jamais, lui fasse toujours de grands sourires. Au bout de quelques années, la dame intriguée et séduite par son amabilité, finit par entrer chez lui et trouva sa viande de très bonne qualité. Le boucher avait gagné une cliente qui ensuite ne le quitta plus.

2
mai

Te voir autrement

C'est vrai que tu as des qualités. Je ne les voyais plus, tellement je ruminais mes griefs contre toi. Une petite phrase et un mot de sympathie à ton égard reçus d'un frère et inspirés par Dieu, m'ont retourné le cœur. Soudain, j'ai vu en toi l'enfant blessé.

Maintenant je comprends tes fermetures, tes duretés, tes fuites comme l'expression de la peur et celle de la souffrance du petit enfant, autrefois brimé, censuré dans l'expression de ses émotions. Sois ce que tu es, maintenant je l'accepte. Quoi que tu me dises, même si dans l'instant je réagis parfois vivement, je saurai le remettre, quand je serai apaisé, dans la vision positive que j'ai de toi. Je garde précieu-sement dans mon cœur nos moments de communion, d'intimité, pour pouvoir supporter les périodes d'éloignement, de sécheresse parfois interminables. Ce changement de regard sur toi m'a agrandi le cœur pour tous et depuis, je vois tous les êtres autrement.

Je commence à comprendre ce que l'amour universel veut dire.

3
mai

Un amour infini

Nous avons tous une aspiration à vivre un grand amour ; or, c'est le cadeau de Dieu pour chacun de nous.

Je ne gaspille plus mon énergie à rechercher à l'extérieur ce que j'ai déjà à l'intérieur. Je ne me tourmente plus de ce qui me manque : la femme ou l'homme de mes rêves. Dans mon *petit Moi*, je ne vivrai jamais un amour absolu qui soit tout à fait désintéressé, total. Et même si je pense l'éprouver à l'instant même pour quelqu'un, en réalité cet amour idéalisé, passionné est destiné à mourir et à se transformer.

Renoncer à son *petit moi*, c'est rentrer dans son *grand Moi*. Le *petit moi* a la prétention de pouvoir aimer totalement, mieux que quiconque avant lui et désire être tout pour l'autre ; il se gonfle d'une importance qu'il croit avoir. Le *grand Moi* est humble ; il est rempli de l'amour universel que Dieu donne à chacun pour tous les autres.

Le bonheur total est là, dans le *grand Moi*, même si je ne le perçois pas, même si je suis dans le doute, même si je suis dans la peine. Tout ce que je désire le plus est déjà à l'intérieur de moi.

4

mai

La meilleure protection

La meilleure protection que je puisse trouver contre les fausses croyances comme : « on m'a jeté un sort », ou bien, « je n'ai pas de chance », c'est d'occuper à tout instant ma maison intérieure. Par analogie, si j'étais absent de mon habitation et qu'elle soit ouverte à tous les vents, je la verrais rapidement occupée par des hôtes indésirables, des souris, des insectes, des moisissures ; elle serait dégradée par les intempéries et vidée de son contenu par des voleurs. Il en va de même pour ma maison intérieure : si je n'y réside pas, si je ne suis pas présent à moi-même, je permets à des influences déstabilisantes de s'introduire chez moi et de s'y installer. J'aurai l'impression d'être attaqué de toutes parts par un ennemi qui le plus souvent, j'en conviens, est une projection de mon psychisme.

Si j'ai bâti une maison de brique, bien construite et robuste comme celle du troisième petit cochon, dans le conte anglais des « Trois petits cochons », ni le loup, ni les intempéries n'y entreront. Ma maison aura des fondations et une charpente résistantes : les fondations de mon ancrage en Jésus et la charpente construite par le charpentier de Nazareth.

Si ma maison intérieure est solidement structurée, si je l'habite, si j'ai pris conscience de mes aspirations, si j'ai des projets et si je sais prendre des décisions, alors je ne suis pas désarmé face aux attaques de mon psychisme.

Que m'importent alors les « jeteurs de sort », ou les critiques et les jugements qui sont portés sur moi. Puisque j'habite ma maison intérieure, je ne laisse pas s'infiltrer chez moi les négativités des autres, les prophéties de mauvais augure et les complications de mon psychisme. Tout cela n'a aucune prise sur moi.

5
mai

La Providence

La Providence prévoit ce qui peut m'advenir de fâcheux et tente de m'en avertir. Avant de prendre ma voiture, est-ce que je sollicite la protection de Dieu, de mon ange ? Suis-je vigilant ? Si je m'en remets à la Providence, cela ne me dispense pas d'évaluer les risques éventuels que je prends. C'est ma responsabilité d'avoir trop bu, trop mangé ou d'être somnolent parce que j'ai roulé trop longtemps. C'est ma responsabilité de ne pas garder une distance suffisante avec la voiture qui me précède, de conduire trop vite, de ne pas respecter la signalisation et de ne pas tenir compte des erreurs des autres. Si je comprends cela, je vais apprendre à rouler autrement, dans d'autres conditions. Mon ange est présent certes, mais moi suis-je présent à moi-même, à ma manière de conduire, aux manœuvres hasardeuses que j'entreprends ? Suis-je à l'écoute des messages préventifs de mon ange gardien, de la Providence ? Il existe de nombreux signaux d'alerte que certains automobilistes perçoivent et d'autres non. Ces signaux risquent de ne pas être reçus par les personnes absentes à elles-mêmes, encombrées de pensées négatives et de culpabilités.

Si j'ai eu un accident, j'ai à me demander où se situait mon manque de vigilance, quel était le signal que je n'ai pas perçu, où était le conflit en moi ; quel est le scénario que je répète, si j'ai des accidents répétitifs et cela, non pas pour me culpabiliser, mais pour en tirer un enseignement et pour progresser dans la compréhension de moi-même.

6

mai

Guérir nos blessures et faire émerger nos dons

Mes dons les plus grands sont parfois contenus dans mes plus grandes souffrances.

La plupart des personnes qui ne peuvent pas parler, exprimer leur opinion, leurs sentiments ou même simplement supporter le son de leur voix, ont souffert lorsqu'elles étaient enfants d'être brimées dans leur désir de parler, ou ridiculisées lorsque l'expression était maladroite ou incorrecte. Si ces enfants ont souffert davantage que d'autres qui ont pu vivre la même chose apparemment sans dommage, c'est parce qu'ils étaient particulièrement vulnérables dans ce qui constituait chez eux un don. Un don est une fleur rare qui demande des soins attentifs pour se développer. Pour donner un autre exemple, un enfant qui possède l'oreille absolue n'en saura rien et n'en aura aucune utilité, si ses dispositions musicales ne sont pas éveillées et encouragées dans un climat de confiance. Il pourra même rejeter la musique avec dégoût, si l'apprentissage qui lui est proposé, trop strict, trop exigeant, ne respecte pas son être intérieur.

Même s'il parle facilement, avec sensibilité, même s'il exprime avec des mots choisis tout ce qu'il ressent, tout ce qui l'intéresse, un enfant peut devenir muet à l'adolescence, si ses parents dérangés par ce qu'ils appellent son bavardage incessant, le font taire. Il va alors douter de la valeur de ce qu'il dit, puis douter de sa propre valeur et petit à petit, il n'osera plus parler. Il sera d'autant plus bloqué que sa sensibilité était particulièrement développée dans ce domaine. Il lui faudra du temps pour reprendre confiance et pour découvrir qu'il a une grâce là où il ne voit plus qu'une lourdeur, un handicap, une fermeture.

Le premier pas est d'admettre la difficulté, puis de pouvoir la regarder avec amour. Retrouver une certaine sécurité intérieure passera par la répétition de petits exercices tout simples avec des personnes accueillantes, ouvertes, qui savent naturellement valoriser les propos des autres. Ce sont les personnes importantes de notre vie qui nous aident à nous construire. Ces personnes ont le don de faire naître chez nous une musique différente qui nous rend à nous-mêmes, qui nous fait devenir de plus en plus ce que nous sommes.

Si tu as pu traverser cette difficulté, peut-être te sentiras-tu la capacité d'aider d'autres à accoucher de leurs mots. Tu seras celui qui permet à cette personne de s'entendre parler, d'entendre vibrer le son de sa voix. Tu seras l'éveilleur de celui-là qui, grâce à ton écoute, se réappropriera les mots, les phrases, puis les souffrances longtemps tues, pour te les dire enfin.

7
mai

Garder sa lampe allumée

Il y a les vierges sages et les vierges folles dans l'Evangile. Les vierges sages gardent leur lampe toujours allumée, parce qu'elles ont fait provision d'huile.

Es-tu une lampe à huile, une lampe toujours allumée ? Toutes les difficultés de l'existence t'ont peut-être brisé, mais heureuses sont les difficultés qui ont transformé ta vie ! L'olive sur l'arbre n'a pas beaucoup de goût, mais broyée, elle donne une huile parfumée, savoureuse. Frottée sur la peau, elle a valeur d'onction guérissante. Cette huile, lorsqu'elle brûle, donne une lumière qui luit continûment. Est-ce que tu veux ressembler à cette lumière ? Elle n'a pas de grands hauts suivis de grands bas, pas de fulgurance ou de flamme qui crépite un court instant pour s'éteindre ensuite, pas d'excitation suivie de dépression. Elle est régulière. L'huile, grâce à la mèche, nourrit le feu. Toute ta vie peut être transformée par cette huile sainte, douce, qui fait de toi une petite lumière constante, quelqu'un auprès de qui on peut venir s'éclairer et se réchauffer.

Garde toujours ta lampe allumée.

8

mai

Merci pour ta vie

Il est là, le mystère de l'Amour de Dieu qui me remercie pour tous les aspects de ma vie : mes essais, mes petits progrès, mon désir de perfection. Même si je suis mécontent de tel moment de ma journée, Dieu Lui, me sait gré de cette parole que j'ai prononcée, de cette écoute que j'ai offerte. C'est parce que j'entends ce *merci* de Dieu, que je suis capable d'éprouver de la reconnaissance envers les autres ; c'est parce que je perçois cette grâce divine que ma louange peut aller vers Dieu. Et je suis plein de gratitude pour la beauté de cette matinée, les fleurs de mon jardin, pour cette lettre que j'ai reçue, pour ce frère qui m'a souri.

Dieu me dit *merci* le premier. Puis-je recevoir ce *merci* tout simplement et humblement, sans mettre de barrière ? Je n'ai pas à être débordant de mérites ; il suffit que j'aspire seulement à être un peu plus vrai chaque jour à l'intérieur de mes limites. Dieu me remercie pour qu'à mon tour, je laisse couler abondamment autour de moi la louange et la gratitude.

9

mai

Etre reconnaissant

Est-ce que je sais voir ce que les autres m'apportent ? Ai-je compris que je me construis par l'intermédiaire de tous les gens que je côtoie, non seulement mes éducateurs, mon conjoint, mes enfants mais aussi par les rencontres que je fais : que ce soient des lectures qui m'ont transformé ou des personnes qui sont importantes dans ma vie ? Est-ce que je sais reconnaître que tel ou tel a pu être pour moi une occasion de changer, de progresser et de devenir de plus en plus moi-même ?

Je remercie mes parents pour les valeurs qu'ils m'ont transmises.

Je remercie mon compagnon, mon conjoint pour cette difficulté qui m'a fait prendre conscience de ma dépendance ou de ma possessivité. Je le remercie aussi pour tous les bons moments vécus ensemble.

Je remercie mes enfants d'être des cadeaux pour moi ; je les remercie d'avoir fait grandir en moi la conscience de ce qu'est un père, une mère.

Je sais avoir de la gratitude envers tel ami ou tel inconnu qui me montre toute sa richesse intérieure et qui éveille en moi ce qu'il y a de meilleur.

Je remercie la foule silencieuse de tous mes aïeux ; je les porte en moi, j'en suis l'héritier : ils m'ont transmis ce qu'ils étaient et je suis le porteur de leur mémoire.

Je sais me réjouir de l'existence de quelqu'un, sans avoir de désir de possession à son égard et simplement le remercier d'être ce qu'il est, même si je ne le revois plus de ma vie.

Je pense avec reconnaissance à toutes les personnes qui sont à l'origine de tout ce que j'utilise au quotidien : ce vêtement, ce verre, cette chaise. Je bénis la chaîne des hommes grâce à qui l'arbre qui est à l'origine de ma chaise a été coupé, transporté, débité, façonné et commercialisé ; grâce à eux tous je peux m'asseoir et manger à cette table. Je bénis tous ceux qui protègent et entretiennent les forêts. Je suis dans la louange car je me souviens à chaque instant que je pourrais être démuni de tout ce dont je me sers.

Je me souviens que mon pays pourrait être en guerre et que je pourrais craindre pour mes enfants, pour mes proches ; alors je bénis les hommes et les femmes de tous les temps qui ont œuvré et œuvrent toujours pour la paix, cette paix que je goûte aujourd'hui.

10
mai

Que tu es belle ma bien-aimée

Que tu es beau mon petit prince, que tu es belle ma petite princesse ! Que tu es belle ma bien-aimée ! Tu n'as pas besoin de beaux atours, tu n'as pas besoin de chirurgie esthétique, tu n'as pas besoin d'avoir un corps parfait et un visage sans ride parce que tu es resplendissante de la seule beauté qui existe : celle de la lumière intérieure. Que tu es belle ma bien-aimée ! Que tu es beau mon prince, ma princesse ! Réveille-toi ! « *Lève-toi vers toi-même, ma compagne, ma belle, et va vers toi-même* »[17], rentre en toi-même, deviens qui tu es et découvre la splendeur qui t'habite. Quelle que soit ta vie, quelles que soient tes erreurs, quel que soit ton éloignement de Dieu, il y a en toi un petit prince, une petite princesse qui porte la Lumière de Dieu.

Réveille-toi ! Dieu vient t'embrasser. Il vient te dire qui tu es, pour que ta vie maintenant prenne tout son sens.

17. Cantique des Cantiques 2, 10. (Traduction d'André Chouraqui)

11

mai

Bâtir sa maison sur le roc

Ce qui est vrai pour une maison extérieure, l'est aussi pour ma maison intérieure.

Si je me mets sous la protection de Dieu, je recevrai son inspiration pour savoir où bâtir ma maison intérieure. De sa solidité dépendra ma résistance aux agressions, qu'elles viennent de mon entourage ou de mon psychisme. Je choisirai un lieu à l'abri des tornades, cyclones, ouragans, raz de marée, ou tremblements de terre ; ce sera un endroit stable et sûr.

Simplement, dès que je sens se lever le vent de mes angoisses, je cours m'abriter auprès du Bon Berger, je me laisse guider par Lui à l'endroit où Il aime se tenir et m'attendre. Il me mène alors sur les prés d'herbe tendre de mon être intérieur où Il me fait reposer ; je me désaltère à sa Source vive et là je ne crains plus aucun mal, aucune attaque, je ne redoute pas les mauvais sorts, ni les intempéries, je ne me laisse plus gagner par les pensées négatives, ni par mes constructions mentales ; je n'ai plus à lutter : je suis en sécurité dans la béatitude infinie.

12
mai

Le paratonnerre

Quel est l'usage du paratonnerre, sinon de préserver un bâtiment des effets de la foudre ? Or, nous avons un paratonnerre absolu en la personne de Jésus.

Jésus était parfaitement sain et Saint ; la puissance divine qui l'habitait le protégeait en toutes circonstances jusqu'au moment où, son heure venue, il a renoncé à cette protection pour devenir le paratonnerre de l'humanité.

Là où nous sommes impuissants devant le mal, Jésus l'a terrassé et cloué sur la croix, laquelle est devenue le paratonnerre de chacune de nos maisons intérieures.

Si je suis sûr de cela, alors je ne vais plus combattre inutilement les ennemis que je me suscite de l'intérieur, car ce sont les plus nombreux. Peu importent également mes ennemis extérieurs : les jalousies dont je crois être la victime, ou les médisances à mon sujet, puisque je suis parfaitement protégé par Jésus. Il est le JE SUIS de Dieu qui a donné sa Vie pour moi.

13
mai

Jésus te prend dans sa barque

Tu me dis que jusqu'à présent tu n'as jamais eu d'accident, que tout se passe bien dans ta vie, « presque trop bien » et que cela ne va sans doute pas durer ; et déjà tu imagines ce qui va t'arriver et tu es plein d'angoisse.

Tu es attaché à tes fausses croyances, à tes anciennes habitudes, comme celles de te faire du mal quand il t'arrive quelque chose d'heureux, ou même quelque chose de malheureux parce que cela renforce ton scénario psychologique habituel : « je mérite de souffrir et d'être puni ». Ces habitudes te nuisent, mais au moins c'est une souffrance que tu connais, alors que les abandonner ouvre au changement, sans doute préférable, mais si angoissant.

Alors, maintenant lâche prise ! Lance-toi dans l'inconnu avec Jésus comme l'a fait Pierre sur les eaux du lac de Tibériade. Avance vers Jésus qui t'attend, qui te regarde avec bienveillance. Oui, tu auras l'impression de couler. Oui, tu auras le sentiment d'avoir perdu tout repère, et c'est vrai que tu vas couler, mais Jésus, si tu le veux bien, peut faire pour toi comme Il l'a fait pour Pierre : te tendre les bras et te prendre dans sa barque. Avec Lui tu as Tout ; dans son regard, tu es comblé. Ce regard te révèle la beauté qui est en toi.

Il y a en toi une profondeur infinie et un bonheur qui vient

Il est déjà là.

14
mai

L'intuition

Beaucoup d'entre nous utilisent trop peu ou mal ce sixième sens qu'est l'intuition. Nous pouvons ressentir des présences, des événements sans qu'il y ait d'explication logique à cette connaissance. Par exemple, je suis en voyage, je pense à quelqu'un que je n'ai pas vu depuis très longtemps et à mon retour, j'apprends qu'il a téléphoné ou je trouve une de ses lettres. Voilà l'intuition qui nous est donnée à tous ; mais elle ne peut venir que si nous sommes désencombrés, si nous n'avons pas d'attente, de dépendance vis-à-vis de cette personne ou de tel événement ; en un mot, si nous sommes dans le lâcher prise.

Cette sorte d'inspiration qui se manifeste dans notre quotidien à propos de personnes vivantes, peut nous faire saisir ce qui peut exister avec ceux qui sont près de Dieu, nos bien-aimés : ma fille ou mon fils mort dans un accident de la route, mon compagnon qui vient de mourir d'un cancer. Si d'un seul coup je pense à eux, ne serait-ce pas parce qu'ils pensent à moi. Par intuition, je sens qu'ils sont là ou qu'ils me réconfortent, puisque je retrouve la paix durant quelques instants grâce à cette sensation. Savoir qu'ils sont à mes côtés, qu'ils m'aiment, ressentir à nouveau et encore plus, cette complicité que nous avions, me fait vivre le présent avec lui, avec elle, au lieu de rester fixé sur le passé. Je me laisse guider par Dieu dans ce cheminement au côté de mes bien-aimés pour contribuer à bâtir quelque chose du monde de l'amour.

L'intuition remplace les techniques ésotériques ou parapsychologiques. Elle est la voie du cœur à cœur avec Dieu.

15

mai

Intuition ou projection ?

Ce que je prends à tort pour une intuition, peut être simplement une projection de mon psychisme. Par exemple, si je rêve de mort, je pourrais m'arrêter au côté troublant ou effrayant de ce rêve et y voir un avertissement, un mauvais présage ; mais je pourrais aussi comprendre tout autre chose. Il peut s'agir non pas d'une prémonition, mais bien plutôt d'une peur ou bien encore, d'un désir de mort à moi-même, d'un désir de changer de vie et donc de me transformer et de renaître. Nos rêves nous renseignent essentiellement sur nous-mêmes, sur nos peurs, nos désirs, nos souffrances, nos colères... Ils ne nous donnent pas, ou très rarement, la clé de l'avenir.

Si je prépare un examen en me répétant sans cesse que je n'y arriverai jamais, je suis en train d'organiser tout doucement mon échec. Et si cela se produit réellement, c'est bien parce que je l'aurai provoqué par ma négativité. J'aurais pu favoriser ma réussite, en cultivant la confiance dans mes possibilités, en me rappelant mes succès précédents. Si j'échoue à cet examen, je ne dirai pas que j'avais eu l'intuition de cet échec, mais je saurai voir dans l'événement le résultat d'une projection de mon mental et l'aboutissement d'une mise en condition par toutes les phrases négatives que je me suis dites ; elles ont obscurci mon jugement, ébranlé mon courage et affaibli le résultat de mon travail.

16

mai

La vulnérabilité acceptée

Quand je descends dans ma profondeur là où l'Esprit Saint me conduit, je suis petit et vulnérable comme l'agneau. J'accepte d'être petit : je n'ai pas besoin de faire croire que je suis fort et il m'est devenu naturel de montrer ma sensibilité et ma fragilité. Je n'en ai plus honte et maintenant je sais que c'est là que se trouve ma force, et non pas dans mes fuites d'autrefois et mes camouflages. Quand je suis dans mon être, moi simple poussière d'humanité, je me sens le dépositaire de l'Amour de Dieu comme peut l'être un miroir brisé en mille morceaux ; chaque fragment reflète à lui seul le soleil tout entier.

Je n'ai plus peur d'être ce que je suis et bien plus, je peux dire maintenant que je m'aime tel que je suis. J'ai eu si peur de me voir en face, ne sachant pas vraiment ce que j'allais découvrir. Au lieu du vide effrayant, j'ai vu un petit enfant lumineux plein de chaleur. Depuis cette découverte, je vois en toi également l'enfant de Dieu et je n'ai plus peur de te rencontrer. Je sais que tu es de même nature que moi, que tu es pétri des mêmes peurs, des mêmes contradictions et que nous sommes tous les deux capables du pire comme du meilleur. Je n'ai plus peur de moi et je n'ai plus peur de toi.

17

mai

De la faille à l'immensité

Chacune de nos failles, chacune de nos blessures, chacune de nos faiblesses, est une porte d'entrée, un passage pour plonger dans l'immensité qui nous habite.

Ma vie a été transpercée mais c'est au travers de ces failles que passe la lumière de Dieu. Il n'y a aucune blessure de ma vie, aucune lézarde par laquelle Dieu ne puisse passer.

Si je veux mettre en place des portes et des fenêtres à ma maison, il me faut ménager des ouvertures et ensuite faire appel au savoir-faire d'un charpentier. Dans ma maison intérieure, c'est le charpentier de Nazareth que j'appellerai ; il posera des fenêtres, des baies vitrées sur mes ouvertures, non pas pour que tout le monde me regarde, mais pour que la lumière passe à travers moi.

Alors, au lieu de me reprocher de n'être pas parfait, de ressasser mes insuffisances, de me lamenter sur mes échecs, j'invite Jésus le charpentier à mettre des fenêtres à toutes mes brèches, pour que sa Lumière inonde ma vie et fasse du bien aux personnes que je rencontre.

Là où sont mes failles, là passe l'immensité de l'Amour de Dieu.

18
mai

Le passé de toute l'humanité est inscrit en nous

Quand je vois à la télévision ces témoignages de la guerre – ces images fortes, souvent insoutenables, violentes et à la fois émouvantes – des conflits mondiaux du début du XXe siècle, je peux avoir le sentiment que tous ces événements que je n'ai peut-être pas vécus s'ils sont antérieurs à ma naissance, font partie du passé, qu'ils restent extérieurs à moi, qu'ils me sont étrangers. Je peux penser que ce temps est révolu, que tout cela n'existe plus, même si les conflits armés actuels – et ils sont nombreux – me démontrent le contraire. Je peux me conforter dans l'idée rassurante que je n'aurais pas pu agir comme ces femmes japonaises qui précipitaient leurs enfants du haut des falaises et qui s'y jetaient ensuite pour échapper à l'envahisseur américain. Je peux me leurrer en me disant que jamais je n'aurais pu décharger ma mitraillette sur une population civile sans défense, que jamais je n'aurais pu installer ces mines qui continuent, une fois la guerre finie, à faire périr ou mutiler des enfants qui jouent, que jamais je n'aurais pu être de ces gens qui vivaient à proximité des camps de concentration et qui dit-on, semblaient tout ignorer de ce qui s'y passait. Je peux m'imaginer que jamais je ne me serais laissé emmener en déportation, ou qu'en aucun cas je n'aurais trahi un secret ou mes amis sous la torture.

Qui suis-je pour penser cela de moi ? Si je me reconnais comme être humain, je comprends que je suis capable de tous les actes de l'humanité, même ceux que je qualifie de monstrueux ou de lâches. Chacun de nous est l'héritier de ces hommes qui ont subi les atrocités, mais aussi de ceux qui ont torturé et massacré. Nous sommes les héritiers aussi bien des saints, des héros, des poètes, que des assassins, des bourreaux et des persécuteurs.

Tout cela est en moi, du simple fait que je suis homme, que je suis femme. La vision de ces images du passé, même dans leur dureté, dans leur violence, me font concevoir au plus profond de moi ce qu'est un homme. Je me sens solidaire de tout et de tous. Je me sens comptable du passé et responsable de ce qui suivra, responsable du modèle que je donnerai à mes enfants, responsable du témoin d'humanité que je serai.

Ma mission est d'éveiller en moi et chez mes descendants ce qu'il y a de meilleur dans mon héritage familial et ce qu'il y a de fécond, de positif dans l'humanité.

19

mai

Arrosons et faisons germer les graines de bonheur

Acceptons de voir et d'enrichir tout ce qu'il y a eu de bien dans notre héritage familial. Toute cette bonté, cette générosité, cet amour de la vie, cette confiance en soi, cette sérénité, cette énergie pour entreprendre, créer, aller de l'avant. Remercions la multitude de ceux qui nous ont précédés pour les valeurs qu'ils nous ont transmises, non seulement par leurs paroles, mais surtout par leur manière d'être au monde.

Grand-mère, je te remercie pour la joie de vivre et l'énergie que j'ai vues chez toi et je veux continuer dans la voie que tu m'as montrée. J'arrose les graines de bonheur que tu as plantées en moi ; ma fidélité envers toi sera de les faire germer et croître. A mon tour, je les déposerai chez mes enfants et je leur apprendrai à les faire fleurir en eux et chez les autres.

A l'inverse, j'apprends à ne pas arroser les graines de souffrance dont j'ai hérité ; je ne les alimente pas en répétant les scénarios psychologiques négatifs qui empoisonnent ma vie et dont j'ai constaté la présence chez mon père ou ma mère. Je me débarrasse de ces graines en les rendant symboliquement à mes ancêtres ou à mes parents : ce sont elles qui me font répéter, par exemple, que la malchance poursuit notre famille ; elles encore qui me font croire que je ne peux pas être heureux parce que j'ai entendu ces mots prononcés par mes parents et mes grands-parents. Je comprends et j'admets qu'il est faux de penser que j'ai quelque chose à payer en réparation d'une faute réelle ou imaginaire commise par mes ascendants.

Je ferai pousser les graines de bonheur en disant à mes enfants qu'ils sont des cadeaux pour moi, qu'ils sont aimables et aimés, qu'ils ont en eux des dons pour le bonheur et que j'ai une confiance infinie dans la possibilité qu'ils ont de les enrichir.

20

mai

Ne plus charger les autres de chaînes

J'ai le désir de ne pas blesser inutilement, mais aussi celui de ne pas me laisser enfermer par d'autres. J'ai le désir d'aimer et d'être autonome, c'est-à-dire que je refuse la dépendance qui m'écrase et je ne veux pas non plus que les autres dépendent de moi de façon négative ou subie. Si je suis père ou mère, j'ai à accomplir ma mission de parent. Je saurai susciter l'éclosion de la liberté de mes enfants et les encourager dans la poursuite de leurs buts, de leurs idéaux, tout en leur restant disponible comme un guide, comme un tuteur. Je ne chargerai pas les autres de chaînes, ni mes parents, ni mon conjoint, ni mes enfants, ni mes amis. Ces chaînes peuvent être très subtiles, comme celle du don qui attend la reconnaissance ; c'est aussi celle de la culpabilisation de l'autre : « après tout ce que j'ai fait pour toi ». Ils se transmettent de génération en génération, tous ces contrats de reconnaissance sans fin, ces enfermements dans un pseudo amour qui possède, qui oblige l'autre, ces liens pathologiques qui gardent l'aimé pour soi au lieu de favoriser sa croissance, son envol. Heureux les couples qui acceptent la liberté de l'autre ; ils enseignent à leurs enfants l'amour qui rend libre. Nous avons tous à apprendre à vivre cet amour qui n'est pas soumis à condition, qui ne veut pas posséder, emprisonner, manipuler. L'amour permet à l'aimé de grandir et de devenir davantage lui-même. L'amour se réjouit du bonheur de l'autre, même si ce bonheur ne vient pas de lui.

21
mai

Je te demande pardon

Je viens te demander pardon à toi mon enfant. Je suis mort, comme vous le dites, il y a maintenant quelques années. Je te demande pardon, parce que je vois combien tu souffres encore de ma dureté passée, de ma possessivité, de mes compensations, de ma négativité. Je sais que tu regrettes de ne m'avoir jamais entendu te dire que je t'aimais et que tu pleures souvent de n'avoir pas pu, toi non plus, me le dire. Je vois tes larmes et j'entends ton cri ; entends le mien. Pardonne-moi, je ne comprenais rien. J'avais moi-même été blessé et j'ai véhiculé des lourdeurs de l'hérédité que je n'ai pas su arrêter. Aujourd'hui, je viens te le dire mon enfant, car il n'est jamais trop tard : **je t'aime et je suis avec toi**. Tu peux maintenant compter sur moi. Je veux t'aider. Toutes tes larmes de regrets, de culpabilité et même de rage et d'impuissance, je les ai reçues comme des mots d'amour. Elles m'ont fait du bien, elles m'ont rafraîchi et elles rafraîchissent mon âme. Oui, rassure-toi, même toutes les paroles de colère que tu m'as adressées dans le silence de ton cœur, je les ai entendues, admises, comprises et transformées en source d'amour qui revient vers toi. Maintenant, je comprends à quel point j'ai compté pour toi et combien tu as pu souffrir du fait que je ne sois pas disponible et que je sois resté insensible au besoin que tu avais de moi. Tu n'as vu en moi qu'un être enfermé dans une souffrance sans espoir. Maintenant, je vais vers le Père et je me sens pleinement son enfant ; et Lui m'apprend à être père à mon tour, à tenir ce rôle que je n'ai pas su remplir dans le passé. Aujourd'hui, je suis heureux de le vivre à tes côtés.

22
mai

Libère-toi de ce que j'ai pu te transmettre

Je ne veux pas que tu ne retiennes de moi que la difficulté de vivre, que le négatif de la vie, comme tu me l'as si souvent entendu exprimer. Je ne veux pas non plus que tu t'identifies à mes compensations, à mes échecs, à mes refus, à mes violences. Si tu savais combien ce serait douloureux pour moi de te voir reproduire le modèle, que sans le vouloir, je t'ai donné. Regarde bien en face l'être blessé que j'ai été ; essaie de comprendre ce que j'avais reçu de mes parents ; fais-toi aider par un accompagnateur et laisse derrière toi, sans culpabilité, tout ce qui te fait horreur dans ma vie. Je ne suis pas tout cela.

Bien que j'aie franchi les portes de la mort, je veux maintenant être un père, une mère, pour toi et je ne te quitterai plus. Quand tu es triste, quand tu souffres, je suis auprès de toi et je t'encourage. Je le ferai d'autant plus ardemment que je n'ai pas su être à tes côtés quand tu étais adolescent et que ton comportement aurait dû me montrer combien tu manquais de père, de mère.

23

mai

Suis-je vraiment homosexuel (le) ?

J'ai cru être homosexuel. Ma sensibilité me portait davantage vers la compagnie des femmes, la compréhension humaine, l'affectif que vers les choses carrées, structurées, ou encore les conversations et les sports virils. Pour cette seule raison, lorsque j'étais adolescent, je me suis cru homosexuel. J'avais en tête trop d'images du mâle musclé, athlétique ou agressif, et je ne connaissais pas celle de l'homme authentique, celui qui a des qualités de cœur et de la profondeur. Par comparaison avec ces images, je me trouvais trop fluet, avec un sexe trop petit ; d'ailleurs, des camarades se sont moqués de mon sexe à cause de sa taille.

Tu te croyais homosexuel et aujourd'hui tu te vois autrement. Tu constates qu'il y a en toi des caractéristiques mâles, masculines et tu commences à les accepter. Ce n'est pas parce que d'autres les utilisent dans l'excès que tu dois les refuser en toi. Ce n'est pas parce que ton père incarnait pour toi la domination brutale que toutes les manifestations de la virilité sont mauvaises ou dangereuses. Tu t'aperçois que tu peux réfléchir et raisonner clairement, que tu es capable de fermeté, de directivité et que tu peux exprimer ton autorité. Tu as retrouvé la joie d'être un homme.

Longtemps, j'ai pensé être homosexuelle. J'avais une image dépréciée des femmes parce que ma mère s'est beaucoup lamentée d'avoir eu une fille, alors qu'elle ne désirait que des garçons et valorisait beaucoup mes frères. Je me suis persuadée qu'être une femme ne valait rien. Je me suis identifiée à un garçon dont je copiais l'allure, les gestes. Mon père, toujours absent, n'a pas valorisé ma féminité jamais éclose et, finalement, j'ai pensé que j'étais homosexuelle.

Alors, tu t'es crue homosexuelle parce que tu as eu des doutes sur ton sexe, tellement tu voulais contenter ta mère, ou ton père qui lui aussi, aurait voulu un garçon. Tu me parles et tu vois bien que tes qualités féminines sont toujours là, malgré cet aspect androgyne que tu cultives. Tu me montres ta sensibilité et je la reconnais comme féminine, bien que tu me dises que tu aies eu des incertitudes sur ton sexe. Je te dis que tu es une femme, sans aucun doute possible et que tu peux, en intégrant tes qualités masculines, devenir une femme complète et équilibrée. Alors, es-tu vraiment homosexuelle ?

24
mai

Je vis mal mon homosexualité

Je suis homosexuel. J'en ai tellement honte que je n'en parle pas. Je n'ose pas regarder les autres en face, je suis fuyant. Aujourd'hui que l'homosexualité se montre plus facilement au grand jour, j'en suis heureux pour les autres, mais pour moi, c'est impossible de le vivre ainsi. Je crains les regards qui jugent, les étiquettes que l'on pourrait mettre sur moi

Mon père est mort quand j'étais jeune et j'ai manqué de tendresse. Je n'ai eu personne pour me montrer un modèle, pour me révéler mon identité, personne à qui pouvoir et vouloir ressembler. J'ai eu peur de l'amour de ma mère, trop possessive ou trop autoritaire. J'avais d'autant plus peur des femmes que je n'en voyais pas, puisque j'étais en internat dans un collège où il n'y avait que des hommes. C'est avec eux que j'ai eu mes premières expériences.

J'ai des inquiétudes quand j'observe le comportement de certains homosexuels d'âge mûr. Je pense aussi à la famille, aux enfants que je n'aurai pas si je persiste dans cette voie.

Si tu peux regretter cet aspect de la vie, comment peux-tu être certain de ton homosexualité ?

Es-tu bien sûr que ce soit ta véritable identité ?

Quand je t'entends parler, je comprends à travers tout ce que tu me dis, que tu sembles n'avoir vécu jusqu'à présent qu'une partie de ta personnalité, dans ses valeurs féminincs. Il t'a manqué quelques éclaircissements concernant la structure psychologique de l'être humain, car chez tout le monde, hommes et femmes, la personnalité se compose de valeurs et de prédispositions féminines et masculines ; les psychanalystes disciples de C.G. Jung les appellent “animus” et “anima”.

Alors aujourd'hui, je t'invite à parler, n'aie plus honte. Vois quelqu'un. Parle de ce qui t'obsède, de ce qui te torture. Parle de tes doutes, dis ta souffrance. C'est la seule façon de retrouver une image plus vraie de toi, de refaire un choix éclairé. Es-tu bien sûr que l'option que tu vis en ce moment soit celle de ton cœur ?

25 mai

Trouver des remèdes

Très souvent, lorsque je prends une décision, je mets rapidement tout en œuvre pour me faire échouer avec les meilleures raisons du monde.

Par exemple, je décide de m'organiser mieux parce que je suis toujours débordé ; ou, à l'inverse, je décide de m'accorder un peu de bon temps, parce que je suis tellement organisé, rigoureux, que ma vie manque d'aération. Je sais que je risque de me faire échouer encore cette fois, puisque j'ai déjà trop souvent trébuché dans mes propres pièges.

Alors, lorsque les sabotages arrivent, je vais trouver le remède. Il y a un juste équilibre à créer entre le cerveau droit (la fantaisie) et le cerveau gauche (la structure).

Si j'ai un cerveau gauche trop présent, si j'ai l'obsession de l'heure et que toutes mes activités sont cadrées d'une façon rigoureuse, je m'obligerai à m'accorder des récréations. Elles seront d'abord brèves, parce que comme d'habitude je me sentirai coupable de cesser mon travail, en vertu du précepte que j'ai reçu de mes parents. « il faut toujours travailler », ou bien « travaille d'abord, tu ne pourras te distraire que si tu as tout fini ». Donc, je m'arrête, je reprends contact avec mon petit enfant intérieur et j'entreprends quelque chose qui fait appel à ma créativité, au délassement de mon corps. Ou simplement, je respire devant la fenêtre ouverte.

Et moi qui suis trop dans mon cerveau droit, dans les pensées obsédantes, le manque d'organisation, le désordre, je vais m'exercer à une activité qui me structure comme faire ma comptabilité ou simplement mes comptes et cette occupation purement mécanique va dissoudre l'encombrement de mon mental ; il adviendra ensuite que ce travail, rébarbatif au premier abord, aura produit chez moi une libération.

J'utilise tous mes outils : le cerveau droit et le cerveau gauche. Il n'y en a pas un qui soit supérieur à l'autre, ils sont tous les deux indispensables à ma construction. S'ils sont également développés, ils constituent une personnalité harmonieuse : une tête bien faite et un cœur aimant.

L'amour et la sagesse, le cœur et la raison, la fantaisie et la rigueur.

26

mai

Découvrir ce pour quoi je suis fait

Nous sommes tous porteurs d'une vocation pour laquelle nous avons des aptitudes, des dons.

Comment découvrir ce pour quoi je suis fait ?

Si dans ma vie privée, dans mon travail, dans ma vie relationnelle, je me sens bien à ma place, plein d'énergie, rempli de joie en profondeur, même si ce que j'effectue est parfois difficile, et si traversant des moments de fatigue ou de découragement je retrouve malgré tout les forces nécessaires, c'est que vraisemblablement, je suis bien sur mon chemin. Par contre, si je suis angoissé, encombré, perpétuellement dans le doute, si j'ai l'impression de dépenser une énergie considérable et de m'épuiser trop vite, c'est que je ne suis pas sur la bonne voie, celle qui devrait satisfaire mes aspirations. A moins que des habitudes anciennes de voir, de penser, de réagir ne m'empêchent de reconnaître que je suis sur la bonne route.

Le plus souvent, ce n'est pas notre éducation seule qui nous permet de mettre à jour ce que nous sommes. Nos parents nous transmettent des valeurs, des codes de bonne conduite, un discernement dans le meilleur des cas, des modèles que nous aurons envie d'imiter ou non, et surtout un héritage familial inconscient qui nous encombrera longtemps. La découverte de soi est un lent cheminement, un travail personnel que nul ne peut faire à notre place, un apprentissage qui ne s'arrête jamais et qui nous emmène au centre de nous-mêmes, là où se trouve la Source, la Vie, l'Esprit.

Il est possible heureusement de trouver précocement sa voie, son orientation professionnelle avec justesse, par intuition, sans avoir encore pour autant touché son être profond. C'est ainsi que telle personne aura su dès l'adolescence quelle était sa vocation. Quelle chance alors d'avoir pu prendre la direction qui se révélera plus tard être la plus ajustée à son élan intime. Si, à l'inverse, nous nous apercevons que nous avons mal choisi, n'hésitons pas à changer d'orientation. Parfois le changement de cap s'avérera trop difficile, hasardeux ; alors acceptons simplement d'être là où nous sommes, ne nous enfermons pas dans les regrets, sachons tirer bénéfice de la situation présente en donnant le meilleur de nous-mêmes. Si par contre, nous entrevoyons qu'une mutation est possible parce que tout notre être nous y pousse, nous saurons aborder les difficultés, nous trouverons des solutions, même si ces solutions passent par une nouvelle formation, un nouvel état de vie, des sacrifices financiers. Alors, nous nous engagerons, nous prendrons le temps qu'il faudra pour préparer et réussir le changement. Nous accepterons de franchir les étapes nécessaires pour le réussir.

27

mai

Accomplir ce qui est

Chacun de nous traverse ou traversera des difficultés, des épreuves. Celles-ci peuvent nous révéler une qualité que nous n'avions pas soupçonnée.

Je n'ai pas eu d'enfant et pourtant j'ai découvert à partir de cette souffrance que j'avais le don d'être en empathie avec les petits ; ils sont attirés par moi et je sais que je leur fais du bien parce que je les écoute sans jugement.

J'ai traversé une maladie grave et celle-ci m'a redonné un amour de la vie que j'avais perdu et je suis devenu un porteur d'espoir pour tous ceux qui endurent les mêmes peines que moi.

Nous ne sommes pas des musiciens universels qui jouons de tout ; nous ne pouvons pas prétendre nous réaliser dans tous les domaines de l'esprit, de l'art, du sport. Par exemple, si je pense avoir une vocation relationnelle, même si c'est la seule aptitude que je me reconnaisse, je ne serai pas capable d'offrir à tous une compréhension illimitée ; j'ai des compétences précises. A moi de découvrir l'instrument dans lequel je serai le plus habile ; pour l'un, ce sera la flûte, pour l'autre le violon ou le piano. Pour connaître cette qualité qui est la mienne et par laquelle je peux être une aide pour autrui, je cherche entre autres l'endroit où j'ai été blessé, parce que dans cette partie vulnérable, j'ai une expérience unique qui me permet de comprendre celui qui vit la même chose que moi et de lui proposer mon aide. C'est le sens de ce que je vis. Je ne peux être guide de montagne que si je connais la montagne.

Nous avons tous des passages douloureux à vivre. Vivons-les, accomplissons jusqu'au bout ce qu'ils nous font éprouver. Dans ces traversées, il y a comme un rétrécissement, un amoindrissement qui mène vers quelque chose de plus grand, de plus accompli. Tandis que nous devenons plus petits, plus humbles, notre être intérieur s'élargit.

28

mai

La joie du service

Tu remplis ton service avec humilité. Ton rôle de mère de famille, de soignant, de travailleur à la chaîne, d'enseignant, de magistrat, de chef d'entreprise, de femme de ménage, de commerçant, de moine, de musicien, tu l'accomplis comme Cendrillon qui était dans la joie du service. Même si tu n'apprécies pas toujours les côtés rebutants, ingrats de ta profession, tu travailles avec conscience ; même s'il s'agit de gestes que tu crois sans importance : le repassage, la vaisselle, tu les fais avec satisfaction. Grâce à cela, il y a des bienfaits dans ta vie, dans notre vie à tous. Tout ce que nous accomplissons avec générosité, même les actions les plus infimes, enrichit l'humanité.

C'est pourquoi je peux te remercier – en mon propre nom et au nom de tous – pour tout le temps que tu passes à travailler avec courage, persévérance, abnégation ou passion, pour tous ces moments où tu pries, pour les douleurs physiques et les souffrances morales que tu donnes en offrande et qui soulagent les miennes.

Je t'en remercie, car tu n'as peut-être pas perçu à quel point tes prières me font du bien. Je te bénis parce qu'il n'y a pas une goutte de tes souffrances, pas une goutte de tes difficultés qui n'ait servi à m'aider et à soutenir d'autres personnes. De tout, Dieu fait un bien.

Souviens-toi quand tu souffres, souvenons-nous quand nous allons mal, qu'un grand nombre d'hommes et de femmes au même moment offrent quelque chose de leur vie pour toi, pour nous.

Recevons-les, accueillons-les, faisons de même.

29
mai

Se faire respecter

Se faire respecter, c'est se poser sans s'imposer. C'est se bien définir, être soi-même et mettre des limites à l'autre qui m'envahit, qui m'oppresse, qui pense et agit pour moi ou en mon nom. C'est ne donner à personne le droit de m'insulter ou de me ridiculiser, quelle qu'en soit la raison, même si je peux en tirer quelque chose de positif dans la compréhension de mes propres blessures et de celles de l'autre. Se faire respecter, c'est apprendre à savoir dire non à la violence. Devant la violence des mots et des gestes, plusieurs attitudes sont possibles. Certains diront de façon très claire qu'ils quitteront leur conjoint au premier geste de violence ; si cela manque de nuances, cela permet tout au moins de se faire respecter

A l'autre extrême, il y a des personnes qui pâtissent de la brutalité d'un conjoint, qui n'osent pas dire non et qui pensent que cela s'arrangera avec le temps. Les personnes qui tolèrent cette violence ont peut-être connu cette ambiance familiale où l'un des deux parents subissait l'autre.

Il est important pour toi de faire respecter totalement ton intégrité physique et psychologique. Tu n'as pas à permettre que ton compagnon lève la main sur toi, qu'il t'insulte ou que ta femme exerce sur toi des violences verbales ou même physiques, sachant que tu ne te défendras pas.

Enfin, il y a des personnes qui ont naturellement l'attitude de se faire respecter, parce que d'abord, elles ont le respect d'eux-mêmes et qu'elles ont développé une autorité saine. Elles pourront dire, par exemple, avec assurance, sobriété et fermeté : « je vis mal tes menaces verbales ou physiques ; je ne veux pas revenir sur ce qui s'est passé l'autre jour, mais je te préviens que je ne le supporterai pas une seconde fois et que je risque de très mal réagir. Je ne me permets pas de te traiter ainsi et je te demande de changer de comportement à mon égard ».

30
mai

Tu as déjà tout en toi

Nous voulons tout. Comme le disait Thérèse de l'Enfant Jésus: « je veux tout ».

Tu veux tout ! Tu veux toujours plus ! Pourquoi ?

Pourquoi suis-je insatisfait ? C'est parce que je suis, tu es fait pour le Tout, l'entier, l'immensité. « Je suis entier », disent certains. Mais oui ! Le Tout est déjà en toi, en moi. Ce Tout est notre nature profonde en Dieu.

Au lieu de me fuir dans l'activisme professionnel, dans les relations sociales superficielles, au lieu d'avoir peur de la solitude et de la combler par des possessions multiples, j'accepte de me confronter à moi-même, de traverser mon *petit Moi*, de parcourir mes déserts, de me débarrasser des fausses croyances reçues de mes parents, pour enfin découvrir derrière tout cela, le trésor: ma lumière intérieure.

Il faut avoir eu un certain nombre de déceptions, de désillusions dans sa vie, pour ne plus croire qu'une personne, un événement, la possession d'un objet ou d'une situation, puisse nous rendre vraiment heureux. Paradoxalement, des instants de très grand bonheur peuvent surgir dans des moments déconcertants où nous pensons avoir tout perdu, tout raté, parce que nous avons su nous unifier à travers cette épreuve. Au lieu d'être dans un état intérieur de combat, de morcellement, de refus, nous allons faire un avec la circonstance qui nous accable et que nous ne pouvons pas changer – ce deuil, cet abandon – en disant simplement : « oui, je l'accepte ». A ce moment, la paix prendra la place de la violence intérieure, et nous pourrons bénir cette personne qui nous abandonne, et offrir cette circonstance difficile pour laquelle tout à l'heure encore, nous étions en révolution.

31
mai

Se ressourcer en son centre

Je cherche à remonter à ma vraie source pour refaire mes forces mais c'est souvent en m'étourdissant, en me grisant de vitesse, de compensations alimentaires ou d'achats compulsifs. Si malgré tout il m'arrive d'agir ainsi, que j'accepte mes limites et que je regarde mes chutes avec compréhension, avec les yeux de Dieu pour moi.

Cependant, ai-je bien compris que c'est au fond de moi que coule l'eau vive, la source éternelle, l'Amour infini de Dieu ?

Jésus s'asseoit sur la margelle de mon puits et me dit à moi, la Samaritaine, à moi le Samaritain : *Donne-moi à boire*[18]. Oui, c'est bien à moi que Jésus s'adresse.

Et c'est au fond de mon puits, à moi qui ai eu peut-être comme la Samaritaine, tant de maris et tant d'errances, que règne la Paix de Dieu. Si je veux me refaire, me désencombrer, je descends au fond de moi. Là, j'y trouve la source d'eau vive.

En toi aussi, il y a cette Source.

18. Jean 4, 7.

1er
juin

Interdits et permissions : « tu as le droit de... »

Nous avons reçu beaucoup d'interdits dans notre enfance. Bien qu'il soit indispensable et structurant qu'il y ait des limites, ces interdits ne doivent pas être les seuls moyens d'une éducation. Un enfant ne peut grandir que s'il a aussi des permissions. Certaines de ces injonctions trop impérieuses que nous avons eues ont pu nous entraver, nous empêcher d'accéder au désir de vivre. Remplissons-nous aujourd'hui de tout ce que nous aurions aimé entendre de la bouche de nos parents et que nous pourrons dire à nos enfants :

Tu as le droit d'exister, merci d'être là, j'ai voulu que tu viennes au monde. Tu es mon enfant bien-aimé.

Tu as le droit d'être de ton sexe, je suis heureux que tu sois un homme ou une femme.

Tu as le droit d'avoir ton âge, ne cherche pas à être plus âgé ou plus jeune.

Tu as le droit d'avoir ton orientation et de penser par toi-même. Sois fidèle à ta vocation profonde.

Tu as le droit et même le devoir de réussir.

Tu as le droit et même le devoir de ne pas être parfait, tu as le droit à l'erreur.

Tu as le droit et même le devoir d'avoir des émotions et de les montrer. Tu as le droit de ressentir ce que tu ressens à cet instant.

Tu as le droit d'être vulnérable et sensible. Tu as le droit de rougir.

Tu as le droit de t'aimer toi-même, de te faire plaisir. Tu as le droit de recevoir des cadeaux.

Tu as le droit d'aller à ton rythme.

Tu as le droit d'être heureux, d'être en bonne santé, de bien t'occuper de ton corps, tout cela est nécessaire pour que tu puisses bien t'occuper des autres.

Tu as le droit de dire « non ». C'est indispensable de savoir dire « oui », mais aussi de savoir dire « non », pour donner des limites, te protéger quand ce qu'on te demande n'est pas bon pour toi.

Tu as le droit de faire de la peine quand c'est nécessaire.

Tu as le droit d'avoir confiance, mais tu as le droit aussi d'être prudent. « *Candide comme la colombe et prudent comme le serpent.* »[19]

Tous ces droits, toutes ces permissions, écoutons-les, comprenons-les et gardons ce qui est bon pour nous. Dieu a pour chacun de nous une parole positive, spécifique, appropriée. Une vie pleine comporte des limites mais aussi des permissions ; nous avons des devoirs mais nous avons aussi des droits. Si nous les intégrons bien, nous les transmettrons en vérité à nos enfants.

19. Matthieu 10, 16.

2
juin

Retrouver ses désirs

Si j'ai reçu dans mon enfance des messages qui ont coupé mon élan, si dans ma vie j'ai fait des choix que j'ai regrettés, si j'ai été déçu dans mes rencontres amoureuses ou amicales, je me suis peut-être replié sur moi et j'ai bloqué le courant du désir. Et je me complais dans la répétition de toutes ces phrases entendues autrefois : « A quoi bon vivre. Je suis inutile. A quoi sert ma vie. J'ai tout raté. »

Et si j'acceptais que se dessine en moi une autre voie ?

Je consens à secouer mon inertie et je me donne le droit de désirer et de demander. J'ai peut-être un tri à faire parmi mes désirs. Mais si je veux retrouver le goût de vivre, il est essentiel que je retrouve mes aspirations, mes désirs tout simples, ma capacité d'inventer de nouveaux buts. J'ai à faire vivre en moi *l'enfant créateur*, *l'enfant spontané*, *l'enfant libre* ; c'est dans mon enfant intérieur que se trouve l'élan vital. Je le cadre et l'oriente par le *parent* et l'*adulte* mais en laissant sa place à *l'enfant spontané*. Je m'aperçois que jusqu'à présent, c'est surtout le *parent normatif* qui dominait en moi.[20]

Je ne pourrai sortir de mes dépressions, de mes vides que si je consens, comme un petit enfant, à avoir des récréations, à renouer avec mes aspirations profondes et à me laisser porter par le courant du désir. Que j'ose exprimer mes goûts, mes souhaits, ma fantaisie, que je décide d'agir dans ce sens, que je demande de l'aide à ceux qui m'entourent. Même si cette aide ne vient pas, je ne me découragerai pas ; je poursuivrai ma route et le but que je me suis fixé.

J'ai le droit de désirer, j'ai le droit d'avoir des projets et de les mener à bien.

20. Voir note 2, page 15

3
juin

Apprivoiser ses peurs

Je suis plein d'appréhension avant de passer un examen, d'aller à un entretien d'embauche, à un rendez-vous chez le médecin. Je suis acteur, musicien, chanteur, orateur et j'ai le trac avant d'entrer en scène. Cette peur se dissipe au fur et à mesure que je parle, que je joue ou que je chante. Elle est même un moteur pour me dépasser, pour trouver le ton qui convient, pour exprimer avec plus de vérité ce que je suis. Cette peur est un tremplin nécessaire. Je finis par l'apprivoiser, comme quelque chose de stimulant qui m'aide à m'accomplir.

Il y a des peurs qui servent de moteur pour avancer. Acceptons-les comme des amies.

Si de nombreuses peurs trouvent leur solution dans le fait de s'y confronter et de les surmonter, d'autres deviennent envahissantes et je les subis comme des fardeaux qui m'empêchent de vivre sereinement.

Comment apprivoiser mes peurs ? Mon premier travail est d'accepter de les voir. J'ai peur d'affronter mon supérieur hiérarchique, je suis paralysé à l'idée de parler à telle personne et au lieu de voir que le problème est en moi, je préfère en rejeter la responsabilité sur l'autre en disant de lui qu'il est inabordable : ce comportement de fuite de moi ne me fait pas avancer. Ce constat m'enferme encore plus dans ma peur, dans mes routines, dans mes comportements d'évitement.

Si je me dis que cette appréhension est bien la mienne et que j'en suis seul responsable, je serai plus enclin à voir ce que je peux modifier en moi. Je vais apprivoiser ma crainte d'aborder telle personne en décidant de parler peu mais avec justesse, en exprimant ce qui vient réellement de moi et en positif. Je commencerai ma phrase par : « je pense que… ». Une telle parole invite à une réponse du même type de la part de l'autre : ce que l'on appelle une relation *adulte-adulte*.

Je ne prononcerai plus de phrase toute faite, ni de jugement, ni de stéréotype qui ne feraient qu'accroître mon malaise et celui de mon interlocuteur ; celui-ci ne pourrait me répondre que sur le même ton ou se taire poliment. Et je me sentirais encore plus mal.

Apprivoiser mes peurs, c'est apprendre la politique des petits pas parce que je ne peux pas changer un comportement ancré en moi depuis des années du jour au lendemain. C'est me voir avec indulgence comme un petit qui apprend. Je manque d'assurance pour affronter les situations nouvelles, un voyage, un changement de travail, alors je m'entoure de sécurité en me faisant du bien par ailleurs. J'ai peur d'aller chez un médecin pour faire tel examen que je redoute, et si je prévoyais ensuite une après-midi ressourçante, un achat, une visite à un ami pour me récompenser de mon courage ? Lorsque je suis en train de passer cet examen médical, je me rassurerai en visualisant ce que je vais faire ensuite et même, je n'hésiterai pas à en parler avec le médecin qui m'examine.

Une fois que j'aurai pris l'habitude de me réconforter par ces moyens tout simples, j'aurai acquis en douceur la capacité de vivre ces peurs, de les traverser en toute sérénité. Elles ne seront plus destructrices, ni paralysantes.

4
juin

Tu as le droit de faire de la peine

Un gentil garçon, une gentille fille a le droit de dire oui, mais aussi le droit et même le devoir de dire non. Et c'est nécessaire que tu fasses de la peine aux personnes qui ne respectent pas ce que tu es et qui ne te reconnaissent pas la liberté de dire oui et de dire non. Que ces personnes soient tes parents, tes enfants, ton conjoint, tes amis, ton employeur.

Tu as le droit de déplaire à tes parents, s'ils sont envahissants, s'ils sont écrasants, s'ils n'ont pas su voir que tu avais grandi, que tu es un adulte qui sait réfléchir et décider par lui-même. Tu as vis-à-vis de toi le devoir de mûrir, de développer ta personnalité.

Tu as le droit d'avoir un endroit à toi : tes parents n'ont pas à t'envahir en venant chez toi sans te demander la permission, en entrant dans ton appartement ou ta maison parce qu'ils en ont la clé ou qu'ils y ont vécu ; tes parents n'ont pas à s'immiscer dans ta vie.

Tu as le droit de faire de la peine à ceux qui ne respectent pas ton intimité, ta liberté, ton rythme, ce que tu es. Tu as le droit de leur faire de la peine et de les faire réfléchir. Tu peux le faire positivement, mais tu as le droit de t'affirmer ; en le faisant, tu seras peut-être la source de déplaisir, mais il est vital pour toi de le faire.

Les autres aussi ont le droit de te faire de la peine ; certaines personnes peuvent t'attrister en agissant avec toi d'une manière qui te heurte. Ton mari, ta femme, tes enfants, tes amis ne se comportent pas comme tu le voudrais et cela te chagrine. Tu penses qu'ils ne te respectent pas, qu'ils ne t'aiment pas, qu'ils te négligent, qu'ils ne t'écoutent pas, qu'ils te méprisent. Regarde comment tu te comportes avec eux : tes soupçons, tes remarques blessantes, tes exigences, ton absence de reconnaissance, tes dominations. Regarde aussi la façon que tu as d'envahir tes enfants : tu lis leur courrier, tu entres sans frapper dans leur chambre, tu manifestes une curiosité maladive pour leur vie personnelle. Ils se détournent de toi, mais cela aussi peut te faire évoluer. Si tu le comprends pour toi, tu le comprendras pour d'autres.

Tu as le droit de faire plaisir, tu as le droit de faire de la peine, et les autres aussi ont le droit de te faire de la peine quand tu ne les respectes pas.

5

juin

Tu as le droit de dire « *stop* »

Tu as le droit d'interrompre une relation dans laquelle tu souffres, même si pour cela tu risques de faire souffrir l'autre qui ne respecte pas ce que tu es, qui oublie les engagements qu'il a pris vis-à-vis de toi, qui t'envahit. Si dans une relation tu te sens nié, tu as le droit et le devoir de dire « stop ! ». Tu peux apprendre à rester, à demeurer au lieu de fuir, mais tu dois aussi apprendre à partir, à quitter la place quand c'est nécessaire.

Ton employeur exige de toi de plus en plus de disponibilité et tu subis sans mot dire, sous prétexte que tu aimes ton travail ; tu ne t'autorises pas à dire que tu ne peux pas en faire plus, de peur d'avoir l'air d'un incapable alors que des heures supplémentaires te sont nécessaires pour arriver au bout de ta tâche. Tu dors mal tant tu es encombré de pensées, de jugements sur toi, sur les autres et surtout sur ton patron qui pourrait bien comprendre que tu n'en peux plus. Tu es à ses ordres et il ne te les ménage pas. Quand oseras-tu lui dire : « non, cela je ne peux pas le faire ; en ce moment je suis occupé à autre chose ». Si cette parole ne sort jamais de ta bouche, rien ne changera dans votre relation ; en attendant, c'est bien toi qui as de l'hypertension, c'est bien toi qui dors mal et qui as des douleurs lombaires.

Tu as le devoir de te protéger des agressions extérieures en disant : « stop ! ».

Tu as à découvrir l'importance de demeurer, mais aussi celle de partir.

6 juin

La peur de se faire avoir

Depuis que je suis petit, j'ai l'impression de me faire avoir : j'ai cru au Père Noël et à la venue de saint Nicolas ; j'ai prêté de l'argent et il ne m'a jamais été rendu ; je me suis confié à une amie et mes propos ont été répétés ; des amis se sont détournés de moi et je ne sais même pas pourquoi. Mais si je réfléchis bien, si je me regarde en face, je constate que moi aussi dans ma vie, j'ai laissé tomber telle ou telle personne ; moi aussi j'ai menti, j'ai trahi.

Quand et à qui puis-je accorder ma confiance ?

Il y a en moi le désir d'avoir confiance et la peur de m'y abandonner, à cause du souvenir de toutes les fois où je me suis fait avoir. Cette peur peut me faire rentrer dans l'excès de méfiance. Et j'ai pu d'ailleurs, passer d'un excès de confiance à un excès de méfiance. De même que j'aurai foi en la réussite de mon accomplissement personnel, de même j'aurai confiance en toi, mais dans ton être profond. Je peux mettre toute mon espérance dans l'être de l'autre, dans son enfant de lumière, dans l'enfant de Dieu en lui, mais je n'ai aucune raison de m'en remettre totalement à son psychisme : il y a des scénarios psychologiques à l'origine de tant de souffrances. Il est donc sain que je sois prudent et que je sache ne pas accorder un crédit illimité à tout le monde. S'il est normal que je sois vigilant, je ne dois pas me complaire dans la méfiance, celle qui prend racine dans toutes mes déceptions et qui m'aigrit.

C'est vrai que je me suis fait avoir : est-ce que je ne peux pas pardonner, puisque j'ai été moi aussi celui qui trompe, qui dupe ? Est-ce que je peux apprendre à laisser de côté ma méfiance et lui préférer une confiance prudente ?

7
juin

Confiance, méfiance, prudence

J'ai raison d'être prudent, d'être vigilant avant d'accorder ma confiance à quelqu'un, mais entre la prudence et la méfiance, il y a une grande différence. La méfiance est stérile, elle fait se replier sur soi. La prudence fait qu'avant tout, j'exerce mon discernement. Ce discernement, je saurai l'enseigner à mon enfant de façon indirecte par la manière dont je me comporte avec lui et avec les autres. Je fais confiance à mon enfant tout en lui montrant que cette confiance pourra être renforcée ou non, selon ce qu'il en fera, en étant fidèle à sa parole, en remplissant sa part du contrat que nous avons établi ensemble.

Je montre à la personne qui travaille pour moi que je crois en elle, tout en l'informant que nous ferons le point régulièrement ; cela n'est pas de la méfiance, mais une prudence juste, raisonnée. Je sais compter sur mes amis, mais pas au point de raconter à tous sans discernement ce qui concerne mes difficultés personnelles. Mon petit agneau intérieur qui est tout confiant, tout vulnérable, doit être protégé par une saine vigilance ; non pas par des remparts inaccessibles, mais par un discernement éclairé : savoir se protéger, savoir dire non.

Je sais m'adapter à la personnalité des personnes que je rencontre ; ainsi quelqu'un de type "persévérant" [21], vivra très mal que je ne tienne pas ma parole, que je change les règles du jeu, que je promette quelque chose et que je fasse l'inverse. Quelqu'un de type "stoïque" généralement a été blessé dans son enfance par des personnes qui ont abusé de lui ou qui l'ont envahi ou manipulé affectivement. Il fera d'emblée très difficilement confiance.

Une personne de type "sensible" ne supportera pas un mensonge, une infidélité conjugale ou l'inconstance d'un ami et se sentira abandonnée, rejetée, niée, sans valeur. Elle perdra toute confiance en elle, risquera de s'effondrer, de faire des crises de jalousie, etc.

Il est possible d'être en même temps confiant et en même temps capable de discernement. Ce n'est pas l'un ou l'autre, c'est l'un et l'autre.

Je retrouve un équilibre entre la confiance et la prudence : confiance pour l'enfant de lumière et prudence vis-à-vis du psychisme.

---

21. Michel Walter, *Votre personnalité de manager*, Editions d'Organisation, 1988.

8
juin

Constater sans changer

Un des obstacles principaux à l'amélioration de notre vie, c'est que nous admettons très volontiers que nous avons des difficultés, des conflits intérieurs, mais tout s'arrête à cette simple constatation. Cela ne débouche sur aucun changement, aucune décision comme si nous prenions notre parti de tout. « Et puis ce n'est plus à mon âge que je vais changer ! »

Cette attitude n'a rien à voir avec l'abandon, le lâcher prise, mais plutôt avec la passivité, l'inertie, le refus de se remettre en cause et la peur du changement. Nous constatons, mais nous n'évoluons pas.

Le lâcher prise concerne les événements de ma vie pour lesquels je ne peux rien changer. Par contre, les conflits intérieurs qui me remplissent de pensées obsédantes sont tout particulièrement dépendants de moi : ils n'existent que parce que je les nourris. Même si je crois que je suis malheureux par la faute de telle personne, en réalité, la souffrance, c'est bien moi qui la vis et qui la cultive en la ressassant.

J'aurai d'abord à voir humblement la façon dont je contribue à mon malheur : je comprends que je suis l'auteur de ce que je ressens. Je ne suis pas responsable de la part de l'autre, mais uniquement de ce que j'en fais.

Je décide de voir les choses autrement : je regarde ce collègue de travail, mon patron, mon conjoint différemment. Je ne vois plus en lui un persécuteur, mais un être blessé, tout comme moi. Sans doute, cela demandera des mois, voire des années, mais je ne peux plus me contenter de constater l'existence de mes tourments et les dégâts physiques qu'ils m'occasionnent sans rien modifier dans ma vie. Maintenant, je veux vraiment changer et je m'entraîne jour après jour à ne plus me laisser submerger par des pensées négatives.

9

juin

Je rumine

Comme les bovins mastiquent à nouveau pendant des heures l'herbe broutée qui remplit leur estomac, de même je remâche sans fin mes critiques, mes vieilles rancunes, mes insuffisances, mes culpabilités.

Je pense à mon enfant qui n'adopte pas la voie que j'aurais rêvée pour lui, qui s'engage dans une vie de couple que je trouve hasardeuse ; il fait des choix de vie que je réprouve et je me dis que j'ai dû rater quelque chose dans l'éducation que je lui ai donnée. J'aurais dû me comporter différemment : j'aurais dû être plus exigeant ou au contraire, moins sévère ; j'aurais dû être plus affectueux ou moins possessif. Et je ressasse mes culpabilités.

Je suis obsédé par l'accident qui est arrivé à l'un de mes proches qui venait de sortir de chez moi ; si seulement j'avais su dire le mot qui l'aurait dissuadé de prendre la route à ce moment ; rien que quelques minutes auraient changé sa destinée : il n'aurait pas croisé ce conducteur en état d'ivresse à cet endroit précis. Il serait toujours vivant. Et je me complais dans ma culpabilité. J'imagine la phrase que j'aurais pu dire et qui l'aurait sauvé. Je me persuade que ce qui est arrivé est de ma faute.

J'entretiens ma déception, mon aigreur vis-à-vis de mon conjoint qui n'est pas celui ou celle que j'avais imaginé : j'avais projeté sur lui ou sur elle mon besoin insatiable d'être aimé. J'avais cru qu'il comblerait totalement ce besoin et je constate que je n'ai rien de tout cela. Je ressasse mes griefs, j'accuse l'autre de mon mal-être, de mes insuffisances. Je suis dans un scénario de victime que j'alimente sans cesse en rajoutant jour après jour une raison supplémentaire d'être dans la haine, les revendications. J'en parle autour de moi pour attirer la pitié, la sympathie.

J'hésite à propos d'une décision que j'ai à prendre concernant mon travail et je n'en sors pas. Je la retourne dans tous les sens ; je ne dors plus ; je me sens de plus en plus épuisé.

Que je sorte de ces cruels retours en arrière qui m'enferment en moi-même, qui tuent en moi le désir de progresser, de me construire. A partir d'aujourd'hui, quand elles m'envahiront, je dirai : « stop ! ».

Je retrouverai le silence intérieur. Ce sera difficile au début, mais je sais que j'y arriverai. A la place, j'enverrai des pensées d'amour pour moi et même pour mes ratages ou mes insuffisances. Je me laisserai regarder amoureusement par Jésus et grâce à Lui, j'entrerai dans le Cœur de Dieu; j'y mettrai tout: mes regrets, mes aigreurs. Ensuite, peut-être pourrais-je plus aisément nourrir des sentiments positifs pour toi à qui j'en veux et pour toi dont le souvenir me remplit de culpabilités. Si j'ai une décision à prendre, mon silence intérieur porteur d'apaisement me sera bien utile pour entrevoir quelle sera la plus accordée à mon être profond.

10

juin

Stop ! Cela ne passera plus par moi

L'œuvre de ton existence est de briser les chaînes de ton hérédité. Comme tout être humain, tu es la résultante de tout ce qui a été vécu par tes ascendants et tu en transmets quelque chose à tes descendants, que tu le veuilles ou non. Chaque embellissement que tu fais dans ta vie nourrit non seulement ceux qui te suivront, mais aussi ceux qui t'ont précédé. Ils avaient certes des qualités, mais aussi des défauts ; et ils se sont fourvoyés et cela t'encombre aujourd'hui. Leur désir profond, où qu'ils se trouvent présentement, est que tu t'en libères et par là-même, que tu les délivres de la vision douloureuse des conséquences de leurs actes.

Tous ceux qui viendront après toi seront dépendants en partie des erreurs de ta vie, et aussi de ce que tu auras reçu et transmis de ton hérédité. Bien entendu, il ne s'agit pas seulement de génétique mais de tout ce que toi et moi avons reçu comme habitudes comportementales, affectives, sexuelles, intellectuelles, alimentaires ou autres ; nous les avons reprises à notre compte et nos enfants vont nous imiter ensuite.

Ces chaînes qui retiennent une famille, un groupe humain, une nation, la terre entière, sont à l'origine des guerres, des persécutions, des intolérances.

C'est pourquoi tous les liens néfastes du passé que tu trancheras et tout ce que tu amélioreras dans ta propre vie, enrichiront tes ancêtres, tes descendants et tous ceux qui sont en relation avec toi d'une manière ou d'une autre. Nous sommes tous reliés à tous les êtres humains d'une façon que nous comprendrons un jour.

Les progrès de chacun d'entre nous rejaillissent sur l'humanité toute entière.

11
juin

L'autorité

Avoir de l'autorité n'est pas s'affirmer avec brutalité, avec violence mais c'est avoir un rayonnement naturel qui suscite non la crainte, mais le respect.

Si j'ai du mal à avoir de l'autorité avec mes jeunes enfants, mes adolescents, sans doute ai-je eu à souffrir autrefois d'une domination tellement écrasante que je ne peux exercer librement mon autorité sans avoir l'impression de reproduire ce que j'ai si mal vécu, en sorte que je ne parviens pas à mettre des limites d'une façon sereine et équitable. Je ne sais pas témoigner de mes valeurs avec tranquillité. J'ai à travailler sur ma capacité à m'affirmer, sur mon droit de dire oui et aussi de dire non.

Lorsque mon enfant dépasse les bornes, qu'il va trop loin dans la provocation, je dois comprendre qu'il cherche plus ou moins que je lui impose une limite, moi, son père ou sa mère.

A un moment donné la colère va monter en moi en face d'un acte que je jugerai intolérable comme portant atteinte à des valeurs fondamentales, telles que par exemple, le respect de la sécurité ou du bien d'autrui. Alors je vais retrouver toute la fermeté nécessaire. Je n'aurai pas ensuite à m'en vouloir de m'être mis en colère. Il est important que j'utilise cette occasion pour rétablir l'autorité qui m'a fait défaut pendant si longtemps.

Je comprends la nécessité de renouer le dialogue avec mon enfant, mon adolescent, mais aussi de lui montrer qu'il y a des situations dans lesquelles je serai inébranlable. Si j'ai l'habitude des échanges aimants avec lui, lorsque j'aurai à élever la voix, je serai écouté parce que mon autorité sera perçue comme chaleureuse, compréhensive et non destructrice. Je parviendrai à dire que je ne suis pas d'accord sans pour autant mettre des étiquettes négatives sur son comportement, sur sa personne. Je saurai ouvrir une perspective nouvelle, montrer à mon enfant que je crois en lui. Je penserai à valoriser ses qualités tout en exprimant fermement ma désapprobation vis-à-vis de certains de ses actes.

Là, mon enfant, tu as dépassé les bornes ; sur ce point, tu as à regagner ma confiance.

12
juin

C'est ainsi

Ton compagnon ou ton conjoint t'a quitté : c'est ainsi. Quelle que soit ta souffrance, accepte les circonstances de ta vie que tu ne peux pas changer. Ne cherche pas à vouloir le convaincre de revenir ou le persuader qu'il a tort, ce serait de la domination. Plus tu lui affirmeras qu'il a mal agi en étant parti, plus tu voudras lui démontrer qu'il cherche à vivre une adolescence que peut-être il n'a jamais vécue, plus tu l'éloigneras. Non qu'il n'y ait rien à faire, mais avant tout, il est urgent de temporiser. D'abord, examine la situation.

En premier lieu, envoie-lui de l'amour. Lorsqu'un courant de paix coulera à nouveau entre vous et que prier pour lui redeviendra possible, ce sera le moment de tenter une démarche. Tu te manifesteras par un coup de téléphone, un petit mot, sans aucun reproche. Ce sera une demande de pardon pour ce qui est ta part, même si tu n'es évidemment pas responsable de tout. Ce sera une parole dans l'Amour de Dieu. Attends d'être rempli de cet Amour pour agir.

Mais pour l'instant, accepte, lâche prise. Plus tu seras dans l'exigence et la dureté, plus l'autre se détournera, se rebellera.

Mets-toi dans un état de réceptivité, de paix intérieure et non plus de revendications, de reproches. Tu ne sais pas quel sera le résultat de cette attitude pour ton couple, mais ce qui est sûr, c'est que toi, tu auras découvert l'amour vrai, celui qui laisse libre.

13
juin

Je retourne mes erreurs

Devant le tombeau vide, Marie-Madeleine n'a pu voir Jésus qu'après s'être retournée par deux fois et là, ses yeux se sont dessillés : dans l'homme qu'elle prenait pour le jardinier, elle a enfin reconnu son *Rabbouni*. Le retournement de Marie-Madeleine est pour nous une image à la fois de la prise de conscience que chacun de nous est amené à faire, et à la fois d'un retournement, d'un changement de sens des errements du passé qui, sous le regard amoureux de Jésus deviennent des richesses, des occasions de grandir.

Si tu peux te retourner sur ta vie et te rappeler tout ce que tu as traversé : tes épreuves, tes échecs, et si tu peux en parler simplement, avec détachement, c'est que tu es réconcilié avec toi et que tu as trouvé la paix du cœur. Là où tu as fait des erreurs, là où tu as connu la souffrance, tu peux aider d'autres à en sortir, puisque tu crois profondément que Dieu fait de tout un plus grand Bien.

Tu sauras que tu as dit “oui” à toute ta vie, si tu deviens plus humble, décentré de toi, détaché. Par exemple, tu ne te vexeras plus pour une parole entendue, pour un comportement provocant ; si cela t'arrive encore, cela signifie qu'il y a toujours en toi un mal vécu qui réveille des souffrances du passé. Si tu es vraiment détaché, tu sais retourner toute situation en positif et voir avec les yeux de la compassion celui qui se laisse emporter par la colère, le ressentiment.

Tu auras trouvé la paix intérieure lorsque tu pourras regarder ton corps avec amitié et non plus d'un œil critique. Un époux apprend à aimer le corps de son épouse parce qu'il est différent, original ; il peut y discerner des cicatrices, des blessures et y voir les stigmates d'un corps qui a cherché à aimer et qui a donné la vie. Apprends à aimer ton corps à travers le regard de celui qui t'aime.

Remercie la vie qui est en toi. Tu l'as peut-être violentée, dévoyée, mais elle est toujours là. Tu as eu des aventures extraconjugales, mais c'était toujours cette vie d'amour qui se manifestait en toi. Est-ce que tu veux bien ne plus revenir sur le passé, sinon avec le regard aimant de Dieu ?

Maintenant que la paix est en toi, tu peux donner davantage : ton intelligence, ton rayonnement, ta mémoire, ta sensibilité, ton expérience professionnelle et humaine, tes capacités physiques.

Vois ton passé avec un regard neuf, un regard d'enfant, comme si tu le découvrais pour la première fois.

Toute ta vie est belle.

14
juin

Le désert refleurira

Cette phrase illustre l'œuvre de Dieu dans ma vie.

Lorsque se produit une catastrophe naturelle ou des combats armés, là où la terre a été labourée, défigurée par les tranchées, les bombardements ou les mines, inexorablement, la nature reprend ses droits; et quelques années plus tard, nombreuses traces de ces désastres seront effacées. Lorsqu'on parcourt les champs de bataille autour de Verdun où il y a eu tant de morts, où tant d'hommes ont souffert, on peut avoir une pensée pour ceux qui ont agonisé là où maintenant la forêt ne résonne plus que des chants d'oiseaux et du frémissement du vent. La nature a réparé les cicatrices provoquées par la folie des hommes; les arbres hachés par les obus ont repoussé, les tranchées sont partiellement comblées et l'herbe s'y développe.

C'est l'œuvre de Dieu dans ma vie: là où mon existence est un champ de ruine, un terrain miné, là où il y a des cicatrices profondes, soudain la nature reverdit.

En Israël, à certains moments de l'année, une pluie brève peut faire fleurir le désert parce que le sable contient de telles quantités de graines que la première goutte d'eau les fait pousser et tout fleurit.

Quel que soit le désert de ma vie, quels que soient les mitraillages auxquels j'ai pu être exposé, Dieu remet l'harmonie en faisant reverdir et refleurir ma vie.

15
juin

Tu es venu mon enfant, mon petit

Je n'ai pas su t'accueillir parce que je n'étais pas prête à te recevoir. Tu es venu alors que j'étais âgée, ou trop jeune ou seule. Je ne voulais pas de toi et j'ai avorté. Aujourd'hui, moi, ta mère, je te demande pardon au plus profond de moi.

Je m'adresse à toi mon enfant qui est grand et qui souffre maintenant de difficultés relationnelles. Je te demande pardon de n'avoir pas pu te donner les paroles d'amour dont tu avais besoin, de ne pas avoir pu t'accueillir comme un cadeau dans ma vie.

Je te demande pardon, moi, ton père, de n'avoir pas pu te prendre dans mes bras quand tu pleurais. Je ne savais pas te consoler parce que moi-même, je n'étais que souffrance. Quand tu pleurais la nuit, j'étais agacé parce que je ne parvenais pas à m'endormir.

Je te demande pardon ma petite fille chérie. Tu es un cadeau et pourtant je ne t'ai pas accueillie au départ parce que je voulais un garçon. Quel aveuglement ! Combien j'ai été enfermé moi, ton père dans l'esprit de ces générations qui voulaient transmettre un nom. Et pourquoi ? Pour quelle réalisation extérieure ?

J'ai eu peur d'avoir une fille parce que ma mère a tellement préféré mes frères, elle s'est tellement plainte d'avoir eu une fille alors qu'elle ne voulait que des garçons, que j'ai craint de répéter cela avec toi. Tu es venue, petite merveille de sensibilité, et je ne t'ai pas reconnue.

Je te demande pardon mon garçon, de ne pas t'avoir accueilli dans ta nature d'homme. Les hommes m'ont toujours fait peur et moi ta mère, je préférais les petites filles parce que je n'avais que des sœurs et que ce monde m'était familier.

Nous te demandons pardon, à toi, notre fils d'avoir eu du mal à t'accueillir lorsque tu es né : nous avions déjà plusieurs garçons et nous attendions enfin une fille. Et tu es venu, toi, mon garçon !

16
juin

Je trouve une autre fécondité

Je n'ai pas eu d'enfant. J'ai subi durant une dizaine d'années des traitement pour stérilité, sans succès. J'ai été désespérée, dépressive pendant longtemps, ne trouvant pas la vie digne d'être vécue sans enfant. J'avais dans l'idée qu'une femme ne peut être pleinement femme que si elle devient mère un jour ; d'ailleurs chez certains juifs orthodoxes et chez certains musulmans, une femme qui ne parvenait pas à donner d'enfant à son mari pouvait être répudiée. Cette stérilité était vue comme une punition divine. Cet héritage de l'humanité est toujours agissant en moi lorsque je crois que je ne vaux rien parce que je n'ai pas eu d'enfant. C'est pourquoi un jour, j'ai décidé de tourner la page et de m'occuper des enfants des autres. J'ai des trésors d'amour à donner et cet amour est inemployé. Je suis devenue la confidente de mes neveux et nièces qui s'adressent à moi qui suis plus disponible, pour tout ce qu'ils n'osent pas confier à leurs parents, trop occupés ou trop inquiets pour les écouter vraiment. Moi, je sais le faire sans tenir de discours moralisateurs et sans parole de jugement.

Je suis devenue maman dans un village SOS et là je réalise ma vocation de mère en m'occupant d'enfants en difficulté. Je sais que je comble mon désir de maternité dans ce travail qui m'épanouit totalement et qui fait du bien, je le constate avec bonheur, à tous ces petits dont je m'occupe.

J'ai décidé d'être assistante maternelle, moi qui ai choisi de n'avoir pas d'enfant à moi, tant mon enfance avait été dure, insoutenable. Après une thérapie qui m'a réconciliée avec moi-même et avec mon douloureux passé, je garde des enfants et je suis heureuse de voir que le souvenir de toutes mes souffrances d'autrefois me rend plus proche de celles des petits qui me sont confiés.

17

juin

Mon enfant, je vais changer avec toi

Ai-je conscience que souvent j'exige de mes enfants qu'ils aient des comportements que je n'ai pas moi-même ? Par exemple d'être droit, honnête, alors que je fraude le fisc, que j'abuse les autres dans mon travail ou que nous nous mentons dans notre couple. Quel modèle est-ce que je donne ?

Je veux m'attaquer à cette fuite, cette compensation qu'est la drogue chez mon enfant et je ne vois pas mes propres drogues. Je rouspète avec brutalité contre la violence de mon enfant et je combats sa colère en criant encore plus fort que lui : quel paradoxe ! Ne devrais-je pas commencer par montrer un autre exemple ?

C'est tellement plus facile de faire des reproches, d'abreuver les autres de conseils, plutôt que de changer soi-même.

D'abord je cherche dans quels endroits de ma vie j'ai des transformations à faire.

Mon enfant, je vais t'accompagner dans tes difficultés en décidant de résoudre aussi les miennes. Ainsi, mes paroles auront du poids : elles seront fondées sur la transformation que j'aurai moi-même opérée à tes yeux dans mes comportements vis-à-vis des autres et de toi-même.

Je te reproche d'être nonchalant, de ne pas suffisamment travailler à l'école, de fuir dans les distractions, et je n'ai pas conscience de mes propres esquives et de tous ces moments où c'est moi qui me laisse aller. Ou bien, c'est tout le contraire, je m'enferme dans un trop-plein d'activités qui ne te donne pas envie de me ressembler en suivant mes conseils.

J'accepte de regarder de plus près le modèle que je t'offre pour mieux comprendre tes refus et nous allons évoluer ensemble vers une plus grande vérité personnelle. Ma vérité n'est pas forcément la tienne. Mais cette parole qui sort de ma bouche, je m'efforce de la rendre de plus en plus conforme à mon être profond. Si ce que je te dis vient vraiment de mon être, c'est une parole simple, elle est habitée et je n'ai pas à y revenir sans cesse : je dis ce que je fais et je fais ce que je dis.

Je cherche simplement à te donner des repères solides sur lesquels tu peux t'appuyer.

18

juin

Aimer nos enfants, nos adolescents

Savons-nous être disponibles pour nos enfants ? Lorsqu'ils sont petits, ils sont attendrissants, vulnérables, ils pleurent la nuit, ils nous réclament, ils nous accaparent parce qu'ils ont tant besoin d'amour. Lorsqu'ils grandissent, ils peuvent nous décevoir parce qu'ils ne sont pas comme nous l'aurions souhaité. Prenons conscience, à travers cette déception, que nous avions une attente, un projet sur eux.

Lorsqu'ils sont adolescents, ils tombent souvent dans la passivité ou au contraire dans la rébellion : ils n'agissent pas ou bien ils « oublient » les termes du contrat que nous avons passé avec eux et tout devient objet de conflit.

Avant de parler, avant d'agir, est-ce que nous recevons l'Amour de Dieu pour eux ? Est-ce que nous nous laissons remplir de tendresse pour que notre parole soit ajustée à la circonstance, qu'elle vienne au bon moment, ni trop tôt, ni trop tard ? Savons-nous parler et agir avec légèreté et humour mais aussi avec la fermeté nécessaire ? Cette fermeté sera d'autant mieux acceptée qu'elle baignera dans la compréhension et l'amour. Or, bien souvent, les révoltes de nos enfants et de nos adolescents nous renvoient à nos propres révoltes ; le souvenir de la répression de nos parents peut nous entraîner à reproduire la même attitude qu'eux, parce que nous n'avons pas remis en question leurs réactions d'alors. Étaient-elles vraiment fondées ? Si je vois le côté rebelle en moi, je comprendrai le côté rebelle chez mon enfant. J'aurai à affirmer mon autorité, mais cette autorité s'exprimera d'autant mieux que l'adolescent se sentira compris, aimé, reconnu avec la personnalité qui est la sienne.

19
juin

Apprendre à recevoir

Beaucoup de personnes qui donnent ne savent pas recevoir et parfois même, ne supportent pas l'idée de se sentir en dette vis-à-vis de quelqu'un. Je ne veux rien devoir à personne. Or il y a souvent plus d'amour à recevoir qu'à donner, car en recevant, je permets à l'autre d'être celui qui donne.

Est-ce que je peux recevoir une parole de remerciement sans aussitôt me justifier en disant que ce que j'ai fait n'attendait rien en retour ? C'est peut-être vrai, mais la personne qui me remercie a besoin d'être reconnue ; elle ne veut pas passer pour une ingrate. Donc, c'est l'accueillir tout entière que d'accepter son merci.

Puis-je recevoir un cadeau sans penser immédiatement qu'on veut acheter mon affection, mon amitié, qu'on veut m'accaparer, me posséder ?

Puis-je entendre un mot d'amour sans me dire aussitôt que si la personne me connaissait vraiment dans mon quotidien, elle n'aurait sûrement pas dit cela ?

Puis-je recevoir un cadeau tout simple, anodin sans me sentir dévalorisé par la modestie du présent ?

Et si je reçois un compliment sur ma beauté, sur mon élégance, puis-je l'entendre sans aussitôt en détruire la portée en mettant le doigt sur un défaut passé inaperçu ou en me demandant pourquoi on n'a pas loué mon intelligence ? Lorsque je fais cela, c'est l'autre que j'atteins ; celui qui me montre sa tendresse et que je repousse en refusant son compliment.

Est-ce que je sais recevoir tout l'amour qu'il y a dans la présence de mon conjoint à mes côtés, dans ce travail qu'il effectue et dont je bénéficie, qu'il soit à l'extérieur ou à la maison ? J'apprends à goûter tout ce que j'aurais pu estimer m'être dû, et je le remercie.

J'accueille le mot d'amour, le compliment, le cadeau, le bienfait avec la simplicité de mon cœur et je remercie de tout mon être pour cette lettre, pour cette présence, pour ce travail, pour ce geste de tendresse.

20
juin

Plus je donne, plus j'ai besoin de me ressourcer

Je dis souvent que je n'en peux plus. Je suis toute la journée avec mes enfants, moi, mère de famille. Je dors mal, parce que le petit dernier pleure toute la nuit et je suis seule à m'occuper de l'organisation de la maison. Mon mari est dans une situation professionnelle difficile et il demande à être réconforté ; je ne peux attendre aucune aide de lui. Et puis il y a cette amie qui vient souvent déverser ses lamentations sur moi, et ces coups de téléphone des proches presque tous les jours. Je n'en peux plus ! Il m'arrive de donner des coups de pied au chat lorsqu'il se frotte contre moi, parce que c'est justement quand j'ai un tout petit moment à moi qu'il réclame des caresses.

Je sens bien que je ne sais pas dire non aux envahissements extérieurs et c'est ma responsabilité. J'ai mes limites et c'est à moi de les faire respecter. Personne ne peut agir à ma place et c'est ma responsabilité de le faire.

Plus je donne, plus il faut que je reçoive. Plus je suis pris par mes activités quotidiennes, par ma famille, ou par du bénévolat, plus il faut que j'aie des temps à moi. Si je veux éviter de m'énerver contre le petit dernier qui pleure, contre ce chat qui réclame à manger, contre ce chien qui est toujours dans mes jambes, contre mon mari qui demande des câlins alors que je suis exténuée, je dois refaire mes forces.

La solution, c'est d'organiser des moments pour moi seule, où je ne fais que ce qui me plaît. Je ne pourrai être disponible que si je sais me ménager des temps pour moi.

Mais est-ce que je m'aime suffisamment pour cela ?

21
juin

Tout mon passé est là aujourd'hui

Mon passé est présent dans tout ce que j'entreprends, dans ce que je dis, dans ce que je ressens. Vouloir comprendre mes blessures, les reconnaître, les identifier, peut m'amener à entreprendre une démarche longue et profonde, telle que la psychothérapie ou la psychanalyse.

Mais plus simplement, une relecture attentive de ma journée peut me faire voir là où j'ai été blessé. Il suffit que je prenne conscience des moments de dramatisation que j'ai vécus et des réactions disproportionnées que j'ai eues aujourd'hui. Ces événements me feront toucher du doigt là où j'ai des guérisons à faire et à demander. J'ai bien compris, par exemple, que cette phrase entendue ou cet événement a engendré en moi une émotion violente qui vient de loin. Cette émotion est devenue très exagérée, sans rapport avec la réalité toute simple qui l'a déclenchée. Quel est donc le type de personne qui est à l'origine de ce type de réaction et dans quelle circonstance ?

Est-ce dans mes relations sentimentales ? Si j'ai peur de telle personne ou que je reste sur la défensive, sans doute me rappelle-t-elle la froideur ou la possessivité de ma mère ou bien l'intolérance de mon père.

Est-ce dans mes rapports avec l'autorité ? Ils me replongent dans mon passé d'enfant soumis à la toute-puissance paternelle.

Est-ce avec mes enfants ou vis-à-vis des enfants en général ? Ils me mettent mal à l'aise, je ne sais pas leur parler ou je les rejette parce que je n'aime pas en moi l'enfant que j'ai été ; je ne me suis pas réconcilié avec lui.

Est-ce avec les hommes en général, avec les femmes ? Ne suis-je pas en train de revivre la jalousie d'enfant que j'avais vis-à-vis de mon frère ou de ma sœur ou les refus que j'ai eus vis à vis de mes parents ?

Si je regarde bien, je comprendrai que je retrouve perpétuellement une situation du passé qui se mobilise, qui resurgit, par analogie avec l'événement actuel.

Que je relise mon passé dans toutes mes réactions excessives et répétitives. C'est tout le travail que j'ai à faire pour mieux comprendre mes carapaces, mes fragilités, mes peurs, mes obsessions.

22
juin

Tu as été frappé

Mon enfant, je te demande pardon de t'avoir frappé. J'avais des problèmes à mon travail, j'étais énervé. Nous nous entendions mal, ta mère et moi, ou ton père et moi. Je t'ai frappé aussi parce qu'on l'avait fait avec moi et que je ne savais pas comment te faire cesser de pleurer, de t'agiter ou de rire et de chahuter. Je ne voulais pas comprendre ton trop plein de vie et je te disais que tu étais insupportable, au lieu de simplement dire que j'étais fatigué et que j'avais du mal à supporter ton exubérance.

Si aujourd'hui tu conduis trop vite, si aujourd'hui tu as des gestes de violence, c'est aussi parce que j'ai eu ces gestes vis-à-vis de toi.

Je te demande pardon. Je prie Dieu qu'Il vienne panser tes blessures et effacer les marques que j'ai contribué à mettre dans ton corps et dans ton psychisme. Le pardon que je te demande peut aider à te libérer de mes refus, de mes violences et de notre désunion, à nous tes parents.

23
juin

Je n'ai pas su t'accueillir

Je te demande pardon parce que je n'ai pas su t'écouter, t'accepter tel que tu étais. Je voulais que tu sois autrement, comme j'imaginais devoir être un fils idéal et tu t'es révolté : tu t'es drogué et tu es parti vivre toutes sortes d'expériences avec des camarades que je trouvais peu fréquentables ; mais ces camarades tu les recherchais parce que tu savais qu'ils avaient souffert comme toi et qu'ils te comprenaient. Je n'ai su te faire que des reproches au lieu de te demander ce que tu attendais de moi, de nous tes parents et de la vie. Je n'ai rien compris. Je ne voyais que les ennuis que tes provocations me causaient. Je n'avais pour toute réponse que les sanctions et celles-ci ne faisaient qu'alimenter ta révolte.

Maintenant, je sais que tu regrettes de n'avoir pas eu un père aimant et structurant, un guide, un père qui montre le chemin, qui fixe des limites, un père qui prend dans les bras. Je sais que tu souffres parce que je ne t'ai jamais dit que je t'aimais et que tu n'as jamais pu me le dire. Je vois que tu as du mal à avoir des repères et des limites dans ta vie, parce que je ne t'en ai pas donné. Pas de père, pas de repère.

J'étais toujours tellement fatigué par mon travail et si souvent absent que je n'ai pas pris le temps de voir que tu existais, que tu réclamais ma présence attentive. Je te demande pardon.

24 juin

La violence des mots et la violence des maux [22]

Au commencement était la Parole. Et nous avons reçu le langage. Quel don extraordinaire !

Et pourtant, la brutalité des mots peut être à l'origine de souffrances morales, elle peut même créer des douleurs physiques tellement notre langue peut être dangereuse. Comme le disait Esope : « la langue est la plus belle et la pire des choses », la plus belle parce qu'elle permet de dire du bien, de valoriser, de louer, et la pire, parce qu'elle permet de critiquer, de juger, de blesser. Nous avons des mots meurtriers. Ils font du mal non seulement par leur sens, mais aussi par le ton sur lequel ils sont exprimés et par les sous-entendus, les non-dits qui les accompagnent.

Soyons conscients que certains mots sont redoutables dans leurs effets et pourtant nous en accablons nos proches, notre conjoint, nos enfants, parce que nous en avons eu la tête remplie quand nous étions petits. « Tu es méchant, tu es paresseux, tu ne feras rien de bon. Tu ne seras jamais capable de vivre seul. Tu ne sauras jamais te débrouiller dans la vie. Tu es un asocial et personne ne pourra jamais vivre avec toi, qui pourrait te supporter ? Tu ne sais rien faire de tes dix doigts, etc. » Ces phrases entendues par un enfant lui feront dire plus tard : « Je ne suis rien, je ne vaux rien », et pourront être à l'origine de véritables ratages, échecs multiples en réponse à la “clairvoyance” de ses parents qui les lui avaient prédits. Des maux physiques récidivants ou chroniques seront comme autant d'autopunitions qu'il s'infligera, puisqu'il est rempli de culpabilités de toutes sortes.

Débarrassons-nous de tout cela. Retrouvons des mots positifs, ajustés, sans dramatisation, sans excès, sans jugement. Décrivons des faits : « là tu as renversé ton bol » et n'utilisons pas ces généralisations, ces expressions accusatrices, ces malédictions : « tu es un incapable ou un maladroit » ou pire : « tu seras toujours un incapable ou un maladroit ». Ne jouons pas aux apprentis sorciers, aux fées Carabosse. Nous avons une parole. Qu'elle ne soit ni violente, ni cruelle.

Qu'elle soit douce, positive, éclairante, libérante, réconfortante.

---

22. Jacques SALOMÉ, *A corps et à cris*, Sonothèque Média - BP 32 – Saint-Gaudens.

25 juin

La peur de l'autre

J'ai peur de celui qui n'est pas comme moi. J'ai peur de l'étranger, de celui qui pense autrement, de celui qui est d'une autre culture, qui a d'autres habitudes sociales, religieuses, vestimentaires, alimentaires.

Ces peurs donnent l'intolérance, la xénophobie, le racisme. Racistes, nous le sommes tous parfois et intolérants, nous le sommes souvent. La peur de l'autre sexe, ce sont des réactions chez lui ou chez elle que je ne comprends pas. La meilleure façon de me réconcilier avec le différent, c'est de développer en moi ce qu'il y a de bon en lui. Moi, homme, je te comprendrai toi, femme, si j'ai développé en moi ma part féminine et toi femme, tu me comprendras moi, homme, si tu as développé ta part masculine. Ce qui m'agace en toi, cet adulte froid et raisonneur, c'est bien ce qui me manque. Ce que tu ne supportes pas chez moi : ma spontanéité joyeuse, ma créativité, c'est ce qui a été brimé chez toi. Nous avons besoin l'un de l'autre. En nous rencontrant, nous sommes une chance l'un pour l'autre de nous réunifier dans toutes les facettes de notre être ; car, lorsque je rencontre d'autres peuples, lorsque je vois d'autres modes de penser, de vivre, je vois aussi certains aspects de moi que j'ai perdus de vue. Il y a sans doute un tri à faire dans ces habitudes, aussi bien les miennes que les leurs ; tout n'est pas bon ; mais en chacun de nous, il y a un joyau.

Alors, quand je te vois, toi mon frère, toi ma sœur qui es d'une autre religion, d'une autre culture, d'une autre race, est-ce que je sais d'abord voir le trésor qui est en toi pour le retrouver en moi ? Tu es pour moi une opportunité, celle d'ancrer en moi ce que j'avais oublié et je te remercie de me le rappeler aujourd'hui.

26 juin

Tenir sa parole

Est-ce que je tiens ma parole ? Combien de blessures viennent de promesses non tenues. Est-ce que je peux dire : « Je fais ce que je dis ; ce que je dis, je le fais. » ?

Est-ce que je me rends compte de l'importance d'être fidèle à ce que je dis ?

Si je ne suis pas sûr de respecter un engagement, mieux vaut ne rien promettre ou dire que je ne sais pas encore. Mais à partir du moment où je te donne ma parole, je la tiens. Je ne veux pas contribuer au fait que tu puisses douter d'un frère ou d'une sœur. Tu as été comme moi souvent blessé par des promesses non tenues, alors aujourd'hui apprenons ensemble à respecter nos engagements.

J'ai conscience des conséquences pour toi, mon enfant, si je n'agis pas selon ce que je t'ai dit. C'est ce que je fais qui est important ; tu vas regarder le modèle que je te donne avant de me faire confiance.

J'apprends à m'unifier, à ne promettre que ce dont je suis sûr. Si j'ai failli à mes promesses, je le reconnais sans me justifier et je demande pardon.

Une parole m'est donnée, m'est confiée, j'apprends à me sentir engagé par ce que je dis. Si j'agis comme cela avec mes enfants, ils feront de même avec les autres, tout naturellement.

27 juin

Savoir se taire

Le vide me fait peur. J'ai l'habitude de parler beaucoup pour éviter les silences et je submerge mon interlocuteur de paroles inutiles ou superflues. Pour ne pas me retrouver seul face à moi-même, je reste dans la superficialité, dans le paraître. Si je veux rentrer dans mon être, je vais devoir me réconcilier avec le silence, la solitude. Le silence me met face à moi-même et j'y demeure : plus de bruit, plus d'encombrement, plus de cri.

Quand je suis en société, je n'ai pas à meubler la conversation. Parler est bien, parler à bon escient est mieux, savoir se taire c'est de l'or. Un des Pères du désert, le bienheureux Arsène avait l'habitude de dire : « J'ai souvent regretté d'avoir parlé ; de m'être tu, jamais. »[23] Il est également vrai que je peux m'en vouloir amèrement de n'avoir rien dit, quand, par exemple, il aurait été important que je prenne la défense d'une personne injustement accusée.

Mais quand je n'ai rien à dire, j'accepte de me taire. C'est tout simple. Si j'ai du mal à parler, je peux devenir un écoutant : je peux avoir un don pour l'accueil plein de compassion.

Si je m'oblige à parler quand je ne sais pas quoi dire, je vais être tendu, je vais me reprocher ce que j'ai dit, ou regretter d'avoir dit autre chose que ce que je voulais vraiment exprimer.

Pourquoi le silence me fait-il peur ? Parce que pour moi il est lié à la "non-vie", la solitude, l'inutilité, le vide existentiel, le rejet des autres ou la coupure avec mes proches.

Dieu habite le silence ; nos bien-aimés aussi : c'est dans l'intime de nous-mêmes que nous sommes reliés à ceux qui pensent à nous et auxquels nous pensons.

Le silence est un approfondissement, un creux, un espace où Dieu peut se faire entendre dans « le murmure léger » de mon âme ; c'est dans le silence qu'Elie L'a rencontré et non pas dans le bruit, le vacarme, l'ouragan, le tonnerre.

---

23. Livre des Anciens, *Apophtegmes des Pères*, Editions de Solemnes, coll. Foi vivante, 1995.

28
juin

Etre ferme

Je serai ferme dans la décision que j'ai prise, si je l'ai fait de façon unifiée, de tout mon être. Une décision est unifiée lorsqu'elle vient de ma volonté profonde. Je ne m'engage pas dans le changement d'une habitude ancienne pour faire plaisir à quelqu'un ou pour lui obéir, sinon, je risque de manquer de fermeté là où je verrai d'abord un reflet de ma soumission, de ma dépendance envers cette personne. Je ne décide pas d'arrêter de boire pour faire plaisir à mon conjoint: cette décision qui m'implique tout entier ne pourra être tenue que si je suis bien convaincu que c'est d'abord à moi qu'elle fera du bien. Si je le fais pour l'autre, mon projet sera incertain, non habité par moi et voué à l'échec dès que surviendra la moindre tension de couple.

Je ne peux être ferme dans ma décision que si j'ai un objectif clair: si je décide d'entreprendre des études longues, c'est que l'idée d'exercer telle profession est un projet qui me tient à cœur. Si je décide de reprendre des études au milieu de ma vie, c'est que j'en ressens l'impérieuse nécessité, pour me rapprocher au plus près de ce que je suis en profondeur.

Si je pratique un sport de compétition et que j'ai pour objectif d'être sélectionné pour les Jeux Olympiques, je sais bien que l'entraînement auquel je devrai me soumettre requerra de ma part la plus grande rigueur vis-à-vis de moi-même et de mes découragements éventuels. Je sais que j'aurai quotidiennement des sacrifices à faire sur tous les plans et que j'aurai à m'entraîner plusieurs heures par jour. Suis-je capable d'avoir le même type de conduite et de pratiquer le même entraînement qu'un sportif pour tenir une de mes décisions ?

Si j'ai appris la résolution, la stabilité, je saurai être ferme avec mes enfants, mais sans dureté, pour tout ce qui concerne l'engagement, le respect de la parole donnée, la prise de décision, la réalisation des objectifs.

29
juin

La façon de dire les choses

Dire la vérité, ce n'est pas exprimer tout ce que je pense avoir compris, tout ce que je crois savoir et tout ce que je ressens spontanément ; la vérité, c'est celle qui peut être reçue, accueillie positivement par la personne à qui elle s'adresse. Si j'ai à annoncer une mauvaise nouvelle à quelqu'un – une maladie grave, le décès d'un proche – je vais me mettre en empathie avec lui pour percevoir le plus finement possible là où il en est, et ce qu'il est capable d'entendre. Je lui laisserai une marge de réflexion en ne disant pas tout, pour lui laisser la possibilité de poser des questions s'il désire en savoir davantage.

La vérité, si elle vient de Dieu, ouvre le cœur, éclaire, mais n'abat pas. Si je viens d'apprendre de mon médecin que j'ai une maladie grave, cette vérité dite avec bienveillance, avec modestie, avec pudeur, me permet de me sentir considéré comme une personne à part entière, sujet de ma propre vie et non comme un objet à soigner. Je me sentirai en mesure de prendre courageusement mes dispositions vis-à-vis de mes propres affaires, vis-à-vis de mes proches ; je mettrai en œuvre les réconciliations que je souhaite entreprendre.

Toute vérité n'est pas bonne à dire. Ce n'est pas parce que j'ai connaissance de propos, de "on-dit" concernant quelqu'un, que je vais aller l'en aviser aussitôt, soi-disant au titre de l'amitié. N'est-ce pas plutôt de ma part un jeu pervers où je me réjouis secrètement du pouvoir que je prends en informant brutalement cette personne des tromperies de son conjoint ou des rumeurs concernant son licenciement ?

Alors, si j'ai une "vérité" à dire, je vais apprendre à m'adresser au cœur de la personne à qui je parle. Est-ce le bon moment ? Mes mots sont-ils positifs ? Ce que je crois devoir dire doit-il réellement l'être ? Le ton de ma voix indique-t-il une intention d'amour ? Est-ce que mon dessein est vraiment d'éclairer la personne à laquelle je vais parler ou plutôt de satisfaire mon ego ?

30
juin

Soyez bénis !

Voilà deux mots qui pourraient me remplir le cœur à l'adresse de toutes les personnes que je rencontre, qui me téléphonent ou m'écrivent, qui pensent à moi et à qui je pense, même si telle ou telle rencontre s'est mal passée. J'ai reçu une parole blessante d'un collègue de travail ; quelqu'un m'a fait une queue de poisson sur l'autoroute ; mon conjoint n'a que des reproches à mon encontre. Mais quand je prends du recul, je vois bien que ce collègue de travail est mal dans sa peau et qu'il a l'air d'avoir des soucis. Lorsque je ne suis plus dans ma voiture et que je repense à l'automobiliste de tout à l'heure, je peux me demander pourquoi j'ai réagi si violemment ; après tout, cet homme n'était sans doute pas animé de mauvaises intentions et puis il peut se tromper de bonne foi. Mon conjoint a en ce moment des problèmes de santé, de travail ou bien il vit mal son âge, et il déverse son inquiétude sur moi sous la forme de paroles agressives. Lorsque je peux méditer sur cet événement – somme toute minime, même s'il m'a heurté – dans le silence, la solitude intérieure, mon cœur à cœur avec Dieu, je retrouve la paix et il me devient possible de bénir mon collègue de bureau, l'automobiliste ou mon conjoint.

Sois béni, mon frère, sois béni mon ami, sois béni toi aussi que je n'ai pas compris ou qui n'a pas voulu m'entendre. Je te bénis et je reçois ta bénédiction.

1er juillet

Vivre l'instant présent

Vivre l'instant présent, c'est être présent à moi-même et à tout ce qui existe, sans jugement, quels que soient les bouleversements de mon psychisme. C'est parvenir à un état de solitude habitée, même dans une foule bruyante, même dans l'encombrement de mes activités journalières ; c'est vivre la présence divine dans la plénitude de l'instant. Le moine est seul : seul avec Dieu et seul avec lui-même. Je découvre moi aussi, l'extrême bonheur d'être seul, même si j'ai longtemps ressenti un ennui ou une angoisse profonde lorsque je me trouvais face à moi-même, préférant m'étourdir dans le bruit, dans une vie relationnelle ou familiale chargée, dans la consommation ou dans le travail.

Vivre l'instant présent, c'est aussi me mettre en communion avec tous les êtres humains qui ont les mêmes activités que moi. En ce moment, j'écris et je me relie à vous tous qui faites la même chose que moi : toi qui écris une lettre, un article pour un journal, un travail scientifique, toi qui corriges des copies, toi qui prépares une conférence, une émission de radio, toi qui fais tes devoirs, toi qui es secrétaire, toi qui écris un roman, toi qui tapes un rapport de police ; vous tous avez des points communs avec moi. A chacun de vous j'offre cet instant de ma journée et je m'unis à vous qui êtes en train de lire ces lignes et c'est une joie immense. Quant à toi, tu peux aussi te relier avec tous ceux qui lisent à cette minute.

Vivre l'instant, c'est prier pour ceux dont je vois les visages, pour ceux que j'ai croisés tout à l'heure dans la rue ou ceux qui me viennent à l'esprit. Je sais que certains prient pour moi. Je suis porté par les autres et je les porte.

Vivre l'instant, c'est me laisser prendre par une activité toute simple : je fais mes courses et j'accomplis cela de tout mon être, sans laisser mon âme s'obscurcir par les nuages que m'envoie mon psychisme ; c'est lui qui me détourne de l'instant ; c'est lui qui me fait retourner dans le passé par mes obsessions et c'est lui qui me projette dans l'avenir de tous mes désirs insatisfaits et de mes peurs.

Je m'établis dans le présent ; c'est là seulement que je puis me retrouver dans mon être. Je dis oui à tous les aspects de ma journée ; je m'unifie dans tout ce que j'entreprends ; en chaque instant je savoure l'éternité.

2

juillet

Briser les chaînes de l'hérédité

Bien souvent, nous sommes élevés dans la croyance qu'un bon petit garçon et une bonne petite fille font ce que papa et maman veulent. L'obéissance et la sagesse sont des qualités essentielles, à la seule condition qu'elles ne nous empêchent ni d'être fidèles à nous-mêmes, ni de faire le tri dans tout ce qui nous est transmis. Le discernement fait partie lui aussi d'une éducation cohérente, tout autant que l'obéissance et la sagesse. C'est lui qui nous éclaire sur ce qui est valable et ce qui ne l'est pas dans l'héritage familial. Sachons honorer nos ancêtres, les remercier pour leurs difficultés, leurs souffrances; sachons voir qu'une vie, quelle qu'elle soit, est unique avec ses essais, ses erreurs, ses épreuves, avec tout ce qui creuse les rides du visage et de l'âme. Respectons nos ascendants pour ce qu'ils ont accompli; regardons avec amour les joies et les peines de leur vie. C'est cela qui peut nous ouvrir le cœur et nous faire éprouver de la compassion pour ce qu'ils ont été, même si ce que nous avons reçu d'eux est encore une occasion de souffrance. Ce regard neuf sur eux dissoudra en nous le poison de la rancœur.

Mais il y a aussi des aspects de ma personnalité que je sens venir d'un héritage lourd dont j'ai envie de me débarrasser: par exemple, cette violence qui au départ dans le don de Dieu était une énergie créatrice, un dynamisme novateur, et qui est devenue dans ma famille un moyen de domination verbale ou physique.

Par exemple, cette tendance à l'alcool que j'ai connue chez mon père ou chez ma mère, ou chez mes grands-parents et que je retrouve en moi; ou bien chez mon conjoint à qui je reproche le moindre verre parce que j'ai le souvenir de ce que j'ai vécu et entendu dire dans ma famille. Ou bien encore, mon caractère soumis que j'ai vu chez l'un de mes parents, etc.

Ce que j'ai reçu peut être de l'ordre des traits de caractère, mais aussi des prédispositions à certaines maladies: à chaque génération se produira par exemple, un ou plusieurs cancers. A moi de briser les chaînes de l'hérédité. Il n'y a pas de vertu dans la répétition.

3 juillet

Les liens familiaux

Une relation très difficile avec ma mère peut entraîner chez moi une absence de désir d'enfant ou même – pourquoi pas – une stérilité. Cette éventualité pourrait signifier : « Je ne veux pas être une mère comme toi » ou « tu n'as pas été la mère que je souhaitais ». C'est pourquoi, si j'ai ce problème d'infertilité, il est utile que je m'interroge dans un premier temps sur la manière dont je me représente, moi femme, l'idée même d'être mère.

L'origine de certaines maladies peut se retrouver dans les liens familiaux lorsqu'elles sont les mêmes que celles qui ont emporté mon père, ma mère ou tel de mes grands-parents. Il est évidemment impossible de discerner si la répétition vient du patrimoine génétique de la famille, ou s'il s'agit d'un mécanisme psychologique inconscient, ou peut-être des deux à la fois. Par exemple, je peux me persuader, parce que j'ai entendu dire autour de moi que je ressemblais à ma mère que, fatalement, j'allais souffrir des mêmes maux qu'elle. Ma croyance peut me faire répéter un scénario familial, en particulier si j'ai des culpabilités vis-à-vis de mon père ou de ma mère. Un certain nombre de personnes peuvent, en quelque sorte, programmer leur maladie, et même l'âge de leur mort, comme si la mort de leur père ou de leur mère ou d'une personne proche, leur indiquait le moment de l'issue pour eux. Ou comme s'ils s'interdisaient de vivre plus longtemps que la génération précédente, par fidélité, par culpabilité, pour ne pas « faire mieux ». On a même vu des enfants s'arrêter de grandir à la taille de leur père ou de leur mère pour ne pas les dépasser, ce qu'ils auraient vécu inconsciemment comme un crime de lèse-majesté.

Que je me libère de ces fausses croyances : je ne vais pas avoir inéluctablement un cancer du sein, parce que ma mère en a eu un ; et je ne vais pas non plus obligatoirement mourir d'un infarctus comme mon père. J'ai le droit et le devoir de chercher les facteurs de risque que je pourrais éliminer dans mon mode de vie. Je n'ai pas de contrat familial à honorer, en tout cas, pas celui-là. Et il n'y a pas de prix à payer pour réparer la dette que je crois avoir contractée vis-à-vis d'un de mes parents. L'âge de ma mort n'est écrit nulle part.

J'ai le devoir de me débarrasser de ce qui me vient du passé familial et qui m'encombre, pour moi-même et pour ma descendance.

4
juillet

Notre corps parle

Après quarante ans, dit-on, on a le visage qu'on mérite. Cela signifie que les expressions dominantes de ma physionomie vont se marquer de manière indélébile ; et cela n'a rien à voir avec la beauté des traits, ni avec le nombre de rides. Une fois passé l'âge de l'extrême jeunesse, c'est la beauté intérieure qui vient au premier plan. Elle passe dans le regard, dans la mobilité des traits, dans quelque chose qui attire, qui rayonne et qui est sans doute en relation avec l'amour de la vie et fonction de la profondeur et de l'unification de la personne.

Si mon visage parle, mon corps lui aussi exprime ce que je ressens. Une attitude de découragement, de soumission face à l'existence, se révèle dans la démarche, l'allure générale, le timbre de la voix. Si j'ai de moi l'image positive de quelqu'un qui va au bout de ses projets, j'aurai sans doute une attitude plus dynamique que quelqu'un qui se sent très dévalorisé, très coupable.

Mon corps me renseigne également sur mes difficultés intimes, celles dont je ne parle pas ou que je refuse de m'avouer, par le biais des affections chroniques que je développe. Je ferai par exemple des poussées d'eczéma intenses à chaque fois que j'aurai des conflits intérieurs, des décisions difficiles à prendre. J'aurai des douleurs rebelles, comme cette personne qu'aucun dentiste ne parvenait à soulager et qui disait : « c'est mon mal de dents » ("dedans"). Je souffrirai du dos tant que je n'aurai pas dit à mon chef que je n'apprécie pas ses remarques désobligeantes et que désormais, elles ne m'atteindront plus. J'aurai des infections urinaires à répétition tant que je ne voudrai pas voir que je souffre dans ma sexualité, etc. « Les maladies sont les cris du silence », comme l'écrit Jacques Salomé[24].

Mon corps m'adresse des signaux relatifs à ma vie personnelle : est-ce que je sais m'occuper de moi avec bienveillance, avec amour ? Vais-je accepter de m'en « mettre moins sur le dos » ? Pourrai-je

---

24. Jacques SALOMÉ et Sylvie GALLAND, *Si je m'écoutais, je m'entendrais,* Éditions de L'homme, 1990, page 201.

rompre avec mon rôle de sauveteur ? Saurai-je me permettre des divertissements, des récréations ?

Il m'envoie également des signaux concernant ma vie relationnelle avec ma famille, mes amis, les frères et sœurs de ma communauté, mes collaborateurs, mes associés, mes voisins : est-ce que je sais accepter leur amour, leur sollicitude, mais est-ce que je sais tout autant refuser certains envahissements ?

J'apprends à ne pas négliger les avertissements qu'il me donne, afin de faire les changements nécessaires dans ma vie pour retrouver la santé de l'âme et du corps.

5
juillet

J'accueille mes limites

J'aime rendre service à tout le monde : faire les courses de la voisine, rester une heure au téléphone avec cette amie dépressive, garder mes petits-enfants lorsque leurs parents me le demandent, recevoir à midi tel de mes enfants – voire tous à la fois – donner beaucoup de mon temps dans des activités paroissiales multiples. Mais je sens bien par moments que ma disponibilité a des limites : je dors mal, je suis de mauvaise humeur en me levant, j'ai souvent des problèmes de santé sans gravité, mais mon mari me fait remarquer que je suis tout le temps chez le médecin. Je n'accepte pas facilement qu'il me reproche de tout accepter des autres. Je crois que je me suis persuadée qu'il était de mon devoir d'être toujours disponible. Seulement, quand je suis trop fatiguée, c'est contre mon mari que je manifeste mon mécontentement et lui aimerait tant que nous passions plus de temps ensemble.

Tu as sans doute reçu de tes parents l'injonction « fais plaisir ». Tu ne te donnes pas le droit d'avoir du temps pour toi et tu penses que tu seras plus aimée si tu te comportes ainsi, comme ton éducation te l'a montré. Finalement es-tu bien sûre de t'aimer suffisamment pour te donner à certains moments le droit de vivre rien que pour toi ? Qui es-tu ? Où es-tu ? Ne serais-tu pas en train de te dissoudre dans les autres ? Où se trouve ton être ? Est-ce que tu le nourris de temps de ressourcement ? Ta générosité est très belle, mais elle est en train de t'engloutir.

Vois tes limites, accueille-les, respecte-les et fais les respecter.

6
juillet

J'écris une lettre symbolique

Si j'ai toujours des rancœurs contre mes parents avec lesquels toute discussion est devenue difficile soit parce qu'ils sont trop fragiles, soit parce qu'ils sont fermés à tout dialogue, ou impossible parce qu'ils sont morts, je peux encore leur écrire une lettre symbolique.

J'écrirai en m'adressant à eux ou à un seul d'entre eux : celui par lequel je pense avoir le plus souffert. Je n'oublierai pas pour autant l'autre parent dont l'influence négative a pu être plus subtile. J'écrirai comme cela me vient, sans vouloir faire de la littérature. J'expliquerai combien j'ai souffert de certaines dominations, ou de négligences, de violences verbales ou physiques, d'humiliations publiques, ou d'indifférence ; je raconterai mes souvenirs les plus douloureux. Ensuite, je fermerai cette lettre et je ne l'enverrai pas. Je l'offrirai à Dieu ou à un saint avec lequel je me sens en affinité, puis je la brûlerai. D'avoir écrit tout ce que j'avais sur le cœur peut me donner un incroyable sentiment de libération. Même si je ne me sens pas encore délivré, cet acte m'aidera à clarifier mes sentiments négatifs vis-à-vis de mes parents et me donnera l'occasion de les faire sortir de moi. Symboliquement, je me débarrasserai de tout ce qui m'encombre en l'écrivant.

Ensuite, pour me sentir en paix, je pourrai rédiger une autre lettre dans laquelle je remercierai mes parents pour tout ce qu'ils sont profondément et tout ce qu'ils m'ont transmis de positif ; et je saurai m'en réjouir.

7

juillet

L'autonomie

Être autonome, ce n est pas seulement s affranchir de la dépendance financière de ses parents ou de son conjoint. Être autonome, c'est parvenir à vivre d'abord pour soi en sachant s'aimer, se faire du bien tout en allant vers une croissance intérieure ; c'est ce qu'on pourrait appeler en quelque sorte devenir une bonne mère, un bon parent pour soi. Cela peut paraître le comble de l'égoïsme à certains, mais si je ne suis pas capable de m'aimer, de supporter mes difficultés matérielles, physiques ou morales, comment puis-je prétendre aider les autres ?

Acquérir son autonomie n'est jamais fini, puisque nous ne sommes jamais complets, jamais achevés. La recherche de l'autonomie certes, passe par l'indépendance affective et financière, mais elle se tient parfois sur des terrains où j'ai du mal à voir que je souffre d'une dépendance excessive ou d'une fidélité à des agissements qui ne correspondent pas exactement à ce que je suis. Si mes comportements dans ma profession, dans mes relations affectives ou amicales, si mon hygiène de vie ne sont qu'une répétition de modèles familiaux, c'est que j'ai toujours des dépendances et que je n'ai pas encore découvert ma valeur personnelle, mon être intérieur. Le travail d'introspection me fait toucher ce qu'est le sens de ma vie, ce que je veux en faire, et non pas ce qu'ont rêvé mes parents pour moi.

Je commence par choisir mon hygiène de vie, mon alimentation. Ensuite, je verrai mieux ce qui est déposé au fond de moi et qui est ma vérité. Il me faut abandonner les habitudes comportementales qui m'ont été inculquées par ma famille pour découvrir le mode d'existence qui est véritablement le mien.

Je me libère de ce qu'il y a d'excessif dans ma vie, mais aussi des justifications qui me font persister dans mes mauvaises habitudes. Je m'en débarrasse, je ne veux plus me faire du mal, ni faire souffrir mes enfants qui pourraient agir comme ils m'ont vu faire, puisque je suis leur premier modèle.

8
juillet

Merci papa, merci maman, mais cela suffit !

Mes chers parents, je vous remercie pour toutes les valeurs que vous m'avez transmises à travers ce que j'ai vu de vous, de votre manière d'envisager la vie. Ce ne sont pas vos discours moralisateurs qui m'ont enseigné quelque chose de la vie, c'est surtout ce que vous en avez fait. Je vous ai beaucoup regardés et parmi tout ce que j'ai reçu, j'ai conservé avec bonheur tout ce qui me convenait pour l'enrichir et le transmettre, et j'ai rejeté ce qui ne me correspondait plus. Cela vous chagrine sans doute de voir que je ne colle pas parfaitement à ce que vous aimeriez que je sois. Si je vous écris aujourd'hui, c'est parce qu'il m'est plus facile de m'exprimer de cette manière ; ainsi, je suis sûr de ne pas m'emporter, alors que cela ne manquerait pas d'arriver si nous étions ensemble et que l'un d'entre nous ait une parole malheureuse.

Je n'ai plus besoin de vos conseils, ni de vos remarques concernant la façon dont je vis dans mon foyer et dont j'élève mes enfants. Je ne sollicite pas votre approbation sur le choix que j'ai fait d'une vie monastique, ou sur ma décision de quitter ce travail prestigieux qui vous flattait mais qui ne m'apporte plus rien. Je fais mes choix, que vous les approuviez ou non. Je me réjouirai pour vous s'ils vous agréent, mais je n'en changerai pas pour vous faire plaisir.

Cher papa, chère maman, cela suffit ! Je suis capable de prendre ma vie en charge ; même si vous me répétez sans arrêt que je n'arriverai jamais à assumer un loyer, mes factures etc. Je comprends bien que vous aimeriez me garder toujours auprès de vous, mais sans doute avez-vous peur de ce vide énorme qui vous guette lorsque je serai parti. Ce vide, c'est celui qui s'est installé dans votre couple et que je ne suis pas chargé de combler. J'ai ma propre vie à construire et j'ai fini de l'aliéner à la vôtre pour le seul plaisir de vous voir satisfaits. J'ai grandi, mais je n'ai pas fini de grandir et pour cela j'ai un besoin urgent de vous quitter. Je vous aime toujours, mais j'ai découvert que je me devais d'abord à moi-même et qu'en étant moi-même je me sentais plus proche de Dieu et en harmonie avec Sa Volonté.

9
juillet

Les compensations

Je mange trop, je fume, je parle à tort et à travers, je travaille trop, je fais des collections, je n'arrive pas à jeter, je garde tout, je dépense sans discernement, je suis tout le temps dans ma tête à ressasser les mêmes idées. Je remplis le vide de mon cœur en avalant tout avec gloutonnerie : je mange trop de télévision, trop d'informations, je dévore des romans et aussi mes enfants. Je mangerais n'importe quoi tellement j'ai faim d'amour. Je suis « madame vorace » ou « monsieur glouton ».

J'ai besoin de me sentir admiré pour être heureux ; j'attache une importance démesurée à mon apparence ; j'ai besoin d'être regardé, envié, entouré, sinon je vais mal, je me sens vide, non reconnu, autant dire inexistant.

Si, à l'instant même, je me laissais regarder par Jésus, si je l'écoutais murmurer mon prénom avec amour, peut-être aurais-je l'inspiration de me tourner vers ce qui peut m'aider à opérer un changement intérieur, une conversion : comme de voir un prêtre, un soignant, d'aller dans un lieu de guérison. J'ai besoin de me rassasier d'autre chose que de nourriture, de drogues ou de considération.

Pour que je puisse arrêter toutes mes drogues, jeter ces cigarettes, cesser de boire, arrêter les collections, en finir avec cet intellectualisme qui m'éloigne de ma profondeur, avec ce donjuanisme et cette sexualité débordante, j'apprends à m'ouvrir à l'amour de ceux que je côtoie, aussi imparfait que me semble cet amour.

Que je sache me laisser aimer par mes proches, en me montrant vulnérable à mon tour, en accueillant leur aide, en acceptant de voir que moi aussi j'ai besoin d'eux et en le leur manifestant.

10 juillet

Je bois

Je bois, parce que depuis que je suis tout petit, j'ai soif. Aujourd'hui je bois deux ou trois litres de vin par jour en cachette et j'ai honte.

Eh bien, bois ! Mais bois devant Dieu ! Va dans une église et bois dans les bras de Dieu. Lorsque tu le fais, fais-le avec Lui, car Il connaît tes blessures. Il sait que tu n'as pas reçu l'eau de Vie dont tu avais besoin : l'eau de la vraie vie, les paroles d'amour, les gestes de tendresse, l'unité que tu voulais voir entre tes parents. Tu as été blessé dans ton corps, dans ta sexualité, dans tes sentiments, dans ta confiance et tu bois. Depuis toujours tu as soif. Tu as soif d'une autre vie, tu as soif d'absolu, tu as soif de la Vie que Dieu donne en source abondante. Tu bois, parce que tu n'as pas encore pris conscience de cette source qui t'habite.

Des associations peuvent t'aider parce que leurs membres ont connu la dépendance à l'alcool tout comme toi. Ils peuvent t'assister, te soutenir, te protéger de toi-même. Tu ne pourras te sentir vraiment compris que par quelqu'un qui est passé par les mêmes épreuves que toi.

Tu bois parce que tu as soif. Découvre en toi l'enfant de lumière et cette source inaltérable que l'Esprit Saint a mise en toi. « *Celui qui boit de cette eau n'aura plus jamais soif* »[25], a déclaré Jésus, ce Jésus qui te dit aujourd'hui comme à la Samaritaine : *« Donne-moi à boire ! »* [26]

25. Jean 4, 14.
26. Jean 4, 7.

11

juillet

Je mange trop

Dès que cela ne va pas, je vais acheter des gâteaux, des bonbons, des sucreries de toutes sortes. J'ai un réfrigérateur plus que bien rempli. Je fais très souvent des courses pour avoir toujours de quoi me nourrir, ou plutôt me remplir parce qu'en moi il y a un manque. Je le comble en mangeant. Je me sens vide affectivement, parce que je ne me suis pas sentie suffisamment aimée lorsque j'étais petite et que, privée d'affection depuis toujours, je ne sais pas laisser l'amour des autres venir vers moi. Comme je ne connais pas ce sentiment, cela me fait peur et je le fuis. Je crois aussi que le fait d'avoir un excès de poids me protège du désir des hommes. Je me construis un rempart pour que toute cette graisse qui m'entoure me dissimule, mais en réalité, je souffre aussi à cause du volume de mon corps qui ne passe pas inaperçu. Je me sens si fragile et je ne m'aime pas.

J'ai à découvrir la possibilité qui m'est offerte de me remplir d'une autre nourriture. Je me laisse guider vers les autres et je reçois l'amitié, la tendresse, la chaleur qui me manquent et qui peuvent m'aider à combler cette vacuité intérieure.

Jésus a dit : « *Je suis le pain de vie, le pain vivant venu du ciel.* »[27] Je comprends que ce n'est pas seulement de nourriture terrestre que j'ai besoin, mais de bien autre chose. J'aspire à une nourriture affective, spirituelle, intellectuelle, physique. Je découvre les bienfaits que je reçois à prendre soin de mon corps en suivant un rythme régulier de sommeil, de repas, d'exercice, au lieu de mépriser mon corps, de négliger mon aspect physique et de me faire du mal.

Je veux retrouver un corps sain, un esprit sain et un psychisme libéré.

---

27. Jean 6, 51

12 juillet

Connais-tu tes drogues ?

L'adolescent qui se drogue s'en justifie très souvent en disant que tout le monde le fait, que ce n'est pas grave parce qu'il n'est pas dépendant et qu'il peut s'arrêter n'importe quand. Le risque est celui d'un engrenage vers la recherche de substances aux effets de plus en plus marqués lorsque ceux des drogues plus légères se sont amenuisés. La dépendance devient donc de plus en plus grande.

Pour pouvoir aider nos adolescents, mettons-nous sur un terrain semblable : afin de pouvoir les accompagner de façon crédible, il est indispensable que nous trouvions la manière de nous libérer de nos propres dépendances.

Est-ce que tu vois tes propres drogues ? Le sexe, la vitesse, l'encombrement mental, le travail, les distractions dans lesquelles tu fuis, la télévision que tu ne sais pas éteindre, tes collections, tes excès alimentaires, l'alcool, la cigarette, tes achats compulsifs, cette personne dont tu es obsédé : tout ce qui fait tes dépendances. Il est d'autres drogues plus subtiles, comme la critique des autres ou les jeux de domination dont tu n'arrives pas à te passer.

Si tu veux aider ton enfant, ton adolescent à sortir de la drogue, prends d'abord conscience de tes drogues afin de pouvoir vraiment l'aider.

13

juillet

J'ai en moi tout ce que je reproche aux autres

Notre vie changerait si nous comprenions que tout ce que nous reprochons aux autres, tout ce que nous critiquons chez eux, tout ce que nous ne supportons pas en eux, est en nous également. Si nous l'admettions, cela nous permettrait d'aborder les autres d'une autre façon. Sans doute ce défaut que je vois chez lui existe réellement, mais s'il *a* cela en lui, il n'*est* pas cela. Par exemple, cette personne qui m'irrite tant parce qu'elle est froide, distante, me met mal à l'aise parce que j'ai aussi ce comportement à certains moments. Si je *ne suis pas* cela, pourtant, je l'ai en moi ; et c'est pour cela que je le vis si mal.

Si j'avais résolu chez moi le défaut de domination que je reproche à mon ami, à mon frère, à mon patron, à tel politicien, je ferais les remarques que j'estime nécessaires avec beaucoup de doigté, de délicatesse, de patience. Mais si je le fais avec véhémence, avec une réaction de colère disproportionnée, c'est que ce problème n'est pas réglé en moi.

Je peux connaître mes blessures et mes défauts, à travers ce que je reproche aux autres, à travers les endroits où je les critique, où je les juge, à travers ce qui m'irrite en eux et dans tout ce qui va faire monter en moi des réactions trop fortes.

Ce serait tellement plus vrai et plus facile à accepter si j'abordais mon frère en lui disant : j'ai quelque chose à te dire ; tu as fait ceci et je l'ai mal supporté, parce que cela résonne douloureusement en moi et que cela ravive tel souvenir de mon passé. Voilà ce qui me donnerait une grande tolérance.

Ce que je reproche aux autres est aussi en moi.

14
juillet

Les bénéfices de ma souffrance

Toute souffrance est digne d'être entendue, accueillie, en particulier par ceux qui ont fait le choix d'une profession de soignant. C'est vrai qu'il existe des souffrances physiques ou morales extrêmes. Cependant, laissons-nous éclairer sur le sens de certaines d'entre elles. Cette douleur qui revient de façon lancinante n'aurait-elle pas une signification qui m'échappe actuellement ? Quel bénéfice ai-je à être malade aujourd'hui ?

Par exemple, je travaille beaucoup et je ne sais pas ou je ne veux pas décider de m'arrêter ; chaque fois que j'arrive à saturation dans mon travail, par le plus grand des hasards c'est mon dos qui va m'obliger à m'arrêter par des douleurs paralysantes. Je ne peux pas le décider parce que je me sentirais coupable de prendre du bon temps, et c'est mon blocage physique qui me donne par ce coup d'arrêt, le droit et l'injonction de me reposer.

Dans d'autres circonstances, je vais collectionner les opérations comme d'honorables blessures de guerre, parce qu'elles me procurent une raison de vivre, une occupation, un sujet de conversation, une gloire, de la sympathie, de la compassion. Il est vrai, quand j'étais petit, je ne devenais intéressant et n'étais choyé que lorsque j'étais malade. L'habitude est donc prise de me rendre aimable en étant souffrant.

Pensons aussi aux bénéfices apportés par une maladie « providentielle », par exemple vis-à-vis d'un endettement qui pourra être pris en charge par une assurance ; combien de personnes endettées et ne pouvant plus faire face à leurs remboursements choisissent inconsciemment la maladie comme solution ?

Que je prenne conscience du bénéfice caché que je trouve à être malade, lorsque je reçois par exemple une reconnaissance particulière de mes proches, ou bien une aide compréhensive de la part des soignants et que je suis tenté de me maintenir dans cet état de dépendance.

Ce pourrait être pour moi une des manières d'envisager la suppression - ou du moins l'allégement - de ma souffrance que de ne pas la voir seulement comme une fatalité contre laquelle je ne peux rien, mais de l'avouer aussi comme un avantage que je cultive plus ou moins consciemment. Si les soignants n'arrivent pas à comprendre mon cas, ni à me rendre la santé, et c'est bien souvent ce que je leur reproche, n'est-ce pas parce qu'une partie de moi s'y oppose ? *Tout moi* veut-il la guérison ?

15
juillet

Les sabotages

Je reconnais que je peux mettre en place des sabotages pour me faire échouer dans une de mes résolutions. Si j'ai pour habitude de penser que je rate toujours tout ce que j'entreprends, je peux inventer n'importe quelle bonne raison pour reprendre ma vieille habitude et me mettre des peaux de banane pour me faire tomber au moment opportun.

Pour réussir à arrêter de fumer, il faut que j'aie bien vu au départ ce que je vais y gagner: quel sera le bénéfice pour moi, pour ma santé, pour ma vie, pour mon bébé, pour mon entourage. Il est nécessaire que j'aie également une forte motivation, parce que la peur à elle seule n'est pas suffisante.

L'important ensuite c'est de valoriser tout progrès. Si je fumais auparavant deux paquets de cigarettes par jour, il est normal que je ressente par moment une violente envie de fumer. Ce qui était malheureusement devenu naturel pour moi, c'était de fumer; et ce qui ne m'est pas encore habituel, c'est de fumer moins. C'est pourquoi, au lieu de me dire: «aujourd'hui j'ai encore fumé trente-sept cigarettes, je n'arrive pas à tenir ma décision, je suis nul et je n'y arriverai jamais», je vais dire: «Formidable! J'ai fumé trois cigarettes de moins aujourd'hui; demain j'en fumerai trente-cinq et après-demain encore moins». Certains le feront progressivement par la valorisation des réussites, d'autres y arriveront par une décision brutale. Mais dans ce cas il faut que «tout soi» le désire et que toutes les conséquences en soient acceptées.

Tout en gardant bien en vue l'objectif à atteindre, il est important de s'encourager, de se récompenser et d'accepter la rechute éventuelle afin de mieux repartir. Le sabotage consisterait à vouloir tout réussir du premier coup et de se décourager à la première difficulté. On dit qu'un homme averti en vaut deux, alors après avoir pris une décision de changement, je visualise les obstacles que je pourrais mettre en place comme j'ai eu l'habitude de le faire: oubli de ma décision, minimisation de son intérêt, report de la décision à plus tard, croyance à l'impossibilité de réussir, découragement, etc. Je vois les pièges et je décide de la façon dont je vais agir pour ne pas y tomber.

16 juillet

De l'autopunition à la contrition

Je me fais des reproches : je me punis sans cesse ; je suis en lutte contre moi. Je m'aveugle dans une culpabilité névrotique qui me détruit. J'ai du mal à faire la différence entre culpabilité et contrition et j'ai tendance à m'enliser dans la première. La culpabilité est un sentiment négatif dans lequel je m'enferme : je me fais payer, parfois durant toute ma vie, les fautes du passé. La contrition est un regret positif qui débouche sur un désir de changement.

Prisonnier de ma culpabilité, je suis comme la clé du conte « Barbe Bleue » sur laquelle le sang ne s'efface jamais. C'est comme s'il y avait du sang dans ma vie et c'est d'autant plus terrible que je ne sais même pas d'où il vient. Alors, je nettoie tout, j'astique, je suis obsédé par la propreté, je me lave plusieurs fois par jour parce que je crois qu'il y a une tache indélébile en moi. J'essaie d'être parfait parce que je me juge négativement depuis longtemps. Je ne veux rajouter ni des fautes à toutes celles que je me reproche déjà, ni des occasions d'être jugé. Je veux que tout soit bien à sa place dans ma maison, je veux être irréprochable dans mon aspect extérieur ou dans mon comportement.

Et puis, un jour, arrive une difficulté. Je traverse une année difficile, des moments de désolation, un chagrin, une séparation. Là, je distingue enfin avec mon cœur ma vraie responsabilité et je pleure. Je pleure devant tant de souffrances créées par moi. Je vois ma part exacte de responsabilité, si tout ne vient pas de moi. Je ne joue plus à la victime ni au persécuteur. J'ai mal au cœur, je sens un déchirement dans ma poitrine et je crie « au secours ». C'est dans ce déchirement, cette contrition que je sentirai le besoin d'être sauvé et que je pourrai rencontrer Dieu.

Avec toutes mes culpabilités accumulées, j'ai été mon propre persécuteur et celui des autres ; je n'ai rien compris à mes difficultés de couple et j'ai préféré accuser l'autre ; maintenant, je reconnais que mon mari est parti aussi parce que j'étais bloquée sexuellement ou que je ne m'intéressais pas à son travail. Aujourd'hui nous sommes en conflit et nos enfants en souffrent.

J'ai refusé le décès de mon enfant et je me suis coupé de mes amis, de ma famille en les accusant de me laisser tomber ; je me suis mis à boire. Quel gâchis ! Et cette contrition me conduit à prendre des décisions de changement ou de travail sur moi, parce que cela ne peut plus durer ainsi.

17
juillet

De la contrition à la décision

Seigneur, je te donne toutes mes culpabilités, elles ne me servent plus à rien. Sous ton regard aimant, je n'aurai plus aucune complaisance avec elles. Si je les sens venir, monter en moi et m'envahir, alors je dirai : « stop ! Je n'en veux plus », quand bien même j'aurais observé cette attitude coupable chez mon père ou ma mère. Apprends-moi maintenant à vivre autrement. Je ne peux plus en vouloir éternellement à mes parents à cause de mes souffrances passées ; c'est pourquoi je Te choisis Toi, le charpentier de Nazareth, comme père et mère : tu vas me charpenter, me structurer, pour que j'aie la force de prendre des décisions. Avec Toi, Jésus, Toi qui me sauves et qui m'accompagnes, je tiens mes résolutions. Il y a des chutes, mais peu importe ! Je suis là pour apprendre ! J'ai le droit de me tromper et j'avance pas à pas.

La cassette vidéo que je passais et repassais autrefois dans ma tête, m'occupait à plein temps et m'évitait de changer. Je m'en suis débarrassé. Au lieu de ressasser ce que j'avais fait ou que j'aurais dû faire, j'ai pris une décision avec mon *adulte*. A l'instant même, j'ai transformé mes culpabilités en action.

Je ne me suis plus contenté de constater ce qui n'allait pas, j'en ai tiré la leçon et j'ai pris une décision.

18

juillet

Sortir des habitudes

Lorsque nous sommes confrontés aux difficultés de nos adolescents tentés par la drogue, par l'alcool, par les sorties nocturnes répétées, par la vitesse qui leur fait prendre des risques sur la route, nous nous apercevons combien il est difficile de les sensibiliser aux conséquences de leurs actes.

De la même manière, je comprends mieux qu'il puisse être difficile à Dieu d'intervenir dans ma vie pour m'aider à me débarrasser d'habitudes anciennes et solidement ancrées. Tout simplement parce que moi aussi, j'ai du mal à voir les conséquences à long terme de mes vieilles routines ; ou du moins, si je les entrevois, je me dépêche de les oublier et je me trouve de bonnes raisons de continuer à me nuire de façon plus ou moins délibérée, parce que mes habitudes sont rassurantes et même, elles ont sur moi un effet de consolation. C'est pourquoi je peux comprendre que les changements chez moi, chez nous tous, soient difficiles à mettre en œuvre.

Quels sont les comportements néfastes que j'ai depuis longtemps dans mon hygiène de vie : je me couche trop tard, je mange de façon irrégulière en grignotant à toute heure, je ne fais aucun exercice physique ? Comment puis-je envisager un changement qui soit progressif, qui ne soit pas trop frustrant et qui soit adapté à ma vie quotidienne ?

Qu'est-ce que j'aimerais changer dans mes relations avec les autres : cette habitude de fuir les confrontations, les échanges, ce caractère trop soumis, trop gentil, ou trop rebelle, cette tendance à la médisance, à la méfiance perpétuelle ?

Ces habitudes m'alourdissent et ont des conséquences à long terme sur ma santé. Je peux admettre volontiers que les abus alimentaires ou les toxiques peuvent m'exposer à des conséquences physiques, mais je le conçois moins bien lorsqu'il s'agit de mes difficultés psychologiques ; et pourtant quand tout va mal dans mon mental, bien souvent c'est dans le corps que je vais l'exprimer.

Alors acceptons sans nous justifier, sans nous culpabiliser, de voir en face les penchants dont nous aimerions nous débarrasser.

Je me suis laissé emprisonner par cette habitude et j'en souffre. Je ne me laisse pas remplir de culpabilité : cela ne sert à rien. Je décide de changer et je tiens ma décision jour après jour.

19
juillet

Etablir des contrats

Pour réussir un changement ou faire aboutir un projet qui me tient à cœur, j'ai à établir un contrat avec moi-même. Si je désire par exemple, moi adulte, apprendre à jouer d'un instrument de musique, j'ai à tester d'abord la profondeur de ma motivation en voyant si je suis capable de travailler chaque jour. Si je commence à me dire que je n'aurai pas le temps de le faire, c'est que ma motivation n'est pas suffisamment mûrie et que ce désir n'est pas vraiment le mien. Je sais que cet apprentissage se fera dans la durée, qu'il me demandera beaucoup de persévérance.

Je comprendrai rapidement qu'il me faudra rentrer dans l'humilité de n'être d'abord qu'un apprenti musicien malhabile, gauche, honteux de ses insuffisances, face à quelqu'un qui lui, possède de la pratique de son instrument tout ce que je voudrais avoir. Si les difficultés de l'apprentissage me mettent en face de tous mes autres problèmes, de mes blocages dans des circonstances différentes, de ma peur du changement ou du jugement des autres, elles me font aussi comprendre chez mes frères leurs appréhensions, leurs fermetures, leurs inhibitions ; et cela c'est un enrichissement.

La découverte de soi qu'implique un apprentissage difficile ne se passe pas sans l'abandon des illusions que j'entretiens sur moi. Au fur et à mesure que j'avance dans cette découverte, je peux être tenté mille fois de m'arrêter, tellement je souffre de me voir ainsi. Je peux alors justifier un abandon éventuel en me persuadant que je suis ridicule à mon âge d'entreprendre cela et que je n'y arriverai jamais. Mais si j'abandonne, je n'aurai que l'amertume de l'échec ; alors que si je continue, je souffrirai encore certes, mais les moments de joie viendront amoindrir les tourments. Donc je reprends mon contrat, je regarde le travail accompli, l'investissement de temps et d'argent qu'il m'a déjà demandé, les enrichissements apportés, la progression dans ma pratique de l'instrument, les progrès dans la connaissance de moi. Au bout du compte, le bilan est positif, alors je ne me fixe pas sur ce qui est douloureux et j'avance pas à pas.

Tous les contrats que je passe avec moi-même sont du même type : si je désire apprendre une langue étrangère, si je désire perdre du poids ou arrêter de boire, j'aurai des moments de souffrance, de doute sur moi, des envies de tout lâcher ; mais si je m'accroche surtout à ma motivation initiale, aux bénéfices escomptés qui étaient à l'origine de ma décision, alors je reprendrai courage et j'avancerai pas à pas J'accepterai les chutes et je me relèverai.

20
juillet

Pas de généralisation !

Combien notre vie serait transformée si nous apprenions, quand nous sommes en situation de conflit, à décrire ce qui se passe réellement, sans y mettre de l'exagération. Ce ne sont pas : « Les jeunes, les hommes ou les femmes sont des… » ou « Le monde d'aujourd'hui est.. » ou « L'entreprise où je travaille est… » ou « Cet homme est un…». .

Toutes ces généralisations n'ont pas de sens. Je dirai plutôt : « Hier à telle heure, telle personne a dit ceci » ; « Aujourd'hui, à tel moment, telle personne a fait cela ».

Apprenons à dire les mots de la réalité. A partir du moment où je reste dans le réel, où je décris des faits, je suis sûr d'être compris et de ne pas faire pousser les germes d'un conflit comme le ferait une phrase maladroite, accusatrice. Si je dis : « Hier à seize heures, Geneviève m'a dit telle chose », je verrai mieux quoi faire avec Geneviève. Rester dans le réel permet de déboucher sur une solution. Mais si je dis : « Les femmes sont, Geneviève est une... » ou bien « Je ne vaux rien, parce que Geneviève m'a critiqué », je dramatise et cela fait ressortir toutes les blessures de ma vie ; je sors donc de la réalité. Je rentre dans le psychisme qui amplifie, qui dramatise, qui juge sans nuance et je ne débouche sur aucune solution.

Bien au contraire, je reviens à ce qui est, je décris des faits, je ne porte aucun jugement. La solution est contenue dans la manière que j'aurai de m'exprimer ; si je le fais avec précision, Geneviève ne se sentira pas niée dans son être, ni dans tout ce qu'elle dit d'une façon générale, mais seulement contestée dans ce qu'elle m'a déclaré hier à seize heures.

21
juillet

Dire de façon courte

Je te parle et toi, au bout de quelques instants, tu te déconnectes. Je parle trop, je te submerge, non pas pour t'envahir, mais parce que je me persuade qu'après m'avoir entendu, tu ne pourras que m'aimer ou m'admirer davantage; je tiens des monologues ininterrompus tellement je suis sous pression et aussi parce que j'ai peur que nous restions en silence ou bien que ce soit toi qui m'imposes la conversation. En réalité, je vois bien que tu ne m'écoutes plus, que tu es ailleurs. J'ai à apprendre à me taire, à écouter l'autre, à accepter que ce soit lui qui ait quelque chose à dire. J'apprends à parler avec sobriété. Quand Dieu parle, c'est une parole toute simple, toute courte.

Il est important que je sache m'exprimer de façon concise avec mes enfants. Ils se souviendront d'autant mieux d'une de mes paroles qu'elle correspondra vraiment à ce que je suis et à ce que je vis. Les discours moralisateurs, cérébraux, les lieux communs, les phrases mille fois entendues et mille fois répétées, mes enfants ne les entendront pas.

Dans mon cœur, j'ai une parole pour toi, mon enfant, mon ami, mon frère. Elle est simple, elle est légère, elle ne t'encombre pas, elle est libérante, ressourçante, rafraîchissante.

C'est une parole de vie qui respecte ta capacité d'écoute à cet instant et qui tient vraiment compte de toi.

22 juillet

Plus – moins – plus

Si j'ai quelque chose de négatif à te dire à toi, mon ami, mon employé, mon enfant, j'ai d'abord à savoir t'accueillir en ayant pour toi des paroles positives ; et lorsque j'aurai exprimé le négatif qui peut-être pourrait te blesser, je veillerai à te soutenir en te montrant ma confiance en te disant que moi aussi j'ai des insuffisances et que je les vois, et en jetant les bases d'une attitude plus constructive. Plus, moins, plus.

Même si notre relation ne dure que quelques minutes, le début et la conclusion sont capitaux et doivent être positifs. J'ai à dire des mots qui exprimeront que tu es important pour moi ; et même si j'ai l'air de passer à l'attaque, je ne veux pas t'atteindre dans ton être, car je te respecte.

Si mes paroles montrent que je vois tes qualités, que je vois tes efforts, que je connais les difficultés de ta vie, alors tu seras en mesure de recevoir plus facilement ce que j'ai à te dire et que je n'ai pas aimé dans ton comportement, ce qui a eu des conséquences fâcheuses dans notre travail, dans notre collaboration, ou ce qui m'a fait mal. Mais si je te le dis, c'est bien en pensant que tu peux en tirer quelque chose de positif ; alors je fais attention à la manière de te le dire : plus, moins, plus ; et je souligne ce que j'apprécie en toi. Une parole négative ou délicate doit toujours être précédée et suivie d'une parole positive, encourageante.

Je fais avec toi comme j'ai envie que tu fasses avec moi. Je ne relève le négatif, sans dramatisation, que si je suis capable par ailleurs de te dire le positif, de mettre en relief ce qui va bien, ce qui est réussi et de valoriser les progrès.

23

juillet

Dire *je*

Au lieu de parler sur les autres, lorsqu'ils sont absents, au lieu de ressasser les jugements négatifs que je porte sur toi, ce que j'ai à te dire, j'irai te le dire directement. Ce sera un *je* qui s'adresse à un autre *je*.

Je ne te critiquerai pas devant les autres. J'ai à respecter ta fragilité et ta fierté et à garder bien présente en moi la règle d'or du silence : si j'ai un reproche à te faire et que je n'aie rien d'autre à te dire de positif, il est préférable que je me taise.

Je ne te dirai pas : « on, nous, tout le monde pense que... » Je commence ma phrase par *je*. La parole doit venir d'un *je* humble : « je crois, je pense que..., je te vois comme cela. » Ce n'est pas un *je* écrasant qui prétend détenir la vérité. Je n'énonce pas *la* vérité, mais plutôt *ma* vérité et je reconnais que je peux me tromper à ton sujet. Je m'adresse à toi qui es un autre *je*, qui peux refuser ce que je dis. Je dis ce qu'il est important pour moi que tu saches ; je ne sais pas si c'est vrai et je te reconnais le droit de penser autrement.

Je te demande seulement de m'écouter ; tu filtreras après.

J'ai à trouver le bon moment et la bonne façon de te parler. Le bon moment pour moi et aussi pour toi : ce ne sera pas quand je suis le plus fatigué ou le plus énervé, ni celui où tu ne seras pas disponible pour m'entendre.

Le *je* est humble ; ce n'est pas le *moi-je* qui domine ou qui n'en pense pas moins ; c'est le *petit je* qui s'exprime simplement et qui écoute les autres de la même façon.

24
juillet

J'accepte les conséquences de mes choix

Lorsque je fais un choix, cela suppose que je doive abandonner d'autres possibilités. Tout choix implique un renoncement à autre chose. L'orientation que j'ai prise va m'exposer secondairement à des conséquences heureuses et à d'autres forcément moins agréables, moins faciles. Je risque alors de regretter d'avoir fait ce choix et de parer de qualités idéalisées les possibilités que j'ai laissées de côté.

J'ai choisi une profession de soignant; j'avais à l'époque de ce choix des potentialités qui auraient pu m'orienter, par exemple, vers une carrière plus littéraire. Or cette activité que j'exerce m'apporte beaucoup de joies, me donne des satisfactions professionnelles et me permet d'exprimer ce que je suis en profondeur. Voilà résumées les qualités palpables et vérifiées chaque jour, de ce choix. Or, je pourrais n'en voir que les difficultés – et il y en a – et m'y complaire et me lamenter en disant que j'ai de plus en plus de travail, que sur le plan professionnel strict il y a de plus en plus de contraintes et d'exigences, que je n'ai pas beaucoup de reconnaissance parfois eu égard au temps que j'ai passé avec certaines personnes, que je suis parfois exposé(e) à des récriminations, des insatisfactions ou de la désinvolture. Mais je peux aussi comprendre que toute situation a sa part de positif et sa part de négatif et accepter le choix que j'ai fait avec toutes ses conséquences: celles qui me donnent du bonheur et celles qui pourraient être sources de découragement.

D'une manière générale, lorsque je choisis une orientation, – et cela s'applique tout autant à d'autres choix comme celui d'une vie consacrée, d'une vie de couple ou d'une vie de célibataire – j'ai à bien comprendre que toute option de vie a sa part de frustrations, de désillusions, de déceptions.

A moi de garder bien présentes à l'esprit les raisons premières de mon choix, afin de pouvoir avancer malgré ma lassitude avec le soutien de cet éclairage positif.

25
juillet

Reconnaître ses erreurs

Si l'on utilise le langage de la psychologie, on dit : « reconnaître ses erreurs, remettre les compteurs à zéro, tourner la page » ; et si l'on prend celui de la spiritualité, on dit : « pardonner et se pardonner ».

Dans la spiritualité chrétienne, la reconnaissance de la faute s'accompagne de la joie de se savoir pécheur et pardonné. Si je vis cette joie, alors je n'ai plus peur de parler de péché lorsque je sens que mes agissements et mes paroles ne sont pas appropriés et qu'ils font souffrir les autres et moi également.

Lorsque je reconnais mon erreur, je te le dis à toi mon compagnon que j'ai regardé avec méfiance, à toi mon enfant que je néglige si souvent, à toi l'étranger que j'ai méprisé, à toi mon ami que je n'ai pas écouté lorsque tu avais besoin de moi, à toi que je n'ai pas bien reçu parce que tu tombais mal.

Comme c'est lourd tous ces blâmes que je garde en moi, tous ces reproches que je me fais ! Je ressemble à ce malheureux Sisyphe condamné à rouler éternellement son rocher jusqu'en haut d'une montagne et à recommencer sans fin parce qu'il retombe de l'autre côté dès qu'il est arrivé au sommet. Ce rocher, c'est l'accumulation de toutes les rancœurs que je transporte avec moi et qui m'alourdissent, m'entravent dans ma croissance personnelle parce qu'elles me tirent vers le bas. Quand, au nom de Dieu, le prêtre me dit : « tous tes péchés te sont pardonnés », lorsque je viens reconnaître mes fautes, quelle légèreté retrouvée, quelle libération ! Et quelle beauté quand je sais te dire : « je me suis trompé, cette phrase a dépassé ma pensée ; je te demande pardon ».

26
juillet

Nos pensées se déversent autour de nous

Si je suis rempli de pensées négatives, celles-ci se comportent comme un venin que je répands autour de moi. De la même manière que nous nous débarrassons de nos ordures en sortant nos poubelles – parce que nous savons que s'y trouvent des détritus, des produits toxiques – délivrons-nous aussi de nos pensées vaines, de nos obsessions qui sont autant de poisons pour nous mais aussi pour les autres, même quand nous avons l'impression de les garder secrètes. Sachons ne pas nous y attarder; décentrons-nous d'elles et elles partiront comme elles sont venues; faisons diversion ou mieux, remplaçons-les par des pensées positives remplies d'amour et exerçons-nous chaque jour à penser différemment.

Pareillement, toute idée positive, tout désir généreux, tout souhait de plus grande harmonie fait du bien autour de nous et augmente la richesse du monde.

27

juillet

Nos actes aussi sont porteurs de messages

Je suis un tout petit point dans l'humanité, mais ce point peut tenir un rôle immense. Il est dit de Jésus qu'il est l'alpha et l'oméga, le premier et le dernier, le tout grand et le tout petit, le début et la fin, celui qui résume tout et qui contient tout. Il est notre modèle.

Moi, enfant de Dieu, je ne suis qu'un tout petit point, mais je peux faire de grandes choses.

Mes gestes d'amour les plus infimes accomplis là où je suis, mes libérations personnelles, rejaillissent sur l'humanité, celle du passé et celle de l'avenir.

Lorsque je suis pris dans une file ininterrompue de voitures et que j'accepte de laisser le passage à un véhicule qui vient sur ma droite, je donne à cette personne qui est passée grâce à moi, la possibilité de faire de même avec quelqu'un d'autre ; et sans doute l'ai-je fait moi-même parce qu'un autre jour, dans les mêmes circonstances, ou dans une file d'attente à une caisse de supermarché, quelqu'un m'avait laissé passer. J'ai ressenti une infinie gratitude pour cette personne et le besoin de faire de même. Nous sommes tous reliés, et par nos pensées et par nos actes.

28
juillet

Je n'ai pas à décider pour l'autre

Je sais mieux que toi ce qui est bon pour toi. Voilà ce que nous voulons dire lorsque nous entreprenons de faire le bonheur de notre conjoint, de nos parents, de nos enfants malgré eux. Ce sont toutes ces phrases qui commencent par : Tu devrais...

"Tu devrais arrêter de fumer, de boire, de te coucher si tard, de dormir autant, de rire comme cela, d'être si sérieux, de pleurer si souvent, de ronchonner, de tant parler, de te taire, d'être toujours d'accord avec tout ce que je dis, de n'en faire qu'à ta tête, d'écouter cette musique de sauvage, de rester si longtemps devant la télévision, de manger si mal ; tu devrais travailler... plus, moins, t'aérer plus souvent, conduire moins vite. Tu devrais t'occuper plus souvent des enfants, de leurs devoirs, et surveiller tes dépenses. Tu, tu, tu... Turlututu !

Bref, si tu m'aimais vraiment, tu suivrais mes conseils. Alors je suis sûr que tout irait mieux pour toi et pour notre couple.

Je te demande d'être la copie de l'homme, de la femme, de l'enfant que j'ai toujours rêvé d'être ou de rencontrer.

Est-ce que je me rends compte que lorsque je te parle ainsi, je t'enferme dans mon projet ? S'il me semble à moi plus sain de vivre autrement, alors que je l'applique d'abord à ma propre vie. Je n'ai rien à décider pour toi, même si tu détruis ta santé à côté de moi. Qu'y puis-je en dehors du fait que je t'assurerai toujours de mon amour inconditionnel ? Je ne peux rien faire de plus, à moins que tu ne me le demandes explicitement.

Je lâche prise. S'il y a une action à mener pour changer ce qui me dérange, c'est uniquement sur ma propre vie qu'elle pourra se faire.

Mes changements peuvent donner envie à mon conjoint, mes enfants, les personnes de ma communauté de faire de même, et c'est tout. Le reste n'est pas mon affaire. Je n'ai rien à exiger. Je peux exprimer mon avis et tout au plus espérer et prier dans le plus grand respect de la liberté de l'autre.

29

juillet

Je t'écoute

Nous avons décidé de passer un moment ensemble pour mettre à plat nos difficultés de couple, les rancunes que nous accumulons l'un vis-à-vis de l'autre et pour cela, le meilleur endroit pour nous, c'est au restaurant, parce qu'il est plus difficile de s'y mettre bruyamment en colère et de partir en claquant la porte. De plus, nous sommes face à face et pour un temps relativement long ; et c'est indispensable de pouvoir disposer de ce temps rien que pour nous, sans avoir le risque d'être dérangé.

Je te propose de commencer ; nous avons fixé au préalable que nous allons écouter l'autre sans l'interrompre, quoi qu'il arrive, même si nous nous sentons agressés. Tu parles et je te regarde ; je me mets en empathie avec toi et je m'imprègne de chacune de tes paroles. Je te manifeste que je t'écoute par mes mimiques, mon regard, des petits mots d'assentiment. Cela ne signifie pas que je suis d'accord avec tout ce que tu es en train de dire, surtout si je suis mis en cause, mais seulement que je suis en ce moment pleinement avec toi. Je veux que tu te sentes entendu, ainsi tu pourras faire de même pour moi. Lorsque tu as fini de parler, tu me le dis. Et au lieu de réagir immédiatement à ce que j'ai perçu, je reformule ce que tu viens de me dire. Puis, je te propose de m'écouter à ton tour, jusqu'au bout.

30
juillet

Je reformule

Pour te montrer que j'ai bien compris ce que tu voulais me dire, je répète ce que j'ai entendu avec mes mots à moi : j'exprime aussi ce que j'ai perçu de tes ressentis, de l'amertume que contiennent tes paroles, des changements que tu envisages de faire ou que tu attends de moi et ainsi, tu peux juger du degré de ma compréhension. Ma reformulation te permet de voir si tu as été bien compris et, au besoin, de préciser certains points. Cependant, avec la meilleure volonté du monde, je peux t'avoir mal entendu et faire des projections sur toi ; lorsque je reformule, ces projections vont être mises à jour et tu vas pouvoir me dire que tu n'es pas d'accord. J'apprends, tu apprends à comprendre, à entendre vraiment. Plus nous aurons été blessés dans le passé, plus nous aurons de difficultés relationnelles, en raison des interprétations que nous ferons du comportement de l'autre : je vois une intention de nuire là où il n'y a parfois que de la maladresse. La reformulation me permet de rester au plus près de ce que tu dis ; je ne vais pas m'arrêter à un mot et me mettre en colère ; je m'en tiens à ce que j'ai entendu et je te demande si c'est bien cela que tu voulais me faire comprendre. Je sais que tu es capable de la même attention et ensemble nous avançons dans une meilleure connaissance de notre relation et de notre être profond.

31
juillet

Je te comprends

Tu me parles, tu m'expliques quelque chose, tu me donnes des arguments et je ne t'écoute pas ; je pense à ce que je vais te répondre. Je veux te faire changer de point de vue, parce que je crois avoir raison. Nous entrons dans une bagarre d'arguments : tu dis ce que tu penses, je réponds sur le même ton et nous ne nous écoutons pas. Tu t'énerves, je m'énerve. Nous nous mettons en colère et nous nous agressons, parce que nous avons peur l'un de l'autre et que nous voulons avoir le dernier mot.

Soudain, le ciel s'ouvre en moi et je pense simplement à me taire et à laisser ta parole s'écouler librement, sans t'interrompre. Je cesse de vouloir te convaincre et je t'écoute vraiment. Il me vient cette phrase magique, miraculeuse : « Je te comprends. Je comprends ce que tu vis ».

Si nous voulons éviter les conflits qui font perdre beaucoup de temps et d'énergie, disons ce mot de passe qui ouvre à la compréhension mutuelle : « je te comprends ». D'abord je m'imprègne de ce que tu me dis, de ce qui est important pour toi. C'est essentiel que je sois attentif à ce que tu me répètes si souvent et que je n'ai pas encore voulu entendre. Plutôt que de te reprocher de ressasser cent fois les mêmes choses, je te dis que je te comprends. Ensuite, je reformule ce que tu viens de me dire avec mes propres mots, ainsi tu sauras si je t'ai bien compris.

Alors peut-être que toi aussi, à ton tour, tu pourras m'écouter.

1er
août

Respirer

Respirer, c'est tout simple en apparence. Mais est-ce que je sais vraiment le faire ? Non pas avec un tout petit souffle retenu en haut de ma poitrine comme si je n'osais pas vivre, ou comme si je désirais me protéger de la pollution urbaine, mais en inspirant profondément, amplement, avec mon ventre. C'est merveilleux d'entendre un musicien respirer avec son instrument, de voir le violoniste commencer sa phrase musicale par une grande inspiration et restituer l'air progressivement tandis que la musique semble sortir de son ventre et de tout son être.

Quand je dis : « de l'air, de l'air », j'exprime bien que j'ai été étouffé par des tas de choses dans ma vie mais que le pire, c'est de ne pas respirer. Les personnes qui souffrent d'insuffisance respiratoire ou d'asthme savent combien ce peut être angoissant de manquer d'air. C'est à ce moment-là qu'elles mesurent à quel point cette fonction toute simple, réflexe, à laquelle nous ne prêtons aucune attention la plupart du temps, est vitale ; c'est quand la crise d'asthme est là que l'on se dit que le bonheur, c'était quelques minutes avant, quand respirer se faisait sans y penser. Ce n'est pas pour rien que l'Esprit Saint se présente comme un souffle : *Ruach.*

Je respire et laisse la nature se fondre en moi en me remplissant de la beauté environnante et d'air pur. Ce corps dont je suis locataire, est-ce que je lui offre l'occasion de reprendre haleine, de faire des pauses qui lui redonnent force ? C'est pourquoi je vais aller m'oxygéner dans la nature, et je le ferai non seulement pour moi, mais aussi pour mes enfants qui me voient et qui auront peut-être envie un jour de m'imiter. Je peux aussi accomplir cette promenade comme un témoignage de gratitude envers mes aïeux. Je me souviens de cet arrière grand-père qui est mort à la guerre asphyxié par les gaz de combat ; j'évoque la mémoire de cette grand-mère qui n'est pas revenue des camps de concentration et du grand-père qui aimait tant chanter en marchant et qui, sans le savoir, est devenu mon modèle. En hommage à leur souvenir, je respire à pleins poumons à cet instant dans la nature.

2

août

Changer d'air

Un changement d'air te fera du bien, disons-nous à un proche qui connaît des difficultés personnelles. Mais s'agit-il seulement d'aération, de voyage ? Quel est l'air que je pourrais changer dans mon quotidien ? Quelle fenêtre pourrais-je ouvrir ?

Ne devrais-je pas renouveler l'atmosphère confinée que je respire lorsque je reste dans les **r**écriminations, les **r**ouspétances, les **r**ancunes, les **r**ébellions, les **r**emords, les **r**uminations, les **r**êveries ? Changer d'air, c'est entrer dans le souffle léger de l'Esprit Saint ; cet air-là est celui de la **r**éunification, du **r**éveil, du **r**enouveau intérieur, de la **r**éussite de ma vie ; je me laisse **r**evitaliser et je sais **r**assurer mes peurs.

Il est temps pour moi de changer d'air. Je ne veux plus de ces **r**atages dans mon existence. Je veux opérer la réunification de mon être en ouvrant toutes grandes mes fenêtres au souffle de la Vie, en inspirant à pleins poumons ce nouvel air qui vient du cœur de Dieu.

3

août

Je pleure devant tant de beauté

Je suis au concert. Il est tard et je suis fatigué; j'ai une envie irrésistible de dormir, mais soudain, une musique céleste me saisit tout entier; je suis traversé par elle, je me fonds en elle, je deviens cette musique et je suis habité de la beauté de Dieu. Je me sens en accord parfait avec ce que je suis, en union avec le divin qui est en moi et je pleure. Je suis plein de reconnaissance pour ces musiciens qui me font toucher l'état de ravissement; je pleure de gratitude, d'émotion. Je suis en communion avec eux, avec ceux qui m'environnent à cet instant et avec tous mes bien-aimés.

La nature me ravit en toutes saisons; j'aime l'hiver pour ses matins givrés qui transfigurent mon jardin; j'aime l'explosion du printemps qui réveille mon amour de la vie; j'aime les levers du soleil en été au petit matin dans la solitude de ma promenade; je goûte la musique de mes pas dans les feuilles bruissantes des forêts d'automne. Tous les aspects de la nature réveillent en moi un état de saisissement, d'adoration devant ce qui révèle la splendeur de Dieu.

4

août

Le droit au plaisir

Je ne suis pas sûr d'avoir bien intégré le droit de me faire plaisir, parce que ce mot a eu mauvaise réputation dans ma famille : le plaisir était méprisable, honteux ; d'ailleurs ce terme était banni du vocabulaire familial. Il n'était pas question de se faire du bien, quand d'autres personnes connaissaient tant de souffrances. Il fallait être sérieux et travailler. Mes parents, trop occupés, souhaitaient me voir grandir plus vite pour que je prenne rapidement des responsabilités au-dessus de mon âge, et je n'ai eu ni la possibilité, ni le droit d'être un enfant à l'âge où je l'étais. J'ai dû m'occuper de mes frères et sœurs plus jeunes ou bien mon père est mort lorsque j'étais adolescent et j'ai été obligé de travailler très tôt pour aider ma mère à nourrir une famille nombreuse. Je n'ai pas eu la possibilité de développer mon *enfant créateur* parce que ce n'était pas valorisé par mes parents : c'était une perte de temps que de lire, de jouer avec des camarades ou de contempler la nature ; il y avait mieux à faire.

C'est pourquoi aujourd'hui je ne sais plus très bien ce que je veux : je n'ai envie de rien ; je suis incapable de dire simplement ce que j'aimerais faire aujourd'hui ; j'adopte toujours les bonnes idées, les projets des autres. Mes élans sont coupés. Par moments, je me sens dans la nuit, dans le vide.

J'ai du mal à me donner le droit d'avoir des petits plaisirs tout simples, comme de rencontrer des amis, d'avoir des activités qui m'ouvrent des horizons nouveaux, des centres d'intérêts qui développent la curiosité et la créativité de mon petit enfant intérieur, celles que j'ai perdues.

J'ai le droit et le devoir de mettre de la couleur et des fleurs dans ma maison, et d'avoir le cœur en fête même s'il y a des malheurs autour de moi, qu'ils soient proches ou lointains. Cultiver en moi la tristesse par respect pour la souffrance des autres ne rend pas les autres plus heureux. Au contraire !

Depuis que je cultive la joie intérieure, celle qui est née de toutes mes blessures acceptées, cela a développé en moi la compassion, la faculté de reconnaître la blessure chez l'autre. J'alimente ma joie intérieure chaque jour par des petits bonheurs qui me rafraîchissent, qui me font dire que la vie est belle, même si par moment je connais la souffrance. J'ai découvert, à l'occasion de ces moments de délassement, de quiétude que je pouvais plus facilement laisser monter en moi mes rêves, mes aspirations. Je les découvre petit à petit.

Je sais que si je n'avais pas ces instants où je me revitalise dans mon être profond, je pourrais laisser la désespérance me gagner parce que je serais coupé de la source.

5
août

Je me repose

Je sais m'arrêter. Je connais mes limites. J'accepte de dormir, de me reposer, de prendre des temps de délassement.

Je dis stop à mon activisme, à ma pensée envahissante, à mes débordements affectifs. Moi qui étais toujours dans l'action, dans la fuite de moi, j'ai appris à demeurer, à écouter, comme Marie. Il y a Marthe en moi, la gestionnaire, l'organisatrice, la prévoyante, celle qui se réalise dans le travail, mais il y a aussi Marie, la contemplative, celle qui écoute, celle qui sait où se trouve la Source.

Est-ce que je sais faire silence, est-ce que je sais me détendre, entrer dans le shabbat ? Dans le premier livre de la Bible, la Genèse, s'il est question du repos du septième jour, c'est bien parce que Dieu savait que nous serions tous pris dans l'hyperactivité.

Nous critiquons des peuples qui sont moins actifs, moins organisés, moins rigoureux, plus méditatifs, plus contemplatifs. N'avons-nous pas à apprendre d'eux la volonté de nous arrêter ?

Regardons comment se comporte le petit enfant : quand il joue, c'est avec tout son être ; il parle, il bouge, il fait des bruitages avec sa bouche ; il s'identifie au personnage qu'il vient de créer, au conducteur du camion, au monstre qui dévore son héros. Il vit pleinement dans l'histoire qu'il invente et au bout d'un moment, il s'arrête ; il est ailleurs, il rêve, il accepte la détente. Retrouvons ce petit en nous ; nous l'avons oublié mais il ne demande qu'à ressurgir.

Donnons des récréations à notre corps, à notre psychisme. En même temps, nous referons le plein d'énergie spirituelle.

6

août

Je chante et je danse

Je suis dans ma cuisine, dans ma voiture, je me promène dans la forêt et je chante à tue-tête, je fredonne, je sifflote. Je suis seul chez moi et je danse parce que la musique que j'écoute m'y invite et que mon corps désire célébrer la vie.

Danse, puisque tu as le cœur en fête ! Personne n'est là pour te regarder, et quand bien même il y aurait quelqu'un pour te voir, est-ce si important ? Ton corps a besoin de vivre, de bouger, de danser. Si les moines chantent lors des offices, c'est aussi pour spiritualiser et transfigurer leurs difficultés intérieures, transformer leurs tensions en louange. Alors, écoute la musique que tu aimes, chante quand tu es seul, quand tu es avec des amis ou quand tu te promènes, et danse si tu en a envie !

Regarde la danse des fleurs, la danse des arbres ; même l'hiver, privés de feuilles, ils s'agitent sous le vent en une chorégraphie bien ordonnée Ton âme a envie de chanter et de danser. Ton Bien-Aimé est là et c'est la fête. Non pas de ces fêtes tristes où l'on se sent mal, mais ces fêtes où l'on est empli de la Vie de Dieu.

La fourmi reproche à la cigale d'avoir chanté tout l'été alors qu'elle-même travaillait et amassait des richesses, et elle lui conseille d'aller danser pour tromper sa faim. La cigale, c'est notre *enfant spontané* qui aime jouer et qui ne s'encombre pas de contraintes ; bien sûr, son insouciance la conduit à une situation de détresse. Quant à la fourmi, laborieuse et triste, c'est notre *parent normatif critique* elle n'a pas compris la nécessité de s'offrir des récréations. Elle a su se donner une vie confortable dans l'abondance et la sécurité matérielle, mais comme son cœur est sec !

Et toi, tu peux tout développer : tu peux être et fourmi et cigale, et travailler, chanter et danser !

7

août

Le ciel est bleu

Je me sens mal. Je suis triste. Je suis persuadé que rien ne va dans ma vie et je n'y vois que des nuages noirs.

Même s'il y a plein de nuages, en cherchant bien je finirai par y trouver un petit coin de ciel clair ou une trouée bleue et je pourrai y saisir une image du regard amoureux de Dieu pour moi.

Même chargé, le ciel est bleu au-delà des nuages. Il suffit que je prenne l'avion par temps couvert pour que je constate qu'au-dessus de la couche de nuages se trouve une immensité lumineuse toujours présente. Le ciel est là en permanence. Je sors de chez moi : il est là ; je regarde par la fenêtre : il est là ; même la nuit, il est là. Il est tout le temps là, comme une image de l'Au-delà que je connaîtrai un jour dans son infinitude mais dans lequel je vis déjà maintenant.

Chaque fois que j'ai besoin de me réconforter, je cherche un coin de ciel bleu. Si je n'en trouve pas, en te regardant, je peux voir aussi le ciel en toi : je le vois au fond de tes yeux, je le perçois dans ta voix et dans ta transparence.

8

août

Je visualise l'avenir positivement

Si en ce moment je vis des événements très douloureux, je sais m'encourager en vivant un présent intérieur qui m'apaise ; cette vision du présent en positif, malgré les bouleversements extérieurs qui m'assaillent, m'aide à regarder l'avenir avec confiance, sans m'en préoccuper outre-mesure. L'avenir sera construit uniquement de ce que je fais de mon présent, car lui seul compte.

Dans mon présent, je sais mettre en place des conduites qui me réconfortent, qui m'aident à rentrer dans mon être profond ; je vais me promener dans un endroit que j'aime, j'écoute de la musique ou j'en joue si j'ai cette chance ; j'écris des lettres, j'envoie des messages qui font du bien ; je prie.

Lorsque je retrouve la paix intérieure, alors mon présent est radieux, même si cela ne dure pas, parce que je suis fragile et inconstant. Je savoure ce présent délicieux. Je m'en remplis. L'avenir devient alors un chemin ouvert, il va vers ce que je suis à cet instant précisément. Je n'ai pas à me soucier de l'avenir si je vis pleinement dans mon présent. A chaque jour suffit sa peine.

Mais si j'ai un souci pour l'avenir proche : examen médical à passer, intervention chirurgicale, restructuration dans mon entreprise, je visualise que mon ange me protège et que tout se déroulera le mieux possible : que la main du chirurgien sera parfaitement guidée, que mon changement de travail m'ouvrira de nouvelles perspectives. Je vois l'avenir plein de cadeaux.

9

août

J'aime le vent et j'aime la pluie

Souvent nous nous plaignons du vent ou de la pluie, comme dans ces régions du Nord où il pleut parfois pendant des semaines et ces régions du Sud où le vent souffle continûment pendant des jours. François d'Assise lui, les voyait autrement: frère le vent et sœur la pluie, disait-il.

J'aime le vent et j'aime la pluie. Au lieu d'en faire des ennemis, j'en fais des amis. Ce vent violent qui me décoiffe et qui retourne mon parapluie, est aussi un souffle ami qui nettoie mon psychisme de ses pensées noires. Quand je marche contre le vent, je m'appuie sur sa force et j'ai l'impression de m'envoler et quand je vais dans son sens, il me porte et me pousse plus vite vers mon but.

La pluie qui éclabousse mon visage me donne une mine fraîche et je retrouve le bonheur de ma prime jeunesse de marcher dans les flaques d'eau ; maintenant il n'y a plus personne pour me l'interdire et je m'en donne à cœur joie.

Aujourd'hui s'il fait beau, je prends un bain de soleil. Demain, j'aurai les yeux d'un peintre flamand pour le ciel tourmenté. J'ai appris à aimer autant le gris que la lumière. Je sais m'en remplir et cela m'aidera pour demain, quand il pleuvra sur ma vie et que la lumière sera devenue rare. Je sais mettre en réserve le bonheur de vivre, quel que soit le temps qu'il fait.

Frère François nous a enseigné ce qu'est la joie parfaite. Elle se résume à ceci : voir autrement, recevoir et accueillir autrement.

10
août

Le soleil intérieur

En toi et en moi, il y a un feu qui ne s'éteindra jamais, c'est celui de notre enfant de lumière, de notre soleil intérieur. Il est rempli de la présence de Dieu. De même que sans le soleil, rien ne pourrait vivre sur terre, de même sans notre lumière intérieure, nous ne sommes pas véritablement vivants ; c'est elle qui nous ressource, qui alimente notre énergie vitale et nous inonde d'amour universel.

Quelle est ma mission, ma vocation, sinon d'entretenir mon feu intérieur pour réchauffer et illuminer autour de moi. Chacun de nous a une attirance pour le feu des autres. J'ai besoin de ton feu pour me réconforter et toi du mien, pour t'éclairer. Je te donne mon feu et je reçois le tien. Lorsque je perçois l'éclat de la lumière qui émane de toi, je te dis que tu es quelqu'un d'important, un éveilleur, une porteuse de signes d'amour de la part de Dieu. Et toi, tu me le dis aussi.

J'ai besoin de ton soleil et tu as besoin du mien.

11

août

Prendre le temps de jouer

Je rentre d'une journée de travail ; je suis fatigué et j'ai seulement envie de me reposer, me doucher, regarder la télévision, lire ou aller me promener. Mais grâce à toi mon enfant, je redécouvre le bonheur d'être un petit qui joue. D'abord, je me donne le droit de m'isoler un peu parce que j'ai besoin de silence et ensuite je viendrai jouer avec toi et me mettre par terre sur le tapis. Tu aimes quand j'entre dans ton jeu de petites voitures, dans tes histoires de poupée ; je suis avec toi dans le pays de ton imaginaire et j'y suis bien : c'est un bain de jouvence. Après cette journée difficile dans un monde de compétition, de course à l'argent, de prestige où j'ai peur de perdre ma place, toi mon enfant, tu me fais entrer dans ton univers de contes de fées ; je me laisse conduire par toi et tu es tout heureux de pouvoir m'expliquer le déroulement du scénario que tu inventes ; et si je ne comprends pas tout de suite, tu ris, tu t'étonnes que moi, ton père ou ta mère je ne sois pas plus malin, ou plus rapide.

Jouer, simplement jouer, non pas pour gagner ou pour être le plus fort, mais pour être avec toi, rire avec toi. Et nous jouons avec tes petites autos, avec tes poupées, nous rions, nous roulons sur le tapis, nous nous embrassons et les difficultés de ma journée sont oubliées, se sont envolées et toi, tu es tout joyeux mon enfant. Je te remercie ; tu es la fraîcheur de ma vie.

12

août

Une attitude saine vis-à-vis de l'argent

L'argent a souvent une mauvaise image dans les milieux chrétiens : je ne me donne ni le droit d'en parler, ni celui d'en avoir et encore moins d'en profiter.

J'ai le droit et même le devoir de gagner de l'argent. L'argent n'est ni néfaste, ni nuisible en soi ; tout dépend de la manière dont je l'utilise et dont j'en fais profiter mes proches. Si je garde tout pour moi et que j'en veux toujours plus, ou au contraire, si je dépense tout et que ma famille se trouve par mon imprévoyance dans une situation difficile, j'aurai quelque chose à revoir dans ma conduite vis-à-vis de l'argent.

Si l'argent vient vers moi, je l'accepte comme une manne dont je peux profiter et que je peux dispenser autour de moi. J'ai le droit d'en gagner et le droit d'en parler. En parler, ce n'est pas vouloir éblouir les autres par mes signes extérieurs de richesse ou au contraire feindre la pauvreté par une apparence qui le laisserait entendre, alors que, comme Harpagon, ma cassette est bien remplie.

Mais si j'ai des droits, j'ai aussi des devoirs : celui de désirer qu'il y ait moins d'inégalités dans mon entreprise ou ma communauté et celui d'œuvrer pour qu'elles soient un peu moins criantes.

L'attitude la plus simple vis-à-vis vis de l'argent est d'admettre que je puisse en gagner et le dépenser à bon escient sans me sentir coupable, que je sache faire des économies et me montrer généreux, et enfin que je sois capable à la fois d'honorer mes dettes et de réclamer mon dû si j'ai effectué un travail qui n'a pas été rétribué à sa vraie valeur.

Si cette simplicité est difficile, je regarderai en moi où se trouve l'obstacle. Ai-je manqué de tout, en particulier d'amour, lorsque j'étais enfant et la blessure n'est-elle pas cicatrisée ? Est-ce que je refuse l'argent quand il vient comme si je n'en étais pas digne ? Quelles difficultés mes parents ont-ils connues à ce sujet ?

Redevenons simples comme des petits enfants. L'argent fait partie de notre quotidien, même si nous rêvons d'un système pour l'instant utopique, plus proche du divin et fondé sur l'échange. Nous le vivrons pleinement un jour.

13
août

J'ai le droit de réussir

J'ai le droit de réussir, même si cette réussite m'amène à être connu, ou reconnu. Ce n'est pas une faute. J'ai le droit de réussir dans les affaires, si j'agis honnêtement et si cela concourt à l'épanouissement de mes dons ; en même temps je contribue à la prospérité d'un certain nombre de personnes, par exemple en créant des emplois.

J'ai le droit de réussir ma vie familiale. Ce n'est pas parce que mes parents ne formaient pas un couple uni que le bonheur conjugal m'est interdit. J'ai le droit d'être heureux, heureuse. Il n'y a pas de mérite à gâcher un bonheur qui pourrait être plus grand et plus fécond.

Puis-je recevoir comme une grâce la quiétude qui est la mienne aujourd'hui, sans chercher aussitôt ce qui va me tomber sur la tête, parce que j'ai reçu de ma famille la croyance que tout bonheur se paie ? Ce n'est pas en gâchant mon bonheur ni en me complaisant dans mes ratages que je vais avancer. Les échecs ont un rôle : ils permettent d'en tirer un enseignement pour mieux réussir demain. Il y a une façon positive de vivre sa vie, poussé par le désir d'avancer et de progresser.

Une vie réussie, c'est une vie où je prends des risques, non pas des risques inutiles où je mets ma vie en danger de façon inconsidérée, mais je cours le risque de me tromper, d'échouer, de n'être pas compris, d'être critiqué, d'être rejeté. François d'Assise n'a-t-il pas pris le risque de quitter la vie confortable que lui avait préparé son père, pour l'aventure, la folie de Dieu ? L'abbé Pierre, ancien député, a-t-il raté sa vie en fondant les chiffonniers d'Emmaüs et sœur Emmanuelle en vivant dans les bidonvilles du Caire ? Voilà des vies aventureuses, toutes de don et tellement réussies !

J'ai le droit de prendre des risques, d'aller de l'avant, de me tromper aussi. Les erreurs me sont nécessaires pour progresser. Mes parents m'ont peut-être démontré par toute leur vie que l'action était dangereuse ou qu'il valait mieux ne pas se montrer et j'ai appris à ne pas me mettre en avant. Comme je n'ai pas été valorisé, je manque de confiance en moi ; mais malgré tout ce que j'ai entendu dans ma famille, j'ai le droit de prendre ma place, d'avoir de l'importance dans la société, même si c'est une microsociété, même si c'est dans mon village ou dans ma paroisse. Et je n'ai pas besoin d'être parfait pour remplir ce rôle.

14

août

Jamais je ne serais capable de faire cela!

Ai-je bien réfléchi à ces paroles que j'ai prononcées? Ainsi, j'ai la certitude d'être incapable de faire telle ou telle chose que je reproche à d'autres?

Et si des conditions particulièrement difficiles se mettaient en place dans ma vie de telle sorte que je m'aperçoive que je suis capable d'avoir le comportement que j'ai tant reproché à mon frère, à cette voisine, à cet ami: leur violence, leur jalousie, des actes de maltraitances, cet avortement, des infidélités, ce besoin d'évasion dans la drogue, ces malversations financières. Si ma souffrance devenait telle que je croie n'avoir plus d'autre solution que celle d'avorter, ou de me mettre à la boisson, que deviendrais-je avec cette phrase imprudente qui me suivrait partout? Ne me sentirais-je pas bien misérable?

«Jamais je ne serais capable de faire une chose pareille…» Quel orgueil! J'ai peut-être eu la chance d'avoir des conditions de vie qui m'ont protégé de ces tentations.

Peut-être mon éducation m'a enseigné le respect de la vie et pour cette raison, je dis que je serais incapable d'avorter. Mais qu'aurais-je fait dans d'autres conditions? Que déciderais-je si j'étais moi-même enceinte et que mes conditions de vie soient très dures pour accueillir un nouvel enfant: solitude, chômage, santé défaillante, alcoolisme?

Je ne dirai plus jamais cela, mais plutôt, «j'ai eu la chance d'avoir dans ma vie des conditions qui font que pour l'instant tout au moins, jamais cela ne m'est venu à l'esprit».

15

août

Je choisis la santé

J'ai si souvent entendu mes proches se plaindre de leurs maux physiques que j'ai décidé que moi, je serais en bonne santé. Cette décision commence par un état d'esprit positif : je ne suis pas sans cesse à l'affût de ce qui pourrait m'arriver ; je sais m'occuper de mon corps et lui faire confiance. Je respecte une bonne hygiène de vie pour ne pas entraver son fonctionnement et pour assurer mon épanouissement physique. Enfin, j'accepte avec détachement tout ce qui peut m'arriver, parce que si mon choix de bonne santé est important, il ne suffit pas à me prémunir de tout. Je sais que mon organisme aura tôt ou tard des défaillances dues au vieillissement ou à mon programme génétique et je les accueille.

Moi qui suis atteint d'un cancer, j'ai décidé de choisir la santé. J'ai bien vu les souffrances de ma vie, les conflits non résolus, les histoires inachevées et j'ai compris que tous ces nœuds de mon psychisme entraînaient des conséquences physiques que je n'ai pas su voir à temps ; ils ont pu s'additionner à des facteurs génétiques ou environnementaux et cette maladie s'est déclarée.

Depuis, je conçois ma vie différemment : j'ai compris que j'étais la personne la plus apte à diriger ma propre existence et que j'avais le droit et le devoir de l'accomplir de la manière la plus pleine et la plus heureuse. Je n'ai pas à me punir d'être sur terre, même si je n'ai pas été un enfant désiré. Je ne garde plus en moi ces pensées toxiques qui m'empoisonnaient. Maintenant, ce qui me tourmente, je le dis à la personne concernée ; j'accomplis des actes symboliques pour me débarrasser de violences qui m'ont été faites dans le passé ou dans le présent quand les personnes concernées sont inaccessibles. J'ai visualisé ma guérison et je me vois en pleine santé.

Depuis la survenue de ce cancer, je sais mieux m'occuper de mes besoins et de mes désirs et je vis plus sainement mes relations avec les autres et moi-même.

16
août

J'écris un « cahier des merveilles »

Au treizième siècle, Marco Polo écrivit son « Livre des merveilles du monde » après un séjour de seize ans en Mongolie au service de l'empereur Kubilaÿ. Son récit écrit en français, fit le tour de la Méditerranée et accrédita le mythe d'un Extrême-Orient fabuleusement riche.

Quant à moi, que pourrais-je écrire dans mon “cahier des merveilles” qui puisse enchanter le lecteur ? Quels prodiges pourrais-je me vanter d'avoir vus ? De quelles richesses inattendues ai-je été le spectateur ébloui ?

Mes prodiges à moi sont ordinaires, quotidiens, sans éclat. Ce sont des grâces reçues, toutes simples qui ne sont essentielles que pour moi seul, car elles ne sont pas spectaculaires. Chacun de nous vit des expériences du merveilleux, de l'indicible ; ces expériences sont du domaine de l'intime, de l'extase et sont difficiles à traduire en mots. Je les consigne au jour le jour dans mon cahier de merveilles intérieur pour m'en souvenir « quand dans ma vie il fera froid », comme le chanterait Georges Brassens. Ce peut être un clin d'œil de mon ange, le sentiment d'une présence bienfaisante, une protection demandée et reçue, une rencontre inespérée, des retrouvailles inattendues, des événements qui se mettent en place miraculeusement, des cadeaux de toutes sortes ; ou plus simplement, un objet perdu et retrouvé, une information précieuse tombée au bon moment. Je pourrais y ajouter des dessins, des photos de paysages qui m'ont ravi, de la musique, des chants qui m'ont bouleversé et qui évoquent des circonstances émouvantes ou lumineuses de ma vie.

Si j'écrivais un “cahier des merveilles”, il contiendrait tout ce que mes sens ont recueilli d'exceptionnel, de rare, d'intense, de divin et qui l'ont été suffisamment pour me sembler dignes d'y figurer.

17
août

Je me souviens de tout ce qu'il y a de beau dans ma vie

Notre mémoire nous permet de garder le souvenir de bienfaits, de services rendus par d'autres, de ce qu'ils nous ont apporté par leur présence, par leur exemple, par leurs écrits, et aussi de tout ce que nous avons reçu de remarquable dans notre héritage familial, même si tout n'est pas facile à porter.

J'apprends à utiliser ma mémoire pour évoquer préférentiellement ce qui est heureux, réussi dans ma vie et non pas pour me souvenir de mes déboires, de mes erreurs, ou de ce que je qualifie de manquements des autres, comme par exemple, leur absence de reconnaissance. Ce rappel du négatif cultive le malheur et entraîne en moi l'accumulation d'aigreurs ; je dirai aussi que je pardonne mais dans le fond, je n'oublie rien et je ressasse mon infortune.

De même que de temps en temps, je « fais le ménage » dans le disque dur, c'est-à-dire la mémoire de mon ordinateur, en le débarrassant des choses inutiles, de même j'ai à faire le nettoyage de ma mémoire humaine.

Si je sais utiliser positivement ma mémoire, je ne vais plus comptabiliser tout ce qui me manque et que les autres ont reçu ; ni tout ce que j'aurais pu avoir et ce que je n'ai pas obtenu. Au contraire, je prends conscience de tout ce que j'ai acquis et que je pourrais ne pas avoir ; j'accepte de voir ce que j'ai réussi et je me donne d'autres objectifs ; je regarde en vérité ce que tel ou tel a fait pour moi et je lui manifeste ma gratitude.

Cultiver le bonheur, c'est utiliser sa mémoire de façon ouverte et bienveillante. A partir d'aujourd'hui, je cesse de gémir sur mon sort et de me plaindre de n'avoir pas eu de chance dans la vie, alors que d'autres sont beaucoup plus heureux : ils ont reçu tellement plus que moi dès leur naissance et ils ont fait des rencontres si intéressantes, alors que moi…

A partir d'aujourd'hui je proclame : « Voilà ce que j'ai reçu de vous mes parents, de toi mon compagnon, de vous mes enfants et de vous tous mes amis du présent et du passé ; j'ai pour vous une infinie reconnaissance ; grâce à vous tous qui m'avez aidé, accompagné, éclairé, je suis devenu un peu plus ce que je suis.

Et je m'aime tel que je suis, comme Dieu le désire.

18
août

J'ai voulu être religieux, religieuse

J'ai pensé, il y a de nombreuses années, être appelé à une vie religieuse et puis j'ai rencontré celui ou celle qui partage ma vie actuellement. Depuis ce moment, j'ai gardé en moi ce souvenir brûlant et nostalgique d'une aspiration à une vie plus spirituelle. Maintenant que je traverse une grave difficulté de couple, mon passé ressurgit d'autant plus douloureusement que je me demande si je ne suis pas passé à côté de ma vocation, si je n'ai pas raté ma vie. J'ai un poids sur le cœur : je pense que je me suis trahi parce que j'ai renoncé à un engagement que j'aurais dû prendre à ce moment ; je n'ai pas voulu entendre l'appel divin qui m'était fait et maintenant j'en souffre.

Que cet appel m'ait été réellement adressé ou pas, j'y ai répondu comme je l'ai pu à ce moment de ma vie et je n'avais sans doute pas l'envie irrésistible, ni l'énergie de le concrétiser ; mais devait-il forcément en être ainsi ? Étais-je prêt ? En avais-je bien compris le sens ? Je sais maintenant qu'un appel intérieur ne conduit pas obligatoirement à la vie religieuse.

La souffrance est inévitable quels que soient les choix que nous faisons ; personne ne peut en faire l'économie parce qu'elle fait partie de notre structure psychique. Je ne peux pas échapper au tourment du doute, que je sois religieux, religieuse, vivant en couple ou célibataire. Je serai toujours perplexe sur l'authenticité, la valeur de mon choix de vie. Est-ce le meilleur ? Ne vais-je pas le regretter ? N'y avait-il pas mieux à faire ?

Si je me suis engagé dans une voie intérieure plus spirituelle, j'ai pu entendre un appel de Dieu vers une rencontre amoureuse avec Lui, sans que cela aboutisse nécessairement à une vie consacrée.

J'ai à me débarrasser de cette culpabilité qui m'empoisonne et qui me fait stagner ; l'Amour de Dieu se vit partout, et d'abord dans ma vie de couple ou de communauté et c'est souvent avec mes proches, avec ceux que je côtoie tous les jours que j'ai le plus de difficultés à vivre ma vocation d'amour. Celui qui est loin, jc peux toujours l'idéaliser ; celui qui est proche ne peut plus me cacher grand chose de ses défauts ou de ce que je juge tcl.

Comment faire circuler plus d'amour dans mon couple, dans ma famille, dans mon groupe de prière ? Sans doute est-ce cela ma vocation d'aujourd'hui.

19
août

Je m'interroge sur ma vocation

Il est toujours temps de découvrir nos aspirations profondes en pensant par exemple aux jeux que nous avions et aux jouets que nous choisissions enfants. Ceux d'entre nous qui auront plutôt une vocation humanitaire ont souvent préféré les poupées, garçons ou filles, et les jeux relationnels ; ceux qui étaient attirés par les jeux de construction auront peut-être une profession plus technique ; ceux qui aimaient dessiner rechercheront plutôt un métier d'art, de créativité. Ceux qui se sentaient vibrer avec la nature, les animaux, le vivant, seront attirés par les sciences de la vie.

J'ai aussi à me souvenir de mes rêves, de mes projections dans l'avenir, de mes identifications à telle ou telle personne que j'admirais, de mes lectures favorites et des héros que j'affectionnais. Quelle était la profession dont je rêvais ? Qu'est-ce qui me donnait une impression de plénitude, de réalisation totale ? Que je retrouve ma vocation dans la connaissance de mon être profond. Il arrive qu'elle se révèle à moi tardivement, alors que j'ai déjà une activité professionnelle qui m'absorbe, ou que je suis retraité. Il est toujours possible de se réaliser, avec les limites du présent, dans une activité qui soit source de bienfaits. Que je ne cherche pas l'occupation idéale qui ne m'apporterait que des satisfactions. Tout ce que j'entreprendrai, que ce soit une activité sportive, artistique ou de bénévolat, m'apportera des satisfactions, du bien-être, mais aussi sa part de souffrances, de fatigue, de frustrations.

Ma vocation était en filigrane dans tous les moments forts de ma vie. Je la découvre quel que soit mon âge et je mets en place les actions nécessaires pour m'en rapprocher d'une façon concrète et dans la paix.

20
août

Ecouter sa voix intérieure

Pinocchio, le pantin de bois, mû comme nous le sommes au départ de notre vie par des tendances contradictoires, suit un chemin compliqué pour parvenir à la découverte de sa réalité intérieure et devenir un vrai petit garçon. Ce chemin, c'est aussi le nôtre. Pinocchio fait des bêtises ; il ment – et quand il ment, son nez s'allonge –, il écoute les « mauvais garçons » et se voit pousser une queue d'âne parce qu'il préfère s'amuser plutôt que d'aller à l'école ; il n'écoute pas la voix de sa conscience, le criquet, et préfère les plaisirs immédiats et sans limite comme de se gaver de nourriture ; il vit comme un petit animal jusqu'au jour où il commence à se transformer en âne. Dans le conte, les enfants devenus des ânes, le sont irrémédiablement. C'est le criquet, la conscience, qui sauve Pinocchio de ce désastre, à la suite de quoi Pinocchio se décide à suivre la voie de son cœur et sauve son père Gepetto. Par cet acte d'amour, il se métamorphose en ce qu'il est vraiment : un enfant de lumière.

Dans notre quotidien, laissons-nous s'exprimer la marionnette ou bien l'enfant de Dieu, notre voix intérieure ? Qu'est-ce qui agit en nous : les comportements appris, les phrases toutes faites, les conditionnements de notre éducation, le paraître, ou bien l'enfant de lumière qui est rempli d'amour ?

21
août

J'ai peur des conflits

J'ai tellement besoin d'harmonie que je fais tout pour éviter les conflits. Alors je suis prêt à faire toutes les concessions, à me plier à toutes les volontés. Je ne sais pas dire "non"

Lorsque le conflit a lieu, ce qui est important c'est de parvenir à en sortir pour en tirer un bien. Il est indispensable de prendre un temps de recul pour comprendre ce qui se passe: le plus souvent nous éprouvons des sentiments différents de l'autre, voire opposés et nous avons l'impression de n'être pas entendus, de ne pas parler le même langage et qu'il est difficile de se rejoindre.

Acceptons en premier lieu la différence qu'il y a entre les caractères masculin et féminin, mais sans en faire un absolu ni une caricature. Si moi, homme, je développe aussi la part féminine de ma personnalité, je te comprendrai mieux toi, femme. Et pour toi, femme c'est la même chose, si tu ne fais pas l'impasse sur ton versant masculin. Cette différence étant acceptée, il m'est déjà plus facile d'admettre que nous ne soyons pas toujours en parfaite harmonie.

J'ai ensuite à apprendre à dire non quand je ne suis pas d'accord. Je le dis posément, sans faire d'éclat et j'affirme tranquillement ce que je pense. Je ne mettrai pas d'agressivité, je ne prononcererai pas de parole de jugement ou de mot blessant qui pourraient susciter une réaction de l'autre, car c'est ainsi que s'installe la discorde.

S'il y a quand même conflit, j'accepte d'y entrer, tout en me rappelant qu'il n'est pas indispensable qu'il ait lieu pour que je puisse exprimer ma différence. Si mon collaborateur ou mon conjoint soutient telle opinion, je ne suis pas obligé de penser de la même façon. Je peux entrer dans une dynamique où nous constaterons nos divergences. Ai-je à craindre que mon compagnon ne m'aime plus chaque fois que je m'opposerai à ce qu'il affirme ? Mais ce n'est pas ne plus s'aimer que de découvrir que nos pensées, nos ressentis, nos idées sont différents. Ils le seront toujours. Et si je parle avec sincérité, sans être dans l'accusation, l'autre respectera plus facilement ce que je dis comme l'émergence de ma propre vérité.

Nous acceptons de n'être pas d'accord en toutes choses, nous respectons ces dissemblances et cela n'a rien à voir avec les sentiments que nous avons l'un pour l'autre.

22

août

Se réconcilier

Ton compagnon, ton conjoint veut se réconcilier avec toi, mais tu lui dis que c'est trop tard, qu'il aurait dû y songer plus tôt. Tu penses qu'il a été trop loin et secrètement, tu souhaites qu'il souffre comme toi-même tu as souffert.

Pourquoi as-tu du mal à accueillir ses regrets ? S'il t'a demandé pardon, il a fait le pas que tu souhaitais depuis longtemps ; alors, pourquoi ne pas l'accueillir maintenant ? Tu as peut-être raison d'être prudente. Rien ne prouve en effet que les paroles d'aujourd'hui soient un engagement définitif. Oui, tu as peut-être raison de regarder sa décision de changement avec circonspection. Mais pourquoi continuer à te durcir ? Tu as eu mal, c'est vrai, et tu dis que tu n'as plus la force de recevoir de nouvelles blessures. Tu as raison de te protéger, mais peut-être pourrais-tu simplement lui dire que tu l'entends, que tu es sensible à son désir de réconciliation, et que toi aussi tu le souhaites, mais que ta blessure est encore trop vive et que tu as besoin d'un peu de temps et de compréhension de sa part. Tu peux dire aussi que tu lui promets de bouger, d'être en chemin toi-même pour arriver à te réconcilier avec lui, pour qu'après vous repartiez sur des bases nouvelles.

23
août

S'incarner

Je ne pourrai rencontrer mon être profond que si je suis bien dans mon corps, bien incarné. Je suis à la fois corps, âme et esprit, c'est pourquoi ces trois parties doivent être développées de façon équilibrée pour réaliser en moi un être humain harmonieux. Si je suis trop cérébralisé ou trop terre à terre, trop préoccupé de mon corps, je trouverai plus difficilement le chemin de ma profondeur. Les contes de fées nous montrent d'une manière subtile le parcours à suivre pour découvrir son être de lumière.

Cendrillon la petite servante, comme Peau d'Ane, et tout comme nous, suit une sorte de chemin d'apprentissage qui passe avant tout par l'incarnation : il lui faut expérimenter ce qu'est le labeur, le corps à corps avec la matière, avec la saleté, avec les détritus des autres et vivre la fatigue physique et parfois le découragement. Cendrillon, sous une apparence d'humble souillon parfaitement acceptée, accomplit son travail avec conscience, mais dans l'abandon, le détachement. Elle est sans révolte parce qu'elle sent confusément que derrière tout ce travail, qui pour elle n'est pas rebutant, va surgir un cadeau. Être incarné n'est donc pas seulement se sentir bien dans son corps, mais cela passe aussi par l'accomplissement de tâches jugées ingrates ou indignes de soi ; en fait, toutes ces tâches sont humaines et ne sont pas réservées à des êtres qui seraient là pour nous servir. Comme Peau d'Ane, Cendrillon garde au fond d'elle-même la trace de son origine royale, tout comme nous, enfants de Dieu, jusqu'à ce qu'elle soit prête à retrouver son aspect idéal de princesse, son essence.

Avant cette transformation, elle doit rencontrer sa partie psychique la plus cachée qui est symbolisée dans le conte par des animaux a priori peu attirants. En effet, lorsque Cendrillon veut se rendre au bal, elle n'a ni robe, ni carrosse, ni cheval, ni laquais, ni cocher. D'un coup de baguette magique, sa marraine la fée, la revêt d'une robe de lumière qui est déjà la sienne dans son humilité de petite servante, mais elle est plus exigeante pour l'équipage : Cendrillon doit apporter quelque chose. Que lui demande la fée pour réaliser le carrosse ? Une citrouille, un simple légume ! Elle lui demande aussi des souris et trois gros rats parmi lesquels elle choisit le plus barbu pour devenir le cocher, et enfin des lézards. Ces animaux représentent le psychisme de Cendrillon : ces « animaux intérieurs » sont ses défauts, ses parties négatives. Elle doit apporter tout cela à sa marraine la fée pour que celle-ci les transforme en quelque chose de merveilleux : un équipage de rêve qui symbolise la beauté de l'âme de Cendrillon et qui la mène vers le prince. Dans tous ses atours de princesse, Cendrillon peut nous sembler lointaine, mais regardons, elle a gardé quelque chose de petit, de très proche de nous, quelque chose de l'enfant : ses petits pieds. Peau d'Ane quant à elle, avait un petit doigt, celui qui l'a fait reconnaître par le prince.

Et nous tous, hommes ou femmes, nous sommes cette petite princesse qui va vers le baiser du prince, la rencontre d'amour avec Dieu.

Ce parcours intérieur ne peut se faire qu'en acceptant l'incarnation et en supportant malgré la souffrance de traverser son psychisme, comme le fait Cendrillon qui doit apporter ce que sa marraine lui demande.

Quand Cendrillon est au bal, elle sait qu'elle doit être rentrée avant les douze coups de minuit. Au-delà de minuit, tout disparaît : les vêtements, le carrosse, les chevaux, les laquais. Cela illustre la fragilité de l'être humain et combien facilement il peut être la proie de son psychisme et s'y perdre, sans pouvoir trouver le moyen de retourner dans son être.

La découverte de l'être profond n'est jamais une acquisition définitive, immuable. Elle est toujours à reconquérir et elle passe par l'incarnation et la remise en ordre du psychisme.

24
août

La voie du milieu

Certains pourraient l'assimiler à la voie des tièdes, des irrésolus, des hésitants, de ceux qui n'osent pas prendre clairement parti et qui choisissent ce qui va contenter tout le monde. La voie du milieu, c'est celle du juste, c'est celle de Jésus. La croix de Jésus est emblématique de cette voie du milieu : non seulement elle se dresse entre celles des deux larrons, mais encore Jésus lui-même se tient au milieu de la croix, c'est-à-dire ni trop à gauche, ni trop à droite, ni tout en haut, ni tout en bas mais unissant symboliquement ciel et terre.

La voie médiane, c'est celle de la sagesse, celle de l'arbitrage des conflits ; d'ailleurs ne nous adressons-nous pas à un médiateur lorsque nous sommes dans des situations d'antagonisme ? Le médiateur se tient entre les deux parties qu'il est chargé d'amener à un accord.

Lorsque nous nous adressons à quelqu'un : qu'il soit notre enfant, notre conjoint, notre employé, notre frère ou notre ami, et que nous ayons des remarques à lui faire, ne tombons pas dans les outrances verbales ; sachons trouver la voie du cœur, celle qui respecte l'être de l'autre, celle qui recherche l'apaisement et qui va vers la conciliation.

La vue d'une grande souffrance peut susciter en moi des commentaires de rejet de l'autre : il a bien mérité son sort, il ne fait rien pour en sortir. Je peux aussi me croire investi d'une mission réparatrice et me projeter en lui, m'identifier à lui et agir à sa place ; la voie du milieu est celle de la compassion et de l'action qui unit amour et sagesse : je comprends ta souffrance, je t'aide à découvrir les moyens de faire face, comme tu peux le faire pour moi. Je n'agis pas à ta place, je ne te rejette pas et tu sais que tu peux compter sur moi.

Je ne veux plus aller dans les extrêmes : les mots destructeurs, les actions grandioses où je me prends pour le sauveur de l'humanité. La voie du milieu est celle que Jésus nous indique et Lui seul est le Sauveur.

25

août

Nous sommes tous reliés

Est-ce que j'ai conscience que tout ce que je fais de mon lever à mon coucher a des résonnances ? Lorsque je fais mes courses, lorsque je prépare un repas, lorsque je suis à mon travail, lorsque je conduis ma voiture, je peux penser à tous ceux et celles qui font la même chose que moi. Lorsque j'écoute quelqu'un, je peux me relier à tous les écoutants de la terre, à ceux qui écoutent une émission de radio, à ceux qui sont au concert, aux amateurs de chants d'oiseaux et à ceux que le bruit du vent effraie ou qu'il enchante. Simplement, je me relie à tous, quoi que je fasse. Lorsque je suis dans une file d'attente dans un magasin, dans un encombrement de la route, au lieu de m'impatienter inutilement, j'apprends à me mettre au diapason de tous ceux qui attendent : ceux qui attendent un train, un être cher, une lettre, la guérison, et ceux qui attendent la mort sur un lit d'hôpital.

Si je me mets en communion avec toutes ces personnes, ce moment que je trouvais ennuyeux, peu valorisant, ou fatigant, devient extraordinaire.

Toute petite goutte d'amour, de sagesse, d'amélioration que je donne là où je suis, peut faire du bien ailleurs, peut-être dans d'autres lieux ou dans d'autres temps. Nous ne connaissons rien de ces vases communicants. Un jour nous les découvrirons en pleine lumière.

26
août

La prière continue

Si j'ai accepté ma vie telle qu'elle est sans plus me sentir victime d'une injustice, sans plus chercher de coupable, si j'ai cessé de me révolter, de me cabrer contre ce que j'appelle les coups du sort, si je suis entré dans *le miracle du oui*, alors mon cœur peut s'ouvrir et rencontrer Celui de Dieu. Il s'établit alors en moi une prière continue et je deviens une source de bénédictions pour d'autres. Je me sens capable d'aimer, de recevoir et de donner ; je sens mon cœur vivre et rayonner tendrement au milieu de ma poitrine. Mes colères sont pour la plupart apaisées; je n'ai plus de grief. Je ne veux plus ni faire souffrir, ni me tourmenter inutilement. Je me suis débarrassé de ma cuirasse et je suis heureux d'avoir retrouvé l'accès de mon cœur aimant. Quand j'éprouve de la tristesse, je perçois en filigrane la présence de ma joie profonde et si quelque parole ou quelque événement m'atteint, je sais rencontrer dans mon cœur, mon Seigneur et mon Dieu.

Quelle extraordinaire vocation pour chacun de nous que d'être un instrument, un petit serviteur de Dieu pour tous. Quel que soit notre âge, quel que soit notre état de vie, nous pouvons recevoir et donner. La prière continue, c'est un face à face amoureux sans complication; comme le disait ce paysan au curé d'Ars: «Je l'avise et Il m'avise», c'est-à-dire, je Le contemple et Il me regarde avec Amour ; je suis avec Lui, en Lui et par Lui, je suis en communion avec tous mes frères. La prière continue c'est une onction infinie d'Amour; je n'ai pas à dire forcément de grandes prières; il s'agit plutôt d'un état d'ouverture, de présence et de proximité. Dans ce cœur à Cœur, l'Amour ne me quitte plus.

27
août

La relation gagnant-gagnant

Depuis que je suis petit, j'ai l'habitude qu'il y ait des gagnants et des perdants. Si j'ai un scénario psychologique de perdant, de victime, je me mets dans l'auto-accusation, la dévalorisation de ce que je suis, la culpabilité. Si j'ai un scénario de rebelle, je suis plutôt dans la provocation, la dérobade ou la fuite et il est très difficile d'entrer en relation avec moi. Si j'ai un scénario de persécuteur, je ne me sens bien que dans les rapports de domination et donc, je cherche inlassablement un perdant pour jouer avec moi à mon jeu favori : celui de persécuteur-victime.

Que j'imagine un monde où le loup et l'agneau, le lion et la brebis sont ensemble. Ce monde est celui de la relation *gagnant-gagnant* ou *plus-plus* : nous sommes différents, tu as quelque chose à m'apporter, mais moi aussi j'ai quelque chose à te donner. Tu n'as pas que des qualités, toi que j'ai auréolé de gloire, toi que j'ai idéalisé, et je n'ai pas que des défauts, moi que tu ne regardais pas ou que tu critiquais. Entre nous, il n'y a plus de rapport de force puisque chacun de nous a découvert sa richesse et celle de l'autre. Aucun de nous ne l'emporte sur l'autre.

Lorsque nous, êtres humains, sommes dans notre nudité, nous sommes bien tous semblables, vulnérables. Nous perdons nos artifices et nos maquillages.

Tu es toi, je suis moi. Nous avons des couleurs différentes et nous nous donnons la main, chacun acceptant sa nuance et celle de l'autre ; chacun voyant la richesse et les imperfections de sa teinte mais aussi de celle des autres.

Ces couleurs de l'arc en ciel, quand elles se donnent la main et qu'elles tournoient bien haut dans la ronde des enfants de Dieu, se mêlent toutes ensemble et il n'apparaît plus qu'une seule couleur : le blanc de la pureté.

28
août

Qu'est-ce que la sainteté ?

Elle n'est pas un accomplissement de l'ego, une plénitude que l'on se donne à soi-même, c'est un vide, un creux parfois douloureux que Dieu vient remplir. Ceci est un message du petit François d'Assise que nous pourrions méditer.

Alors toutes les souffrances de ma vie, ces moments difficiles, ces chagrins, ces rancœurs, ces souvenirs d'humiliation que je n'ai pas recherchés, au moins je peux les accepter pour que la sainteté rayonnante de Dieu puisse entrer en moi.

Je ne peux pas devenir un saint par moi-même, en tendant mon ego vers un idéal, en me crispant dans le perfectionnisme ; mais si je consens au vide en disant oui à tous les événements de ma vie, même les plus malheureux, les plus intolérables, alors il se produira en moi une ouverture, une béance. Si je cherche à combler ce trou par mes compensations habituelles, mes petites « rustines » de l'âme, je ne laisserai ni le temps, ni la place à l'Esprit de venir me rencontrer. J'ai à garder bien ouverte la béance de mon cœur pour que le rayon d'Amour de Dieu puisse y pénétrer.

Je ne refuse pas d'entendre les remarques de celui que je perçois comme mon ennemi, mais qui est en fait mon ami. Cet ami, par ses réflexions que j'ai d'abord trouvées excessives, peut m'aider sans le savoir à me débarrasser plus facilement de tout ce qui m'alourdit : mon ego plein d'orgueil, vantard, superficiel, rempli de peurs de toutes sortes ; grâce à cet « ennemi-ami » j'entrerai plus aisément dans le désert intérieur apaisé que Dieu viendra inonder.

Je reçois à cet instant l'Or de la Sainteté de Dieu qui transfigure toutes les failles de ma vie. Lui seul est Saint !

29

août

Qu'est-ce que la chasteté ?

Certaines personnes qui ont vécu la sexualité, qu'elle soit conjugale ou non et qui choisissent ensuite la chasteté, pourront dire qu'elle peut être vécue dans la paix, dans le don de soi.

Certains souhaiteraient que les prêtres puissent se marier pour qu'il y ait une autre fécondité, une meilleure compréhension de ce que peuvent vivre les couples dans leur quotidien. Mais choisir la chasteté, c'est vouloir n'être qu'à un seul, pour vivre un seul grand amour ; comme le dit le père Guy Gilbert en parlant de Dieu, « c'est mon premier grand amour ». Alors, quand on a un grand amour, on a envie d'être tout à lui.

La chasteté choisie permet la disponibilité aux autres, l'indépendance vis-à-vis du désir que j'aurais pour quelqu'un ou du désir de cette personne pour moi.

Si nous vivons l'intimité conjugale, enrichissons-la, embellissons-la, rendons-la vivante ; qu'elle soit pour nous à chaque retrouvaille, un moment unique où nous donnons et recevons des gestes d'amour.

Si notre situation de célibataire, de prêtre, de religieux, de divorcé, de veuf, nous a menés à la chasteté, qu'elle soit réellement choisie ou éventuellement subie, tâchons de la vivre le mieux possible. Nous pouvons être dans le regret, dans la nostalgie, dans la difficulté, mais nous pouvons aussi la vivre comme un état de grande liberté intérieure qui nous permet d'être un frère et une sœur universels par nos actes, notre prière, notre silence, notre écoute. Nous devenons des amis universels.

Comme la chasteté peut être heureuse, quand elle est le signe du grand amour avec Dieu !

30

août

Apprendre à tout offrir

Un événement heureux comme une naissance, un succès, ou un événement douloureux comme un décès, ou le partage d'un lourd secret, peut être l'occasion pour moi d'une offrande qui peut t'aider, toi qui es triste en ce moment. Nous sommes tous reliés les uns aux autres. Le moindre geste, la pensée la plus ordinaire et l'action la plus commune, si je les fais avec amour, auront un effet positif sur l'humanité entière et donc sur toi. Que je puisse tout offrir, sans exception : mes joies comme mes souffrances, mes réussites comme mes erreurs, tout offrir et que cela puisse te secourir, si peu que ce soit !

C'est comme cela que petit à petit je vais apprendre à changer de regard sur ma vie et à y percevoir tous les cadeaux qu'elle recèle. Tout est cadeau ! Les événements positifs comme les négatifs. Je peux avoir vécu dans une douleur extrême la mort d'un être proche ou pleuré sur les chemins de traverse pris par mon enfant et y avoir découvert le cadeau qui s'y trouvait : une plus grande tolérance, une plus grande disponibilité pour les enfants des autres. J'ai pu parcourir avec difficultés le chemin de la séparation ou du divorce et voir qu'il y avait un cadeau dans l'autonomie retrouvée ou enfin vécue, et dans l'acceptation de la liberté de l'autre qui est la preuve de mon amour. J'ai pu me révolter, m'autodétruire, me culpabiliser en n'acceptant pas ou difficilement le handicap ou la maladie de mon enfant et avoir découvert ensuite, après avoir dit oui, le cadeau de la compassion universelle pour toutes les souffrances humaines.

31

août

Le bonheur de la profondeur

Une relation réussie, durable, qui rayonne autour d'elle est une relation profonde. Elle n'est ni passionnelle, ni fusionnelle, ni possessive. Elle se forge dans les vibrations particulières de l'âme. Plus je te vois, plus j'entends ta musique intérieure, plus je te comprends et plus je respecte ce que tu es.

Je ne peux pas dire que je te connaisse vraiment, mais je me retrouve dans certaines de tes mélodies. C'est ainsi que je déchiffre ton être au fil du temps, au hasard des notes ou d'un air qui me touche.

Ce n'est pas ta carte de visite, ni tes actions remarquables, qu'elles soient critiquées ou encensées, qui te donnent du prix à mes yeux. C'est la musique de ton âme. S'il m'arrive parfois d'être ébloui par elle, je sais aussi voir tes imperfections sans m'y arrêter, parce que je comprends de mieux en mieux ce que sont tes souffrances, tes difficultés, tes enthousiasmes, tes joies. Et je les accepte tels qu'ils sont, puisque comme moi, tu es fait de tout cela.

Merveille de la communion des âmes qui fait que la connaissance que j'ai de moi se réalise à travers toi qui me parles et qui me touches par tes mots, par tes chansons, à travers toi qui es disparu et qui as écrit ce qui me bouleverse aujourd'hui ; à travers cette musique, composée il y a plusieurs siècles, et qui fait battre mon cœur, comme elle a fait battre le tien. En même temps que je découvre ton être, je découvre qui je suis et je découvre Dieu.

J'entre dans ma profondeur grâce à toi qui m'émeus, à toi qui m'inspires de l'amour, à toi qui me fais rencontrer la beauté, à toi qui me fais venir les larmes aux yeux. J'entre dans ma profondeur grâce à Toi, mon Dieu !

Bonheur et profondeur, deux mots qui devraient toujours aller ensemble. Le bonheur monte comme un cri de joie de notre profondeur, là où un océan de Paix et d'Amour, là où la Sainteté de Dieu nous habitent. C'est cette profondeur que nous avons à ouvrir de plus en plus tout au long de notre vie ; c'est cette profondeur bienheureuse que nous trouverons pleinement épanouie après notre mort, lorsque nous aurons enlevé tous les voiles qui nous éloignent encore de Dieu.

1er septembre

Prendre des décisions claires et se fixer des objectifs

Prendre une décision qui ait toutes les chances d'être tenue, c'est avant tout se définir un objectif clair et précis. Si je décide par exemple d'être moins dépensier et que je ne me fixe aucune direction dans laquelle m'engager, je sais bien qu'au bout d'un moment, ce qui avait toutes les apparences d'une décision ne sera plus qu'un vœu pieux. Je dois me donner un cadre : avoir un objectif précis et bien voir les moyens à mettre en œuvre pour y parvenir.

Ce pourrait être, par exemple, de cesser d'avoir mon compte bancaire à découvert. Je prévois de m'autoriser certaines dépenses personnelles parce qu'elles sont vitales pour moi, mais je vais les cadrer par des limites qui seront celles du but à atteindre par-dessus tout : n'avoir plus de découvert. Quels moyens vais-je me donner pour obtenir ce résultat ? Je vais tenir une comptabilité rigoureuse de mes recettes et de mes dépenses obligatoires d'abord sur un mois. Pour ce faire, je peux avoir un cahier spécial et écrire au jour le jour chaque opération. Au bout d'un mois, j'aurai déjà une idée générale de mon budget et je pourrai en déduire la part effective qu'il reste pour mes dépenses de loisir. Au cours des mois suivants, je serai de plus en plus apte à évaluer quel type de libéralité personnelle je peux m'accorder et je poursuivrai mon but sans me décourager.

Au bout d'un an, j'aurai une idée de plus en plus exacte de ma comptabilité ; je verrai mieux comment me fixer un nouvel objectif qui pourrait être, par exemple, de faire des économies, moi qui ai vécu jusqu'à maintenant dans l'insouciance la plus totale.

Si arrêter de fumer est mon but, le fait d'y parvenir me redonnera confiance dans ma capacité à décider et à tenir mes résolutions, car cela m'aura demandé du temps, de la persévérance, une forte motivation et une vigilance quotidienne.

Le projet de reprendre des études, quel que soit mon âge, et parvenir à réussir un examen, aura sur moi le même effet d'entraînement, parce que pouvoir atteindre l'objectif que je m'étais fixé, malgré toutes les difficultés rencontrées, est un encouragement et un stimulant de ma capacité à prendre de nouvelles orientations, ou des décisions inhabituelles pour moi jusqu'alors. Et je vais m'étonner moi-même et me féliciter d'être enfin parvenu à ce changement.

2
septembre

Réussir le changement

J'ai gardé les habitudes alimentaires de ma famille, de mes grands-parents, de celles qu'on a dans ma région, par exemple de manger d'une façon trop riche. Si j'ai appris dans ma famille à associer les sucreries à la récompense ou à la fête, chaque fois que j'aurai besoin de me faire du bien, je mangerai des bonbons, des gâteaux. Ces habitudes sont ancrées en moi depuis longtemps et j'expérimente combien il est difficile d'en changer, même pour des raisons de santé. Tout ce qui touche à l'oralité est important chez l'être humain depuis la naissance, puisque c'est le premier mode relationnel du petit enfant : il découvre l'univers qui l'entoure d'abord par la succion ; il reconnaît sa mère par le goût et l'odeur du sein.

Dès lors, les habitudes alimentaires prises dès le jeune âge seront les plus difficiles à modifier. C'est pourquoi, si je fais le choix de suivre un régime plus équilibré je vais me heurter à une résistance intérieure, celle de ces habitudes qui me renvoient à ma petite enfance.

J'ai un souhait : je veux me nourrir différemment. J'ai un objectif : par exemple, normaliser mon taux de cholestérol. Je vise les moyens d'y arriver : je consulte une diététicienne pour voir avec elle ce que sont mes erreurs alimentaires ; à la suite de quoi je bannis de mon alimentation certaines catégories d'aliments qui me sont néfastes et je les remplace par d'autres mets autorisés qui me font plaisir, ou par tout autre chose qui me fera du bien, comme de m'offrir un voyage ou de pratiquer un sport qui me convient.

Chaque jour je valorise mes décisions tenues et je m'encourage à poursuivre. C'est jour après jour que j'affermis ma décision. Au bout de quelques mois, ce qui m'apparaissait comme une privation insurmontable m'est devenu une règle d'hygiène indispensable. Et même s'il m'arrive de manger comme autrefois lorsque je suis invité, je m'aperçois que mon organisme le supporte mal. J'ai réussi à opérer en moi un changement en profondeur, en me fixant un objectif clair et en me donnant les moyens d'y parvenir.

3

septembre

Avoir une règle de vie

J'ai peut-être souffert de la domination et de limites trop impératives de la part de mes éducateurs, si bien qu'aujourd'hui j'ai du mal à me donner une règle de vie. De même que la vie monastique repose sur une règle qui structure le temps, de même ma journée pourrait être découpée en activités accomplies dans la régularité, de façon à trouver un équilibre entre ce qui est relationnel, intellectuel, spirituel, émotionnel, matériel et physique. Ai-je réfléchi à l'emploi du temps de mes journées, de mes semaines ; ai-je trouvé un rythme ?

La règle des moines dit : « *Prie et travaille* ». Dans ce programme, outre les temps de prière et de travail, les moines ont aussi des temps de silence, de solitude, des temps de récréation et de repos. Le travail se répartit entre des activités manuelles et intellectuelles, et la prière communautaire rassemble les moines à des heures régulières du jour et de la nuit. Voilà une vie idéalement équilibrée.

Puis-je me donner une règle qui soit libérante, qui me débarrasse de mes éternelles obsessions à propos de mes oublis, de mes négligences, de ce que j'aurais pu faire et que je n'ai pas fait ? Si j'adopte un aménagement de mes activités qui soit une aide et non un emprisonnement dans un rituel insupportable, après l'avoir expérimenté, je pourrai ensuite le proposer à mes proches. S'ils me voient vivre en harmonie avec moi-même, ils auront envie de m'imiter.

Qu'il existe une règle dans ma maison n'est pas un projet chimérique ; une communauté familiale se doit de respecter une organisation minimale où les rythmes et les besoins de chacun sont pris en compte ; où le travail accompli pour la communauté est reconnu, même celui qui apparaît comme le moins valorisé. Je dois veiller cependant à ce que cette règle ne soit ni dure, ni contraignante, mais plutôt qu'elle tienne compte non seulement des besoins superficiels, comme des besoins profonds, mais encore des limites de chacun. Chaque membre de la famille a des dispositions, des dons qui s'expriment différemment : des goûts personnels, des réserves d'énergie, des talents à mettre en valeur, une plus ou moins grande facilité à partager. C'est la règle qui devrait permettre à chacun de s'exprimer selon ce qu'il est, et à tous de se sentir en harmonie avec les autres.

Je choisis une règle sans excès, pour un meilleur équilibre de vie.

4
septembre

Organiser, gérer, planifier

Voilà des mots que je n'utilise peut-être pas facilement parce qu'ils me semblent très éloignés de la spiritualité et de ce qui me paraît essentiel dans ma vie : la rencontre avec Dieu. Mais précisément, l'organisation, la structure de mon temps, la planification de mes activités, la gestion de mon budget sont des initiatives qui remettent mon *adulte* au premier plan ; c'est lui le chef d'orchestre de mes décisions et de tout ce que j'entreprends. Ainsi, quand je n'aurai plus la tête encombrée de pensées obsédantes concernant ce que je devrais faire et que je ne fais pas, et dans lesquelles je m'enlise par manque d'organisation, je pourrai plus facilement m'ouvrir à l'amour, parce que je serai intérieurement plus disponible. Que je trouve la meilleure façon de m'organiser : est-ce de tout noter sur un calendrier ou un agenda et de penser à les consulter chaque jour ? Est-ce d'avoir aménagé des temps réservés pour mes comptes parce qu'à ce moment de la journée ou de la semaine je suis plus en forme ? Ai-je besoin de récréations comme d'aller me promener ou d'écouter de la musique avant d'entreprendre une activité que je trouve particulièrement rébarbative ?...

A chacun de trouver sa méthode, ses outils pour réussir à structurer son temps, gérer ses comptes, organiser ses activités et prévoir le moment idéal pour les mettre en œuvre. Je mets à leur place légitime les activités de gestion et j'apprends à les voir comme des amies : ne sont-elles pas l'équivalent d'une thérapie qui m'aide à remettre de l'ordre dans ma vie ? Plus j'aurai de facilité à structurer mon temps, plus j'en aurai à gouverner naturellement ma vie. Apprendre à gérer chaque journée, chaque semaine mettra progressivement de l'ordre dans ma tête. Ce sera la meilleure façon de sortir du flou et du vagabondage mental.

5

septembre

Bien m'occuper de mon courrier

J'ai du courrier qui s'accumule. J'ai des amis à inviter, un devis à signer et à renvoyer, un paquet ou une lettre recommandée qui m'attend à la poste et je laisse le temps passer.

Aujourd'hui, je décide de répondre à des lettres personnelles ou de ne pas y répondre, mais je prends une décision. J'ai des factures à payer : je ne les pose pas n'importe où au risque de ne pas les retrouver à temps et je ne les laisse pas non plus s'entasser sur un meuble ou dans ma tête. Je traite chaque jour le courrier le plus urgent ou le plus important et je classe ce qui reste selon ces deux critères, pour m'en occuper un peu chaque jour ; et c'est décidé, je n'attendrai plus le dernier moment pour le faire. Que je sois bien au clair avec moi-même : je m'en occupe maintenant ou bien un autre jour, et si c'est le cas, je le marque sur mon agenda pour ne pas l'oublier. Et surtout, je me débarrasse de ces états intermédiaires d'hésitations sans fin, de tergiversations qui sont usants.

J'apprends au jour le jour à décider, à trancher, à organiser mes activités pour ne pas garder à l'esprit une quantité de préoccupations complètement inutiles.

6

septembre

Plus de flou mental

Tu crois, toi qui te sens très affective, très sensible, que c'est du temps perdu que de t'intéresser à l'organisation matérielle de tes journées ou à la gestion de ton courrier et de ton budget. Rends-toi compte des conséquences pratiques dans ta vie quotidienne de ce désordre mental : tes oublis, les factures que tu égares, tes majorations de retard, ton découvert bancaire, ton endettement, les objets que tu perds, les rendez-vous que tu manques, les amis que tu négliges. Tout cela est la conséquence de ton flou mental. Songe à tout ce qu'il entraîne aussi comme temps gâché en affectivité débordante, en ruminations, en idées fixes, en rancœurs que tu as du mal à contrôler, parce que ton cerveau gauche, ou ton *adulte* est insuffisamment développé.

Jésus n'a pas dit : « Lève-toi et envole-toi », mais : « *Lève-toi et marche* ! »

7

septembre

Arrêter les idées fixes

Ce sont nos pensées qui nous torturent, qui nous jugent, qui nous évaluent constamment. Ce sont nos pensées qui nous font gaspiller une énergie considérable et qui finissent par nous engloutir comme l'ogre ou le loup dans les contes.

Je voudrais rompre avec ces pensées lancinantes, ces cassettes vidéo intérieures qui passent « en boucle », ces reproches que je m'adresse, ces jugements négatifs sur moi et sur les autres, ces scénarios familiaux indéfiniment répétés.

D'abord j'apprends à ne plus me juger. Je regarde ces pensées délétères avec indulgence, avec amusement, puis avec distance ; je m'imagine qu'elles défilent devant moi et qu'elles s'en vont mourir un peu plus loin. Alors, je prends une décision : je dis stop ! Et je change d'activité. Je ne peux pas me reposer de mes obsessions à propos de mon travail ou de mes difficultés conjugales en pensant à tout ce que j'ai à faire pour le lendemain. Il faut que je puisse me fixer sur une activité toute différente. Si par exemple j'avais ces idées fixes en travaillant, je vais aller tondre ma pelouse ou bricoler si je les avais en repassant du linge. Le plus important n'est pas que la pelouse soit tondue ou que le linge soit repassé, mais que je retrouve ma sérénité. Je décide de faire autre chose : je fais du sport, je vais au cinéma, je vais voir des amis, j'entreprends une activité intellectuelle ou artistique ou bien je vais me régénérer dans la nature.

Endiguer le flot de mes pensées et faire le vide en moi, c'est d'abord changer d'activité, changer de plan, retrouver mon corps et mon cœur pour ne pas laisser le vacarme intérieur envahir ma tête.

J'apprends à faire silence en moi.

8
septembre

J'ai des rites, des obsessions, des phobies

J'ai des troubles obsessionnels compulsifs, des T.O.C. Si je ne vérifie pas plusieurs fois de suite avant de quitter ma maison que j'ai bien fermé le robinet de gaz ou la porte d'entrée, je me sens oppressé, tendu. Je répète indéfiniment les mêmes gestes, les mêmes rituels. Je me lave trente-six fois par jour. J'ai la phobie des microbes et je désinfecte mes mains à l'eau de javel après avoir touché un objet, quel qu'il soit ; d'ailleurs on me fait remarquer souvent que mes mains sont irritées et rouges en permanence. Je nettoie partout, je passe toutes les clanches de porte à l'alcool surtout si je suis à l'extérieur de chez moi, et dans ces cas-là, c'est une torture parce qu'en même temps, j'ai peur d'être vu. J'en arrive à ne plus oser sortir. Je me suis enfermé dans un carcan de règles compliquées, de rituels qui absorbent toute mon énergie, qui me compliquent la vie en raison du temps que tout cela me demande. Cela m'épuise et de plus, me rend insupportable à mon entourage.

Derrière tous ces rites, il y a une culpabilité profonde : je m'en veux ; j'ai l'impression d'avoir fait quelque chose de mal dont je dois être puni.

Que je me rende compte d'où viennent mes troubles obsessionnels, mes rites, mes fausses croyances, mes superstitions ; est-ce que je me sens coupable vis-à-vis de mes parents contre lesquels j'accumule de la rancœur du fait que nos relations ne sont pas faciles ? Ai-je été jaloux d'un frère ou d'une sœur et n'ai-je pas pu, ou su, exprimer ce sentiment ?

Où est ma culpabilité ?

9

septembre

Cerveau droit, cerveau gauche

Nous avons deux hémisphères dans notre cerveau : l'hémisphère droit est celui de l'affectivité, de la sensibilité, de l'imagination et de l'esprit de synthèse ; l'hémisphère gauche correspond à la rationalité, la logique, l'organisation et l'esprit d'analyse. Si tu as bien développé ton cerveau gauche, parce que tu as plutôt une formation scientifique ou organisatrice, tu es à l'aise pour la gestion de ta vie quotidienne ; mais si parallèlement, tu n'as pas suffisamment développé ton cerveau droit, tu risques de vouloir tout contrôler, tout planifier, d'avoir sans arrêt l'obsession de l'heure, du temps qu'il reste pour accomplir telle activité, de celui qu'il faudra pour telle autre ; apprends à te laisser aller, à faire des pauses, mets de la fantaisie dans ta vie, fais confiance aux personnes qui t'entourent, abandonne-toi.

A l'inverse, si c'est ton cerveau droit qui est dominant, tu es plutôt intuitif et sensible, tu fais partie des personnes qu'on dit créatives, imaginatives et souvent tu préfères vivre librement, sans structure et tu supportes difficilement les obligations, les contraintes quotidiennes ; le temps pour toi a peu d'importance et tu gères mal tes rendez-vous qui risquent de traîner en longueur, ou bien tu les oublies. Apprends à t'organiser, occupe-toi de ton courrier, tiens tes comptes à jour, structure ton temps ; au début, tu auras du mal, mais cela va te rééquilibrer.

10
septembre

Je peux le faire aujourd'hui

Mon grenier est encombré de vieilles choses inutiles et depuis longtemps j'ai le projet de le débarrasser ; mon bureau est en désordre et je ne retrouve plus tel courrier important ; la pelouse demande à être tondue, l'herbe pousse entre les rosiers, et plutôt que d'agir sans attendre, je préfère rester les bras ballants à me lamenter parce que j'ai trop de choses à faire et que je n'y arriverai jamais.

Au lieu de me prendre pour une victime, de regretter de n'avoir encore pas vidé le grenier, de n'avoir pas trouvé le temps de ranger mon bureau ou profité du beau temps pour m'occuper du jardin, je me mets au travail maintenant. Je cesse de rabâcher au sujet du temps perdu, des occasions manquées, et je ne me projette plus dans cet avenir proche, demain par exemple, où j'aurai plus de temps pour m'occuper de tout cela. Je choisis de commencer maintenant ; je ne vais pas tout régler aujourd'hui, mais je me jette dans l'action : je trie les papiers qui traînent sur mon bureau et je jette ce qui ne sert à rien. Ce que je peux faire aujourd'hui, je le fais. Et chaque jour, de la sorte, je m'astreins à agir concrètement pour régler un problème matériel et pour ne plus en être encombré.

11

septembre

Anorexie, boulimie

Quel problème que de manger ! J'oscille entre ce que l'on appelle la boulimie et l'anorexie. Je me remplis pour combler un vide, un gouffre sans fond et lorsque je suis saturée de nourriture avalée à toute vitesse, je ne supporte pas cette sensation d'estomac plein et je me fais vomir. Par contre, à d'autres moments je ne mange presque plus rien ; je contrôle tout ce que j'absorbe et pour cela je refuse de partager les repas familiaux ; je préfère me préparer moi-même ce que je mange. Je pèse maintenant trente-cinq, quarante kilos mais je me trouve encore trop grosse.

Je comprends que j'ai une grande soif d'absolu, que j'ai un caractère très entier. Il y a en moi une tendance à la boulimie, à l'expansion et quand je lutte contre cela, j'en arrive à faire tout le contraire : je ne mange presque plus rien ou bien je fais croire que je mange. Je suis capable d'une grande volonté : je travaille beaucoup et je suis à la tête de ma classe ; je sais aussi dire un non ferme à mes parents qui veulent me forcer à manger. Par ce non, je sais que je les domine tous, mes parents et les soignants. Je vois petit à petit que dans mon anorexie, il y a un autre non : je ne veux pas grandir ; je ne veux pas devenir un être sexué et être l'objet de regards désirants ; je veux rester une petite fille en fusion avec sa mère. D'ailleurs, je n'ai plus mes règles depuis que j'ai maigri.

Mon âme est éperdue de beauté et d'absolu, mais il y a en moi de l'orgueil et de la domination ; je ne veux pas plier et je veux faire plier les autres autour de moi. L'anorexie, c'est mon pouvoir sur les autres. J'ai du mal à le reconnaître et à l'accepter quand mes parents tentent de me raisonner.

Je crois que j'aurais besoin de parler, de mettre tous mes refus en mots, en paroles libératrices avec l'aide d'un accompagnateur. Je voudrais comprendre ce que sont mes refus : rejet de la féminité telle qu'elle m'est proposée par ma mère, rejet de la sexualité... Cette voie peut me permettre, non plus d'accuser les autres de mon malheur, mais de travailler sur moi. J'ai à apprendre tout d'abord à me sentir bien avec moi-même, en accord avec mes aspirations profondes, puis à trouver une alimentation plus saine, simplifiée, équilibrée qui me convienne. Ensuite j'apprendrai à me positionner plus légitimement et librement vis-à-vis de mes proches.

12
septembre

Vouloir toujours plus

Tu voudrais posséder toujours davantage et tu te rends malheureux : tu voudrais plus de reconnaissance, plus d'amour ou de richesses et tu es frustré parce que tu penses que les autres sont mieux pourvus que toi. Il t'arrive même de regretter d'avoir eu un élan de générosité, parce que cela va te priver de quelque chose.

Tu es très exigeant envers toi mais aussi envers les autres. Certes, tu as un idéal et des valeurs élevées mais remets un peu en cause cet idéal. Sans doute est-ce admirable d'avoir un but, un objectif ; mais est-ce légitime d'être éternellement insatisfait et de te durcir face à ces contrariétés ? Te rends-tu compte de la pression que tu exerces sur ton entourage ? Comme tu es tout le temps insatisfait, tu ne prends pas le temps de te réjouir des événements heureux de ta vie, tu ne sais pas t'arrêter dans ton travail, tu exiges toujours plus de tes enfants, de tes subordonnés ; tu ne reconnais pas l'ampleur de la tâche fournie par ton employé et tu ne félicites pas ton enfant pour ses résultats scolaires, parce que tu penses qu'il aurait pu mieux faire et tu le lui dis. Tu ajoutes même qu'il n'a aucun mérite à avoir eu ces bons résultats puisqu'il a certaines facilités.

Souviens-toi que tes parents ont été très exigeants avec toi quand tu étais petit et prends conscience que tu reproduis cette attitude avec tes enfants, alors que tu en as souffert. Cela ne te fait-il pas mal au cœur de t'en rendre compte ? Peux-tu te contenter de ce qui est, même si c'est imparfait, et penser à valoriser les progrès de tes enfants et leurs qualités ?

Oui, tu peux avoir un idéal, un but, et en même temps accueillir les insatisfactions quotidiennes en t'en servant comme d'un marche-pied, d'une aide pour monter une à une les marches de ta progression personnelle ; car toi aussi tu es plein d'imperfections et tu n'as pas à te les reprocher sans cesse ; si tu les reconnais en toi, tu seras plus compréhensif vis-à-vis de celles des autres.

Tu peux devenir le témoin de l'amour de Dieu dans les petits faits insignifiants de ta vie en étant dans la louange, même pour ce qui est imparfait.

Souviens-toi, il n'y a de perfection que dans l'imperfection parfaitement acceptée.

13
septembre

Je suis entier

J'ai tendance à me poser dans les cxtrêmes : le tout ou rien. Pour moi, la voie du milieu n'existe pas. Je ne veux pas de la tiédeur ; d'ailleurs il est écrit : *« Je vomis les tièdes »*[28]. Et je m'enorgueillis de cela, je m'en pare comme d'une vertu.

Que j'apprenne à dire avec plus de franchise que je suis entier parce que j'ai une soif d'absolu certes, mais en même temps que j'admette que j'ai du mal à relativiser, à prendre du recul, à voir autrui avec indulgence.

D'où me vient l'emploi de cette expression à mon sujet ? L'ai-je entendu dire par quelqu'un que j'admirais ? Et ce comportement intransigeant, l'aurais-je copié sur quelqu'un à qui je m'identifie et à qui je souhaite ressembler ? Si je suis entier, ce peut être une qualité parce que je sais aller jusqu'au bout de mes idées, de mes engagements ; je ne renonce pas à mes projets ; mais alors que ce soit uniquement pour le meilleur et jamais pour écraser quelqu'un. Derrière cette qualité se cache aussi mon orgueil, ma domination, un certain sens de la démesure.

Que je voie pourquoi je suis tellement d'une seule pièce, pourquoi j'ai du mal à aller dans la voie du milieu. Que je retrouve plus de douceur, que je découvre en moi une onction qui mette de l'huile dans mes rouages.

Si je reconnais en moi la soif d'absolu mais aussi l'orgueil, que je sache me regarder avec compassion et que je puisse m'en servir lorsqu'il s'agira d'aider mes frères : je trouverai l'énergie de me battre pour servir leur cause ; mais je n'oublierai pas de développer en moi la compréhension pour mes limites et pour celles des autres.

28. Apocalypse, 3, 16.

14

septembre

Ne plus vivre en victime persécutrice

Si j'ai du mal à accepter la responsabilité de mes actes et de mes choix, je peux avoir choisi une vie compliquée qui me fait souffrir, comme une relation extraconjugale, et éprouver de grandes difficultés à voir mon implication dans ce choix. Je trouverai plus commode d'accuser mon conjoint de m'y avoir poussé par son indifférence ou ses infidélités.

Si ma vie sentimentale est difficile, je peux me sentir la victime désignée des hommes ou des femmes ; ou de mes parents qui ne m'ont pas averti des difficultés du mariage ou de la cohabitation ; je peux m'aveugler ainsi et éviter de faire le travail d'introspection qui me ferait voir quel scénario de victime je suis en train de répéter sans fin.

Mon enfant a des difficultés à se discipliner dans son travail scolaire et devant ses mauvais résultats, je vais accuser le professeur d'incompétence ou de favoritisme ; je vais accuser mon conjoint de ne pas s'intéresser au travail scolaire de notre enfant alors que je me cite en exemple, et je vais me complaire dans mon rôle de victime.

Et moi qui me pose en martyr, je deviens progressivement celui ou celle qui trouve des coupables et qui les persécute et qui les juge. Je monte les parents d'élèves contre ce professeur incompétent ; je démontre à tous mes amis combien ils ont tort d'apprécier mon conjoint, parce que s'ils le connaissaient en privé ils changeraient d'avis.

Nous sommes souvent tentés de nous décharger sur autrui de notre responsabilité puis de nous transformer en censeur, en accusateur et en persécuteur.

Est-ce que je peux apprendre à dire que c'est moi seul qui ai fait tel choix et que j'en assume les conséquences ? Et si je sais voir mon implication dans l'échec scolaire de mon enfant, même si toute la responsabilité ne m'en incombe pas, je verrai ma part, rien que ma part, mais toute ma part. Par ailleurs, je n'accepterai pas non plus d'être accusé par d'autres d'une responsabilité qui n'aurait été que partielle. Chacun assume sa part d'homme, de femme libre de ses choix.

15
septembre

Les jeux psychologiques

Nous jouons tous des jeux psychologiques, le plus souvent sans nous en rendre compte[29]. Nous en usons pour tirer de nos relations familiales, de travail ou amicales, le plus de gains possible, qu'ils soient positifs ou négatifs. De ce fait, nous choisissons pour associés, amis et intimes les personnes qui jouent aux mêmes jeux que nous ou qui ont des jeux complémentaires. Si bien que telle personne pourra se sentir "quelqu'un" dans tel milieu et se sentir complètement inexistant dans tel autre. A l'inverse, le membre d'un groupe, d'un cercle, qui modifierait son comportement, s'en verrait progressivement exclu. Les jeux nous sont transmis par nos parents au travers d'expériences quotidiennes vécues dès les premiers mois de notre vie. Ils se transmettent de génération en génération.

Ces jeux sont des façons de structurer, d'occuper le temps. Dans un couple, ils sont destinés à retarder ou éviter l'intimité qui est redoutée ou trop désirée par l'un des partenaires.

Nos relations avec les autres se terminent souvent de la même façon, soit d'une façon positive et agréable, soit d'une façon destructive. Par exemple, je constate fréquemment qu'une relation qui semblait avoir très bien commencé se termine une fois de plus par un fiasco alors que je ne l'avais pas vu venir; si je ne comprends pas le pourquoi d'un tel retournement, si j'ai le sentiment désagréable que la plupart de mes relations sont pénibles ou conflictuelles, il me faudra chercher quel est le scénario psychologique que je répète. Il y a plusieurs sortes de jeux psychologiques: je peux représenter le persécuteur, le sauveteur ou la victime. Dans lequel de ces jeux puis-je me reconnaître *a priori ?*

29. Éric BERNE, *Des jeux et des hommes,* Stock édit., Paris, 1990

16
septembre

Le persécuteur

Le persécuteur critique, juge et domine en écrasant, en cherchant à nuire. « Regarde ce que tu m'as fait faire ! Si j'ai raté ma mayonnaise, si je me suis donné un coup de marteau, c'est parce que tu m'as parlé juste à ce moment-là. »

C'est toi qui m'a entraîné là-dedans ! J'ai du mal à prendre les décisions dans mon couple et je laisse ma femme, mon mari se débrouiller ; si les choses tournent mal, j'accuse l'autre de notre déconfiture commune.

Sans lui : sans ma femme, sans mon mari, sans mon chef, sans ces voisins, qu'est-ce que je serais heureux ! Sans ce village où il ne se passe jamais rien, loin de cette ville polluée, alors tout irait bien. Je rejette la faute sur quelqu'un d'autre, ou j'accuse une situation extérieure de tout ce qui ne va pas dans ma vie.

Cette fois je te tiens, salaud ! : je développe toute une argumentation ou je lance une provocation pour arriver à faire chuter l'autre et pouvoir lui dire : « Tu vois ! Je te l'avais bien dit ! J'avais raison ! tu es un...

Le jeu de *battez-vous* consiste à sentir ce qui va opposer des personnes amies ou un couple chez lesquels le joueur est invité. Il va lancer un sujet de conversation brûlant qui va déclencher la bagarre générale. Ce mécanisme peut être inconscient et n'être qu'une répétition de ce qui a été vécu si souvent en famille avec les parents.

17
septembre

Le sauveteur

Le sauveteur se met au-dessus des autres pour les aider – alors que lui, on ne peut pas l'aider – et sait mieux que les autres ce qui est bon pour eux.

Les pauvres gens ! Avec le ton un peu condescendant de celui qui est imbu de sa supériorité ou qui est dans une situation tellement plus avantageuse.

Que feriez-vous sans moi ? Je ne peux pas partir, parce que dès que je m'en vais, ils sont perdus et ne savent pas se débrouiller ; croyance très répandue chez les épouses et mères de famille.

Quels ingrats, après tout ce que j'ai fait pour vous ! Pour quelqu'un qui est fatigué, qui a beaucoup donné, qui ne sait pas recevoir et ne sait pas s'aimer, il est facile de tomber dans ce jeu.

J'essaie simplement de t'aider : « tu vois, si tu m'écoutais, ton problème serait résolu ; je suis obligé d'être toujours derrière ton dos pour te montrer ce que tu dois faire ». Ce jeu est complémentaire de « regarde ce que tu m'as fait faire » ou de « c'est toi qui m'a entraîné là-dedans ». Cela signifie que si je suis trop sauveteur, celui que je prétends aider va s'irriter, me critiquer, me persécuter et alors je vais me sentir victime.

18
septembre

La victime

La victime s'attire des coups et se plaint de n'avoir pas de chance. « Je n'ai pas de chance ! Je suis né sous une mauvaise étoile. Je suis nul. Qu'est-ce que j'ai fait au Bon Dieu pour mériter cela? Personne ne m'aime. Pourquoi faut-il que ça n'arrive qu'à moi ? »

Donnez-moi des coups de pied : C'est une personne qui s'arrange pour ne pas être comprise et pour recevoir des paroles de rejet ou des paroles désagréables. Elle a une façon déplaisante d'aborder les autres, très coupable, avec le regard en biais, fuyant, la voix inaudible, si bien que cela provoque l'irritation et déclenche chez l'autre une parole négative. Cette parole était attendue inconsciemment par la victime qui a une mauvaise image d'elle-même, et cette image va alors être renforcée. Si cette personne a affaire à quelqu'un qui excelle dans l'emploi de celui qui « cherche seulement à vous aider » (voir sauveteur), le jeu dure plus longtemps, mais la victime en attente va finir par dépasser les bornes jusqu'à ce qu'elle reçoive le coup de pied qu'elle pressentait.

Je n'ai pas un moment à moi, je suis éreinté : ce discours dont l'exemple a été donné par l'un des parents, indique que je ne sais pas m'arrêter et que je tente d'attirer la sympathie ou la reconnaissance pour mon travail en exagérant ma fatigue. Le partenaire du jeu aura tendance soit à exagérer sa propre fatigue, soit à minimiser la mienne pour ne pas avoir à reconnaître que son travail est moins important ou moins fatigant. Pour ne pas entrer dans le jeu, on peut simplement reconnaître la fatigue de l'autre.

Mon malheur est supérieur au tien: jeu très fréquent que connaissent bien les thérapeutes. «Vous ne pouvez pas me comprendre; vous n'avez pas vécu l'enfer qu'a été mon enfance.» « Je sais que je ne m'en sortirai jamais avec ce que j'ai enduré lorsque j'étais petit. » Une des façons d'arrêter le jeu et de se remettre dans l'*adulte*, est de rétorquer: «C'est vrai que je ne peux pas juger de vos souffrances et je ne me permettrais pas de le faire. Je comprends combien vous avez pu être dans la peine, mais je ne vous permets pas d'évaluer mes propres souffrances; que savez-vous de ce que j'ai vécu ?»

J'ai une jambe de bois : je suis nul en maths, j'ai de l'asthme, je suis tout le temps malade, je ne suis pas capable de gérer mes comptes. Avec les parents que j'ai eu, avec le mari ou l'associé que j'ai comment voulez-vous que je m'en sorte ? J'ai une infirmité réelle ou fictive et je m'en prévaux pour échapper à telle corvée, à telle accusation.

Je suis nul : variante de la précédente en plus grave, parce que là ma nullité est totale et universelle. Je ne suis bon à rien et je ne sais rien faire. Je n'ai aucun talent, aucune beauté, je ne suis pas intelligent et je cumule tous les handicaps. Le partenaire du jeu se récrie, énumère toutes les qualités de l'autre et se transforme en sauveteur.

19
septembre

Comment se libérer des jeux psychologiques

Les jeux de persécuteur, sauveteur, victime, font partie de ce qu'on appelle le triangle dramatique.[30]

Pour pouvoir exercer son jeu, le "persécuteur" ou le "sauveteur", qui au fond de lui se sent victime, a besoin d'une "victime" consentante qui subisse la situation. Si celle-ci, au bout d'un moment se rebelle, elle devient à son tour persécutrice et le jeu se retourne, si bien que le "persécuteur" ou le "sauveteur" se trouve à son tour en position de victime. Dans les jeux psychologiques, soit l'on est au-dessus des autres, soit en-dessous, c'est-à-dire dans une relation "gagnant-perdant" (plus-moins) ou "perdant–gagnant" (moins-plus) et non pas dans une relation "gagnant-gagnant" (plus-plus), et chacun joue sa partie et y excelle, sans vouloir céder un pouce de terrain. Tous ces jeux montrent l'importance de vouloir trouver une sortie en se remettant dans l'*adulte* et non plus dans la dyade *parent normatif - enfant soumis - enfant rebelle*; et en sachant utiliser à bon escient le *parent nourricier* et l'*enfant libre*. Bien dosés, l'*adulte* et le *parent nourricier* en moi me permettent d'analyser les jeux que je joue et ceux de l'autre, et de savoir rassurer les peurs sous-jacentes que je perçois chez mon partenaire.

Si j'ai découvert mon être profond, je sais à la fois être pleinement dans le présent, manifester ma spontanéité par un humour léger, non corrosif et également vivre l'intimité.

La pleine conscience est cet état qui me fait vivre dans l'ici et maintenant, ni dans le passé, ni dans le futur. Elle me donne un regard libre, débarrassé de tout ce que j'ai appris, de ce qui m'a été inculqué et qui ne correspond pas à mon être intérieur. Grâce à la conscience, je retrouve les yeux de mon enfant de lumière et je participe à la beauté de ce qui m'entoure. Je suis dans le courant de la vie universelle.

---

30. Alain Cardon, Laurent Mermet, *Vocabulaire de l'analyse transactionnelle*, Editions d'organisation, 1982.

La spontanéité signifie la simplicité d'éprouver ou de montrer mes sentiments, de ne plus être débordé par eux et de pouvoir refuser d'entrer dans un jeu en toute liberté, avec détachement.

L'intimité : pour y accéder, cela implique que je sois dans l'état de pleine conscience et qu'en même temps je vive la spontanéité de l'*enfant libre*. Le libre accès à soi et la spontanéité donne accès à l'autre s'il est dans la même disposition. L'intimité est débarrassée du jeu, lequel a pour fonction essentielle, précisément, de lui faire obstacle.

20 septembre

Je ne suis pas le sauveur de l'humanité

Si je me sens l'âme d'un sauveteur, je peux me croire investi d'une mission : celle d'aider les autres, ceux qui sont dans l'affliction. J'ai pu avoir choisi mon conjoint parce que son air malheureux avait quelque chose de séduisant : enfin quelqu'un à aider ! Je peux l'avoir choisi parce qu'il souffrait d'alcoolisme et que je me sentais la capacité de le « tirer de là ».

Je suis celui ou celle qui écoute les problèmes de tout le monde et qui se laisse submerger par eux. Si j'en suis là, je suis quelqu'un qui donne beaucoup : de son écoute, de son temps et en même temps, qui a du mal à recevoir ou à accepter de se faire aider.

Cet état signifie que j'ai surdéveloppé mon *parent nourricier*, sans avoir suffisamment développé mon adulte. Le *parent nourricier* non cadré par l'adulte se déploie avec démesure ; si mon *parent normatif* est lui aussi très développé, je risque d'avoir une certaine rigidité dans mon comportement qui peut me porter vers les extrêmes : vers l'intolérance, le rejet de celui qui ne veut pas se faire aider et je peux devenir persécuteur.

Que je discerne bien tout l'orgueil qui se tient derrière ce comportement. Je ne suis pas le sauveur de l'humanité, mais seulement quelqu'un qui peut apprendre à donner et recevoir.

21
septembre

Je ne veux plus m'attirer de coups

Je constate qu'une partie de moi a pris l'habitude de souffrir. Je commets souvent des erreurs, des maladresses qui font qu'on m'attaque, qu'on m'agresse, qu'on m'écrase. Cela me rappelle quelque chose : une ambiance trop connue depuis que je suis petit. Je me rends compte que j'ai une responsabilité dans le fait que quelque chose en moi attire la persécution. J'ai toujours connu cela et j'ai adopté une position de victime ou masochiste. J'ai connu la violence familiale, j'avais très peur de mes parents qui n'avaient pour moi que des paroles dévalorisantes. Ma mère criait beaucoup, me diminuait sans cesse et me comparait à toutes mes amies, toujours plus belles et plus intelligentes que moi. Mon père ne prenait jamais ma défense.

Je ne sais pas m'adresser à quelqu'un sans adopter un ton de supplication, un regard fuyant, une voix larmoyante qui, je le vois bien, finit toujours par susciter l'exaspération et puis, si je persiste, le rejet. Je ne sais pas m'exprimer autrement et, à vrai dire, je n'ai jamais su le faire. J'ai l'impression que je serai mieux accepté si j'essaie d'attendrir l'autre par mes larmes. Je suis sans arrêt en train de m'excuser, de m'effacer, de m'humilier, croyant m'attirer la sympathie, la pitié, mais c'est tout le contraire : on me rudoie, on me secoue, on me jette dehors. Et là, je suis vraiment convaincu de mon peu de valeur, de ma nullité et je vais être encore plus servile, encore plus rampant.

« Est-ce que tu penses vraiment, mon enfant chéri, te dit Dieu, que ma volonté soit ton écrasement, ta négation ? Que je souhaite que tu te gommes, que tu te nies, que tu t'attires toujours les mêmes rejets ? Ce n'est pas cela que je veux pour toi. »

Je prends une première décision, celle de me faire accompagner psychologiquement. Avec l'aide de cet accompagnateur, je prends une deuxième décision : je ne veux plus m'attirer de coups physiques ou psychologiques. Je ne veux plus entrer dans des rapports de force où quelqu'un me fait souffrir. Je ne veux plus me faire mal en allant vers cette personne que je ne sais pas aborder autrement que dans mon scénario de victime. Je veux changer mes relations pour qu'elles deviennent plus libres, plus harmonieuses, plus équilibrées.

22
septembre

La culpabilité

Elle peut être positive si par culpabilité j'entends un regret, une contrition qui me pousse à une action, à une réparation, à une transformation, à une décision pour changer une habitude ; mais telle que nous l'entendons le plus souvent, c'est un sentiment honteux, négatif qui tourne en rond, qui ne débouche sur rien, et qui génère pensées lancinantes, non-amour de soi, stagnation, lourdeurs.

Par exemple, elle est à l'origine de toutes nos dépendances par rapport à nos proches.

Je n'arrive pas à dire ce que je ressens à mes parents lorsqu'ils me reprochent de ne pas m'occuper d'eux suffisamment. Je me soumets à leurs exigences parce que je me sens coupable d'avoir d'autres désirs.

J'ai fait mes choix professionnels ou sentimentaux en fonction de ce que mes parents souhaitaient pour moi, parce que je me sens incapable de penser par moi-même.

J'ai des conflits avec mes frères et sœurs issus de vieilles rivalités de l'enfance ; ces divisions me font toucher du doigt que j'ai du ressentiment envers eux et je m'en sens coupable.

Je me sens en faute vis-à-vis de mes enfants, parce que j'ai beau leur dire que je les aime tous de la même façon, il y en a bien un que j'ai préféré ; il est venu dans de meilleures conditions ou il a mieux répondu à mes attentes.

Je peux me croire responsable des comportements inconséquents de mes enfants qui me prouvent l'existence de blessures dont je suis à l'origine et de graines de souffrance que j'ai sans doute déposées en eux.

Je me fais des reproches à cause de promesses que je n'ai pas tenues vis-à-vis de mon conjoint, ou de phrases que j'ai lancées à des amis et qui ont été reçues autrement que je ne l'avais prévu.

Je suis coupable, indigne, misérable.

23
septembre

Tu te sens coupable en société

Tu ne te sens pas à l'aise dans les relations sociales et jusqu'à présent, tu t'en es beaucoup voulu, tu t'es dévalorisé, replié sur toi. Certains apparemment ne sont impressionnés par rien ni personne : ils ont de l'humour, de la répartie, ils savent briller par leurs connaissances et toi, tu les envies parce que tu as le sentiment de n'avoir rien à dire et de ne susciter l'intérêt de personne. Tu te sens mal lorsqu'il s'agit de compétition, même si ce ne sont que des joutes verbales de plaisanteries ou d'érudition. La négation de toi qui en découle fait que tu t'isoles de plus en plus, que tu te coupes de la société et à certains moments cela t'amène tout doucement à la dépression, à des pensées de suicide. En fait, ce que tu recherches, c'est te sentir bien avec toi-même, te sentir vrai avec les autres et non pas cultiver l'artifice pour paraître ce que tu n'es pas. Sois simplement ce que tu es, avec tes imperfections : ton excès de poids, ton peu d'élégance vestimentaire, tes fautes de français, les lacunes dans ta culture, ta difficulté d'élocution. Cela ne t'empêche pas de travailler tel ou tel de ces aspects, mais sache-le : ce n'est pas la perfection du langage ou l'éclat du savoir et des vêtements qui attire forcément l'autre ; ton charme, c'est la beauté qui se trouve à l'intérieur de toi, dans ton être profond. Ce qui parle au cœur, c'est ce qui est vivant en toi. Laisse la vie couler et rayonner à travers tes paroles, ton apparence physique ou les vêtements que tu portes. Fais de plus en plus l'unité entre ce que tu es en profondeur et ce que tu dis ou fais à l'extérieur. C'est cela qui est attirant et qui donne un vrai charisme.

Dans le conte *La Belle et la Bête,* c'est le regard d'amour inconditionnel de la Belle pour la Bête qui fait qu'elle se métamorphose en prince ; l'amour de la Belle lui redonne du prix à ses propres yeux et la Bête redevient le prince qu'elle était à l'origine ; de la même façon, si j'apprends à aimer la bête en moi, je me découvrirai prince ou princesse.

24 septembre

Je n'ose pas parler en public

Je suis à une réunion syndicale, à l'assemblée générale d'une association, au conseil municipal de ma commune, à des travaux dirigés à l'université ou même plus simplement à une réunion de famille et j'ai des angoisses à l'avance à propos de l'éventualité de ma prise de parole devant les autres. Je ne suis pas d'accord à propos de telle décision et je voudrais pouvoir l'exprimer et développer mes arguments devant tout le monde. Mais je sais bien que si je ne suis pas vraiment obligé de parler parce que personne ne me demandera mon avis, je risque de m'enfermer un peu plus dans mon mutisme, dans mon sentiment d'indignité et être mécontent de moi, alors que si je décidais à l'avance que cette fois, je vais dire ce que je pense, je prendrais petit à petit de l'assurance. Cette assurance ne me viendra pas des autres, mais uniquement de ce que j'aurai osé dire, quoi qu'il arrive : même si mon opinion est mal reçue, même si elle déclenche de la colère ou de l'opposition, l'important pour moi, c'est que j'ai pu enfin l'exprimer. On apprend en faisant et comme le dit le proverbe : « on ne fait pas d'omelette sans casser des œufs. » Je reconnaîtrai ma part dans le fait que mes paroles aient pu être mal reçues, je m'encouragerai, et je me donnerai le droit à l'erreur. Je recommencerai à la prochaine occasion et je tâcherai d'être plus unifié, plus serein dans ce que j'aurai à dire.

C'est par toutes petites étapes que je peux apprendre à m'affirmer sans agressivité et en plein accord avec moi-même.

25
septembre

Je rougis facilement

Je sais que je rougis facilement depuis mon adolescence. Certains camarades se sont moqués de moi et ce souvenir est resté cuisant ; ou bien mes parents m'ont reproché d'avoir rougi en leur présence devant des tiers, et j'ai senti qu'ils avaient honte de moi.

Lorsque je suis dans une situation susceptible de déclencher le phénomène, tout de suite je mets en place les conditions pour que cela se produise. J'anticipe, je me vois écarlate, j'imagine déjà les regards surpris, interrogateurs. En fait je provoque le rougissement par tout ce conditionnement préalable. Je sens que je deviens rouge, je crois que les autres vont le voir et cela accentue ma sensation de malaise et de honte. Lorsque le rougissement survient, la honte me submerge et je rougis de ma honte. C'est l'expression de mon visage, bien plus que sa coloration, qui va alerter l'autre. Si je vois dans son regard une interrogation muette, c'est parce que je prends un air coupable.

Si on y réfléchit bien, rougir, c'est être vrai. Si cela m'arrive, c'est parce que j'ai peur, ou parce que je suis mal à l'aise, ou parce que je ressens une émotion intense comme de la surprise, du chagrin, une grande joie, du désir, une douleur, une colère. Je montre que je suis ému, parce que je pleure, je ris, je tremble, je dis ce que je pense et mes yeux lancent des éclairs, et en même temps mon visage se colore.

Pendant longtemps, l'éducation a privilégié le paraître, la façade, le fait de réprimer des émotions jugées inappropriées ou indécentes, si bien que le fait de rougir a été assimilé au sentiment de culpabilité et par voie de conséquence, à la honte. La société a privilégié le fait de blêmir à celui de rougir : blêmir, c'est mettre le masque, tandis que rougir c'est laisser voir son trouble. La répression de la spontanéité a entraîné la honte de montrer ses sentiments. Et celui qui s'empourpre ressent immédiatement de la honte, celle de se montrer coupable de transparence aux yeux de tous.

Tu rougis ? Bravo, tu as une belle sensibilité !

26

septembre

Tu peux être libéré

Si je veux me libérer d'habitudes qui me nuisent, il faut nécessairement que je me reconnaisse d'abord comme captif : oui, je suis devenu le prisonnier de cette habitude qui m'enferme dans une dépendance. Cette dépendance est devenue ma prison. Me reconnaître captif, c'est voir dans le même temps que je peux être libéré. A l'inverse, si je ne me vois pas comme prisonnier de mon habitude, si je nie ma dépendance, si je ne veux pas voir les barreaux de ma prison, je suis encore loin de la délivrance puisque je ne peux même pas l'imaginer.

Jésus nous a laissé ce merveilleux message : « *Je suis venu libérer les captifs* ».

Jésus le libérateur, le guérisseur des afflictions humaines demandait toujours : « *Est-ce que tu veux guérir ?* » Les soignants savent bien qu'il n'y a pas de guérison sans volonté de guérir. Chacun de nous tient entre ses mains le gouvernail de sa vie et Jésus est là pour montrer le chemin. Si je le veux, j'aide Jésus à me libérer, à me montrer la voie, mais c'est moi qui accepterai de m'ouvrir à Lui.

27
septembre

Vas-y !

Chacun d'entre nous a déjà observé le manège d'une mouche qui reste prisonnière derrière une vitre, alors que la fenêtre est entrebâillée : elle est souvent incapable de trouver la sortie. Et même si nous tentons de la faire glisser de la main vers la fente salvatrice, rien n'y fait ! Elle retourne se coller au même endroit, en plein milieu de la vitre pour tenter désespérément et en vain, de la traverser. Le geste qui veut l'aider est perçu par la mouche comme une agression contre laquelle elle se défend et elle s'empresse d'aller retrouver la place qu'elle connaît. Comment lui faire comprendre que, si elle reste collée à la vitre elle perçoit effectivement la lumière, mais si elle veut aller vers cette lumière il lui faudra accepter de se laisser aider, d'abandonner sa position bloquée, de descendre – ce qui lui paraît sans doute être une chute – pour mieux remonter et s'envoler de l'autre côté, vers la liberté.

Parfois, je ressemble à cet insecte dont je raille gentiment l'aveuglement. Je suis prisonnier d'une situation qui me nuit, d'un conflit avec des tiers qui s'enlise et au lieu de changer de regard sur cette affaire, je me bloque sur mon point de vue et je reste collé à ma vitre. Je refuse l'aide de la personne dont j'ai sollicité l'écoute et qui me montre une sortie possible et je me mure dans mon obstination à rester figé à cette étape, Non seulement je n'avance plus, mais je m'épuise à vouloir à tout prix trouver la solution dans l'immobilisme.

Comme la mouche, j'apprends à me laisser conduire vers des solutions différentes, à me laisser guider vers l'ouverture ; mais pour cela, j'ai à abandonner une partie de mes certitudes, de mes principes qui me font penser et agir toujours de la même manière et avec entêtement.

Il me faudra d'abord avoir l'humilité de reconnaître que je n'ai sans doute pas exploité toutes les possibilités et ensuite savoir trouver l'énergie nécessaire pour opérer cette transformation. C'est alors moi qui aurai changé en profondeur.

28

septembre

Devenir un accoucheur

Quel miracle de pouvoir être un accoucheur, un révélateur pour quelqu'un, ne serait-ce que durant quelques instants !

Tu es un révélateur pour moi lorsque tu transformes ma vision négative en positif, lorsque tu me montres le ciel bleu au-delà des nuages, lorsque tu sais voir en moi les bourgeons qui sont en préparation, lorsque tu me fais partager la beauté qui te touche et qui est en moi comme en toi. Tu es pour moi un révélateur, et je voudrais l'être aussi pour toi.

Tu m'aides à mettre des mots sur une souffrance enfouie ; tu me permets de m'entendre parler ; tu me sers de miroir en me disant ce que tu as compris de mes paroles et que je n'avais pas forcément perçu.

Quand je me sens regardé par toi avec tant d'amour, j'accepte de reconnaître mes limites, mes erreurs. Tu as confiance en moi, tu crois en moi, tu me dis ce que tu aimes en moi, alors je veux bien entendre ce qui ne va pas, ce qui te dérange. Tu ne me juges pas, tu ne mets pas sur moi des étiquettes, tu dédramatises mes culpabilités par un humour complice, tu as une vision positive de moi et tu m'encourages.

Alors j'écoute ce que tu aimes moins en moi, je tiens compte de ce qui a pu te blesser, toi ou d'autres. Ta présence attentive m'aide à grandir, à prendre une décision, à tenir mon objectif, à avancer dans la vie.

A ton contact, je me sens naître ou plutôt renaître. Tu appelles en moi ce qu'il y a de meilleur. Je découvre mon enfant de lumière et je comprends mieux à quoi a servi ma vie jusqu'à présent. Tout prend un autre sens.

29

septembre

Redonner une image positive

Lorsque je rencontre un ami, je peux choisir de relever chez lui essentiellement ce qui m'a fait souffrir ou ce qui ne me convient pas ; c'est vrai qu'il est parfois indispensable de le faire pour entretenir de bonnes relations fondées sur la loyauté et l'estime réciproque, à condition que ce soit dit dans l'amour et l'humilité. Mais je pourrais penser d'abord à mettre en avant ce qui me fait du bien et ce que j'apprécie en lui. Au lieu de lui faire uniquement des reproches, je lui donnerai de lui-même avant tout une image positive. Les reproches, s'ils sont utiles viendront plus tard, après les paroles d'accueil et de valorisation.

Dieu fait comme cela avec nous : il voit préférentiellement ce que nous avons de meilleur. Nous pouvons avoir ce regard pour un ami, et même pour celui que nous considérons comme notre ennemi. Nous saurons prononcer les mots bienfaisants qui feront germer la beauté qui est en lui.

30 septembre

Résoudre les conflits

Marie a rendez-vous ce vendredi soir avec Martin qu'elle aime. Elle l'attend. Il pleut. Elle craint d'abord qu'il n'ait oublié le rendez-vous, puis elle se dit qu'il a encore été retenu à son travail par son patron à qui il ne sait rien refuser ; en même temps elle commence à ressentir une pointe d'irritation parce qu'à elle, Martin sait souvent dire non.

Pendant ce temps, Martin est pris dans un embouteillage. Il a peur d'être en retard, que Marie ne soit pas contente et que cela gâche la soirée.

Marie rouspète quand il arrive parce qu'elle est mouillée et qu'elle a attendu. Lui le prend mal parce que de son côté, il pense avoir fait l'impossible et d'ailleurs il est arrivé en courant. Ils se disputent et cela dérive sur un autre sujet : « Tu es aussi intolérante et impatiente que ta mère » ; « et toi tu es toujours en retard partout ; tu ne sais pas t'organiser et je suis sûre que ton patron t'a empêché de partir, une fois de plus ».

En réalité, Marie avait eu très peur qu'il ne soit arrivé quelque empêchement ou accident à Martin, ou même qu'il ait oublié le rendez-vous, mais ce n'est pas cela qu'elle a exprimé ; et Martin, qui redoutait de subir une scène, se fâche aussi et passe à l'attaque au lieu de dire simplement sa crainte.

Comment sortir de ce conflit ? Trois grandes voies au moins sont possibles :

La première des attitudes, c'est de rassurer l'autre et donc de se demander quelle est sa peur ? Percevoir sa peur et la rassurer, c'est ce que fait en nous le *parent nourricier*. La peur de Marie dans l'exemple cité, c'est que Martin ne soit pas à l'heure une fois de plus. La peur de Martin, c'est d'être mal accueilli et de se faire réprimander.

La deuxième voie, c'est de remettre la complicité par l'humour. Il ne s'agit pas d'un humour qui se moque de l'autre mais plutôt qui regarde la situation avec une distance amusée ; constater les faits en mettant de la légèreté, c'est là qu'interviennent l'*adulte* et l'*enfant créateur*: nous étions partis pour passer une bonne soirée et voilà que nous nous disputons; trouvons le moyen d'en sortir.

La troisième attitude, c'est de se positionner davantage dans l'*adulte* en cherchant quel est le vrai problème et en trouvant des mots apaisants pour l'autre: «Excuse-moi, j'avais tellement envie que tu arrives que plein d'idées fausses me sont venues à l'esprit mais maintenant je suis heureux que tu sois là. Comment allons-nous faire la prochaine fois pour éviter le risque d'un conflit entre nous ?»

Revenir au problème réel et chercher des solutions, c'est ce que font l'*adulte* et l'*enfant créateur.*

Au lieu de s'en vouloir et de se faire des reproches, on peut comprendre l'autre, le rassurer, remettre la complicité, bien décrire les faits, cerner le problème et chercher des solutions: comment faire pour qu'une autre fois cela se passe mieux.

1er octobre

Sagesse d'un pauvre [31]

François d'Assise pouvait dire de lui : « pauvre petit homme » et il en était heureux. Il était l'alouette, l'hirondelle qui chante la gloire de Dieu. Si je peux me regarder comme un « pauvre petit homme » parce que je suis réconcilié avec les lourdeurs et les souffrances de mon psychisme, je saurai me dire « merveilleux petit enfant » lorsque je serai dans la paix de mon être profond.

Quand je me vois comme un pauvre petit homme, cela signifie que je ne m'accable plus de mes échecs, de mes culpabilités. Ces poids, dont j'ai pu me charger autrefois, tombent de mes épaules du fait de ma petitesse acceptée ; et devenu plus léger, j'accède à ma profondeur.

Si je peux me dire avec tendresse, avec le sourire, avec joie : « pauvre petit homme, pauvre petite femme », c'est que j'ai découvert la lumière en moi et cela, je peux le partager avec toi.

Une personne avait à plusieurs reprises voulu refaire son nez parce qu'elle le trouvait trop grand, pas bien équilibré ; elle avait subi plusieurs interventions de chirurgie esthétique qui n'avaient pas donné le résultat espéré. Aujourd'hui, elle dit de ce nez contre lequel elle a tant lutté : « c'est un pauvre petit organe qui a beaucoup souffert. »

Il y a en moi et aussi en toi, un pauvre petit garçon, une pauvre petite fille qui a souffert et que j'ai fait beaucoup souffrir. Aujourd'hui, je reçois la tendresse de Dieu pour ce petit enfant psychique blessé et je peux dire de moi : pauvre petit homme, pauvre petite femme.

31. Éloi Leclerc, *Sagesse d'un pauvre,* DDB, 1996.

2
octobre

Etre les témoins pacifiés du Tout-Puissant

François d'Assise nous apprend que nous sommes aimés de Dieu ; qu'il y a en nous quelque chose de plus grand que nous ne le pensons. Voilà la Bonne Nouvelle ! Soyons des témoins de cet Amour de Dieu, offrons à nos frères notre estime, notre amitié. « Le monde est un immense champ de lutte pour la richesse et la puissance. Trop de souffrances et d'atrocités nous cachent le visage de Dieu. Mais nous, soyons les témoins pacifiés du Tout-Puissant, des hommes sans convoitise et sans mépris, capables de devenir réellement des amis ».[32]

Voilà notre vocation : devenir des petits frères, des petites sœurs, des amis universels. Si je me sens ton ami, c'est parce que je vois ta vulnérabilité et que je connais la mienne ; je vois l'enfant de Dieu qui est en toi, et celui qui le voit en moi est aussi le petit de Dieu. J'apprends peu à peu dans la souffrance et les infidélités à devenir plus fidèle et je peux offrir mon amitié. Mon amitié, ce n'est pas accaparer tel ou telle, ce n'est pas vouloir le ou la posséder, ce n'est pas être jaloux si je ne suis pas son seul ami.

Je pense à toi frère ou ami, tu es important pour moi ; je prie pour toi ; je te bénis et je sais que je peux compter sur ta prière, tes bénédictions et tes pensées. Merci d'être toi. Merci d'exister.

---

32. Ibid., page 139.

3
octobre

Pourquoi Dieu voudrait-Il détruire ce qu'Il a fait avec tant d'Amour ?

En Dieu, il n'y a pas la moindre trace de ressentiment. Quand sa créature se révolte, Il pourrait la détruire, mais là est le secret de sa patience qui souvent me scandalise et me fait tenir des propos pleins d'amertume. Cette parole, qu'Eloi Leclerc met dans la bouche de Saint François d'Assise, me redit cette évidence[33] : « Quel plaisir Dieu pourrait-il avoir à détruire ce qu'il a fait avec tant d'amour ? »

Moi qui ai été créé par Dieu avec tant d'Amour, pourrais-je anéantir mon enfant ? Lui qui est si petit, si abandonné et vulnérable, comment aurais-je le cœur de le détruire ?

Et malgré toutes mes imperfections, si je ne suis pas capable de nuire à l'un de ces petits, alors comment Dieu qui est tout Amour le pourrait-Il ?

Je ne prononcerai plus les phrases toutes faites de ce type : *Pourquoi Dieu l'a-t-Il permis ? Cette mort, Dieu l'a voulue* ou bien *Dieu me l'a repris.*

Ce n'est pas Dieu qui reprend ce qu'Il donne ; comprenons que la vie humaine, les complications du psychisme, génération après génération, toutes nos blessures créent toutes ensemble ces situations douloureuses que souvent, inconsidérément, nous attribuons à Dieu.

---

33. Éloi Leclerc, Sagesse d'un pauvre, DDB, 1996, p. 137

4
octobre

Là où nous voyons une faute à condamner, Dieu voit une détresse à secourir

Éloi Leclerc fait dire à François d'Assise [34] : « le monde ruisselle de la beauté et de la miséricorde de Dieu ». Et à un frère qui lui rétorque qu'on ne peut pas rester indifférent au mal, François répond : « Là où nous voyons naturellement une faute à condamner et à punir, Dieu voit tout d'abord une détresse à secourir ».

Que je reçoive ce regard de Dieu sur moi et cela, même si je me suis éloigné de la Source. Lorsque je me suis détourné de Lui, ma détresse et mes blessures sont si grandes qu'elles me conduisent au péché. Mais Dieu connaît l'origine de ma faiblesse. Il voit ma détresse. Il la comprend et quoi que je fasse, quoi que je vive, Il est toujours là, Il m'accompagne même dans ma faute.

Une fois pour toutes, Il a décidé de rester avec moi, où que je sois, même lorsque je me crois très loin de Lui. Jésus me protège dans toutes mes épreuves ; s'Il a choisi la croix, c'est pour vivre toutes les souffrances de l'humanité et donc toutes les miennes.

Ce regard de Dieu qui ne condamne pas, François d'Assise l'avait reçu. Puis-je à mon tour, me regarder et me laisser regarder de cette manière ?

---

34. Ibid. p. 137

5

octobre

La profondeur d'un homme est dans l'acceptation de ce qui est

François d'Assise est notre modèle pour ce qui est de sa capacité d'accueil face aux épreuves de la vie. Il a été en proie à la tristesse profonde et au doute concernant l'avenir de son ordre ; il se demandait s'il avait encore un rôle à y jouer, tant les oppositions étaient grandes face à la poursuite de son idéal de pauvreté évangélique qui pourtant, avait présidé à la fondation de l'ordre. Des frères novateurs voulaient évoluer différemment, devenir plus puissants, plus instruits, de façon à pouvoir rivaliser d'éloquence et de savoir avec les autres ordres. De ce fait, ils trouvaient François, leur supérieur, trop simple, pas assez représentatif de cette nouvelle soif de grandeur.

François, après des mois de souffrance, finit par sentir son âme devenir légère et trouver la paix du cœur ; et « il ne se souciait pas de savoir s'il porterait beaucoup de fruits. Mais il veillait à ce que son fruit ne fût pas amer. Cela seul importait ».[35]

Dans les Fioretti de saint François d'Assise, François raconte à frère Léon, par le biais d'une petite histoire, ce que serait pour lui la joie parfaite ; elle surviendrait s'ils étaient capables tout deux d'accepter avec sérénité d'être rejetés de leur monastère dans la boue de l'hiver, à coup de pieds et d'insultes par le frère portier, et cela par trois fois, pour la raison que celui-ci n'aurait pas reconnu ses frères revenus de voyage. Et devant le monastère irrémédiablement fermé, tous les deux allongés dans la boue mais dans la paix de Dieu se verraient remplis de la joie parfaite, celle du détachement absolu.

35. Éloi Leclerc, ibid., page 128.

6
octobre

Petite alouette de Dieu

Petite hirondelle, petit canari, petite colombe, petit écureuil de Dieu, comme tu es beau, comme tu es belle.

Comme notre frère François, libère-toi de tout ce qui t'alourdit : tes culpabilités, tes obsessions, tes griefs, ton apitoiement sur toi-même. Abandonne tout cela et prends ton envol, non pas en te déconnectant de la terre, mais en y étant plus léger ; bien incarné, mais avec des pas aériens. Et tu irais tel une antilope, une biche, tu irais tel une libellule, une alouette de Dieu, chantant comme François d'Assise, la beauté de la Création.

Toi le rossignol, tu chanterais l'Amour de Dieu et tu donnerais envie de Le découvrir ; comme le disait François, avec des accents si pathétiques que beaucoup pleuraient en l'entendant : « l'amour n'est pas connu, l'amour n'est pas aimé ».

Tu es une colombe, une tourterelle. L'oiseau en toi n'a besoin de rien pour être heureux. Il n'a pas besoin de beaux vêtements, ni de richesses. Il n'a pas besoin de compensations puisqu'il a la liberté intérieure. Toutes les souffrances de ta vie t'amènent à renoncer, à lâcher ces choses ou ces êtres que tu accaparais, pour entrer dans cette subtilité intérieure où tu es une alouette, une hirondelle, une gazelle de Dieu.

7 octobre

Bonheur et contentement

Dans le conte d'Andersen, la *Princesse au petit pois*, le prince décide de partir dans le monde à la recherche de la femme idéale, de la princesse qui serait digne d'être son épouse. La veille de son départ, arrive au château une jeune fille ruisselante de pluie et en guenilles. Le prince ne la regarde même pas et part comme il l'avait décidé. Lorsqu'il revient quelques mois plus tard, déçu de n'avoir pas trouvé la femme de ses rêves, il remarque la jeune fille demeurée au château. Il la trouve très attirante, alors qu'elle était déjà là avant son départ et qu'il n'avait pas pris la peine de la regarder ; finalement, c'est elle qu'il décide d'épouser.

Moi aussi, depuis toujours je suis attiré par l'être intérieur qui est en moi. Mais bien souvent, je vais le chercher à l'extérieur, loin de moi, dans des compensations de toutes sortes, ou en idéalisant tel ou telle parce qu'il ou elle réveille mon trésor intérieur en sommeil. En réalité, mon bonheur est tout près de moi, dans mon être profond ; nul besoin de le rechercher dans la possession d'objets ou d'êtres idéalisés. Le bonheur n'est pas dans l'avoir mais il est dans une disposition intérieure où je sais ressentir autrement. Si je me réjouis de ce que je suis et de ce que j'ai, je ne me comparerai plus aux autres, ni à ce qu'ils ont, ni à ce que j'aurais pu avoir ou que je mériterais d'avoir. L'idéal, c'est de cesser de tout mesurer, évaluer, jauger. Et si vraiment, je ne résiste pas à la tentation de la comparaison, alors que je compare à moins : ainsi, je parviendrai à me dire que je n'ai aucun mérite à posséder ce que j'ai et que je pourrais manquer de tout.

Si je sais me contenter de ce que j'ai, ce n'est pas pour obéir à une injonction de mon *parent normatif*, mais parce que j'ai découvert par moi-même que cette façon de voir la vie est la plus vraie. Si je compare mes insatisfactions d'aujourd'hui à tout ce dont j'ai manqué autrefois, cela peut m'aider à me réjouir de tout ce que j'ai aujourd'hui et que je n'avais pas hier. Je me souviendrai que j'ai pu connaître une situation matérielle difficile et avoir ressenti l'angoisse du lendemain, ou bien que j'ai pu être privé de ma liberté. Si la satisfaction d'un besoin matériel ou d'un besoin physiologique a son importance pour mon confort quotidien ou le bien-être de mon organisme, j'ai compris que ce besoin, sans cesse renaissant et jamais comblé, ne peut pas constituer la seule préoccupation de mon existence. Je sens également que ce que j'ai recherché pendant longtemps au loin, ailleurs, est tout près, dans ma profondeur et pour toujours.

Au centre de ma vie, j'ai placé la Source divine.

8

octobre

Comparer à moins

A propos de mes acquisitions matérielles, de mes signaux de reconnaissance sociale, j'ai pris l'habitude de me comparer aux autres, à ceux qui ont davantage que moi et cela me rend envieux, aigri ; alors que je pourrais être tellement plus heureux si je me comparais à moins !

Je n'ai plus d'eau chaude. Je me souviens que je pourrais ne pas en avoir du tout et je me lave avec joie à l'eau froide.

Ce matin, mon patron m'a fait des remarques très désobligeantes, et devant des clients ! Mais je pense que cela aurait pu être pire, même si mon premier mouvement est de me dire que cela aurait pu se passer mieux. Je l'aurais encore plus mal vécu si c'était arrivé devant ce collègue qui ne rate pas une occasion de s'amuser de mes erreurs. Je pourrais considérer que cet événement pénible aurait pu se terminer plus mal : j'aurais pu être menacé de licenciement ou pire encore, être licencié. Et si je suis licencié, je peux être obnubilé par ma perte d'emploi et me lamenter sur mon sort ; alors que je pourrais me réjouir aussi de ce qui va bien dans ma vie : je suis en bonne santé, ma femme m'aime et me dit qu'elle a confiance en moi, mes enfants me soutiennent et enfin j'ai quelques économies.

J'ai un cancer du sein et je me rends à l'hôpital pour mes séances de radiothérapie ; je suis tentée de m'apitoyer sur mon sort et puis je vois cette femme si jeune, si maigre qui elle aussi a un cancer du sein. Elle me parle de son bébé qu'elle a peur de ne pas voir grandir et soudain je songe que pour moi ce souci est écarté puisque mes enfants sont grands et autonomes. Je me réjouis de ma chance. Cet état d'esprit qui sait toujours se contenter, peut me mettre en route vers la joie de vivre. Ainsi, je me sens plus positive et j'ai envie de guérir pour moi, pour elle, pour eux et je mobilise toutes mes ressources intérieures. Si je choisis la guérison, je donnerai envie à d'autres de faire le même choix. Quand bien même mon combat aboutirait-il à la mort, j'aurai malgré tout œuvré pour la vie, en aidant d'autres à vivre et à mourir.

A tout moment, je choisis de comparer à moins et d'entrer dans le contentement.

9

octobre

La douceur

Au fond de mon cœur, il y a une douceur infinie. Au fond de toi et au fond de moi, il y a un petit agneau, une petite brebis toute vulnérable. C'est important que j'aie vu mes carapaces, ma couche de glace, mes duretés, et que j'aie pu sortir mes colères, mes culpabilités, toutes mes poubelles dans des lieux prévus pour cela. Si je suis réconcilié avec mon psychisme, je retrouverai au fond de moi la délicatesse et la bienveillance qui m'habitent. Cette douceur me donne un regard différent pour mon frère ; quoi qu'il m'ait fait, quoi que je lui reproche, il y a une onction entre nous. J'apprends à sentir, à percevoir l'autre au-delà des apparences, au-delà de mes projections, de mes résistances, de mes réactions à fleur de peau et de la souffrance venue de mes blessures. Je partage avec lui la douceur de l'amour de Dieu et je me réjouis à la pensée de rencontrer ce frère ou cet ami qui possède en lui cette même douceur que je vais réveiller.

Cette douceur, je peux la vivre dans mon couple, avec mes enfants, mes amis, à mon travail, dans toute ma vie.

10
octobre

L'abandon

L'abandon, c'est le don d'*Abba*, du Papa, du Père. Là où nous avons le plus souffert, la compassion de Dieu est la plus élevée et son cadeau le plus grand. Ce qui nous fait le plus souffrir, c'est le fait d'être quitté ; mais en même temps, heureux abandon qui nous fait lâcher prise, qui nous fait ouvrir les mains. Tous les abandons de notre vie, si nous acceptons de les rendre féconds, nous font vivre un peu de ce que le Père vit quand s'éloigne le fils prodigue et donc nous rapprochent de Lui et de son Cœur très aimant. Dieu dans ses entrailles de Père et de Mère, ému par notre souffrance, nous fait un don extraordinaire, le don d' *Abba*, le don du Père.

Ce cadeau est une nouvelle vision de la vie. Un de mes proches vient de mourir ; je ne cherche pas de responsabilité, je ne m'évertue pas à dénoncer l'injustice qui me frappe. Je dis oui. Cette rupture que je subissais dans l'amertume, maintenant c'est moi qui choisis de la vivre autrement. L'abandon, de passif qu'il était, devient actif : je m'abandonne dans les bras de Dieu et j'y gagne une grande liberté intérieure. Tout ce que j'ai cherché depuis toujours en voulant accaparer l'autre, celui que je disais aimer, je le reçois aujourd'hui.

« Notre cœur n'était-il pas tout brûlant d'amour, lorsqu'il nous ouvrait les yeux sur le sens des Ecritures ? » avaient dit les pèlerins d'Emmaüs ; ils parlaient de Jésus qui s'était révélé à eux, alors qu'ils se sentaient orphelins et perdus comme ils ne l'avaient encore jamais été auparavant.

11

octobre

Savoir attendre

Que je suis impatient ! C'est parce que je veux obtenir des résultats trop rapidement que je les retarde. Pour toutes les transformations de ma vie, venues à la suite de décisions difficiles à prendre, je voudrais des résultats tout de suite. Je veux perdre quinze kilos et déjà je me désole au bout d'un mois de n'en avoir perdu que deux ; mais quinze kilos ne peuvent pas se perdre en quelques semaines ! Il va me falloir apprendre la patience, la constance et cela va durer au moins neuf mois à un an, peut-être plus. Je tombe dans la précipitation pour tout ce que j'entreprends, alors que je sais si bien trouver les mots pour exhorter mes enfants à la patience, à la persévérance vis-à-vis de leurs études, pour attendre le jour où ils pourront être autonomes ou vivre l'amour dans leur couple. Quand j'y réfléchis, quelle constance il faut à mes enfants ou il m'a fallu à moi-même, pour faire dix, quinze ou plus de vingt ans d'études depuis la maternelle !

Le temps de Dieu, le temps de la mise en place harmonieuse d'une situation de changement, est un temps lent qui tient compte de tous les éléments de la situation. Alors, j'apprends à attendre. Tout ce qui est au plus profond de moi et ne blesse personne, tout ce qui va dans le sens de ma fécondité et de l'accomplissement de mes dons, je le réaliserai, lentement mais sûrement, avec l'aide de Dieu. C'est cette foi qui me redonne courage : aujourd'hui j'ai réussi cela, et demain un tout petit peu plus et après-demain encore davantage. Par mes efforts quotidiens, même infimes, les changements se mettent en place.

Je ne m'arrête plus sur ce qui ne va pas dans ma vie, mais j'accueille un peu mieux chaque jour, tout ce que j'ai réussi et qui correspond à mes aspirations. Je sais me souvenir de mes réussites passées ; je prends conscience de ce que j'ai été capable de faire et cela me donne confiance en moi pour d'autres réalisations d'aujourd'hui.

12
octobre

Tu seras un homme, mon fils [36]

Si tu sais aimer, être compréhensif, tendre, attentionné, mais aussi planifier, organiser, structurer, tu seras un homme, mon fils.

Si tu acceptes la part féminine de ta personnalité comme la part masculine, tu seras un homme mon fils.

Si tu acceptes l'incarnation, la vie de ton corps, le travail physique tout comme la spiritualité qui t'habite, tu seras un homme mon fils.

Si tu te souviens que tu as un cerveau gauche, siège de la pensée, de l'organisation, et un cerveau droit, siège des émotions, de l'imagination et de l'intuition, et si tu sais réunir en toi la pensée rationnelle et l'intuition, tu seras un homme mon fils.

Si tu sais dire quand tu ne vas pas bien, si tu sais exprimer tes tristesses, tes émotions, si tu sais pleurer devant un spectacle émouvant et si tu sais prononcer les paroles fortes qui encouragent et qui réconfortent, tu seras un homme, mon fils.

Si tu comprends que ta force peut t'aider à soutenir les faibles et que ta faiblesse peut t'aider à comprendre les autres, tu seras un homme mon fils.

Si tu peux aimer les hommes, comme les femmes, les personnes âgées, comme les tout-petits ; si tu peux consoler un enfant et le prendre dans tes bras, mais aussi porter secours à celui qui est en difficulté, et toi-même demander de l'aide quand tu en as besoin, tu seras vraiment un homme, mon fils.

---

36. Inspiré librement de Rudyard KIPLING, *If.*

13
octobre

Vive la retraite !

Je suis à la retraite. Suis-je parvenu à un terme ? Vais-je me contenter de revivre mon passé avec nostalgie ?

Si j'aborde cette phase de ma vie en me rabâchant que je ne sers plus à rien, que je m'ennuie parce que je n'ai plus d'activité sociale et que je ne vois plus personne, quelle tristesse et quelle perte d'énergie ! C'est à mon conjoint que je vais faire payer mon insatisfaction par une surveillance, une possessivité que j'avais en moi, mais qui n'avait pas encore eu le temps de s'exprimer vraiment. Au lieu de creuser mes potentialités laissées en friche jusqu'alors, faute de temps pour les développer, je cherche querelle à mes proches, j'empoisonne mes relations par des récriminations perpétuelles. Mon conjoint et moi, nous nous regardons "en chiens de faïence", ou nous nous disputons sans arrêt, puisque nous n'avons rien à nous dire et que nous nous le reprochons mutuellement. Et je me plains de cette cohabitation de chaque instant.

Si je dis « vive la retraite ! » Je me donne pour objectif de vivre enfin ce que je sens en moi depuis toujours. Je peux structurer mon temps autrement, puisque je n'ai plus d'impératif horaire, que je n'ai plus à me préoccuper de gagner ma vie et que mes enfants sont grands. Je m'ouvre davantage à mon être intérieur. Je trouve une nouvelle vocation : celle de partager mon expérience de la vie. Je peux représenter pour les plus jeunes, un homme, une femme entré dans l'âge de la sagesse. Je ne fuirai pas ce rôle d'ancien éclairé, auprès de qui on vient demander conseil ou réconfort. Je deviens disponible aux autres, je donne ce que j'ai appris de la vie et ce que je sais faire, à des proches ou dans une association. Je retrouve ainsi une autre forme d'activité sociale.

Je m'occupe aussi de mes petits-enfants ; et là où je n'ai pas été un très bon père, pas très présent, je pourrai devenir un très bon grand-père, une très bonne grand-mère. Vive la retraite !

14
octobre

Vaincre ses peurs

Je fais de l'agoraphobie. J'ai eu un malaise dans la rue et depuis, je suis pris d'angoisse à l'idée de sortir de chez moi.

J'ai tellement grossi que je ne supporte plus le regard des autres. D'ailleurs, même auparavant, quand j'étais mince, j'avais déjà l'impression que quelque chose attirait l'attention sur moi. Progressivement, j'ai restreint mes sorties à l'extérieur, excluant d'abord telle grande surface où je risquerais d'être vue, remarquée davantage que dans telle autre ; ensuite, je ne suis plus allée non plus dans celle-là ; et enfin, j'ai refusé de me rendre chez les commerçants du quartier. Pour finir, je n'ai plus mis le nez dehors depuis des mois et c'est mon conjoint ou mes enfants qui font les courses. Je souffre maintenant d'une véritable angoisse à l'idée de quitter ma maison. J'ai contacté un thérapeute au téléphone qui m'a invité à me donner de petits objectifs réalistes. Alors, un jour, j'ai commencé par faire quelques pas dehors avec mon conjoint. Puis, le lendemain, je suis allée mettre du courrier dans la boite aux lettres qui se trouve au coin de la rue, accompagnée de ma fille. Encouragée par ce premier résultat, j'ai réussi quelques jours plus tard à m'y rendre seule, le cœur battant et j'y suis arrivée ! J'ai en projet d'aller bientôt dans la rue voisine pour chercher du pain, accompagnée de ma fille ; puis j'irai seule. Je veux me sortir de cet enfermement progressif que je me suis imposé ; en même temps, je vais voir ce thérapeute, accompagnée de mon mari ; bientôt je pourrai conduire seule. J'apprends à m'aimer telle que je suis. Je veux m'en sortir.

Je ne conduis plus ma voiture depuis que j'ai eu un malaise sur l'autoroute : une sensation de mort imminente qui ne s'est d'ailleurs pas produite, puisque j'ai réussi à rentrer chez moi et que je suis toujours là. Mais reprendre ma voiture me paralyse et je n'ai plus osé le faire depuis plusieurs années. Alors, pour me libérer de ma peur, j'ai repris une vingtaine de leçons dans une auto-école pour retrouver petit à petit confiance en moi. La monitrice a accepté que nous roulions sur l'autoroute et enfin, lors des dernières leçons, de m'accompagner sur un trajet d'une centaine de kilomètres pour aller chercher mes enfants que j'avais confiés à mes parents. Aujourd'hui je vais mieux et j'ai retrouvé le goût de conduire.

C'est en faisant un petit progrès chaque jour, en allant à mon pas, à mon rythme et en me faisant aider que je pourrai vaincre une peur paralysante. Je ne peux pas l'abandonner d'un jour à l'autre, surtout si elle est installée de longue date.

15
octobre

Bien vieillir

Je peux me sentir mal parce que je vieillis, refuser de dire mon âge et qu'on fête mon anniversaire. Je peux aussi résister à tout prix, pester contre mes rides et mes bourrelets disgracieux et aller jusqu'à confier mon visage et même mon corps tout entier à la chirurgie esthétique.

Si j'en suis là, c'est que je n'ai pas compris la beauté de l'expérience d'une vie ; je n'ai pas réalisé que jamais je n'ai été aussi riche qu'aujourd'hui et que je suis rempli d'expérience, de sagesse. Au lieu de refuser ce qui est, ne pourrais-je pas au contraire faire profiter les autres de tout ce que la vie m'a enseigné ?

Oui, ils sont beaux mes cheveux blancs, elles sont touchantes mes rides. Elles dévoilent ce qu'il y a d'humain dans ma personnalité ; elles montrent ce qu'a été ma vie avec toutes ses contradictions, ses grandeurs et ses faiblesses.

Le monde a besoin de moi avec ce que je suis : avec mon âge, les sillons de mon visage, mes kilos superflus et mes cheveux blancs. Je ne peux pas en rester aux valeurs du paraître qui sont souvent mises en avant dans notre société. Je ne tomberai plus dans ce piège. J'avance en âge et tant mieux ! Quelle chance pour moi d'être arrivé jusque-là ! Mon être profond s'est révélé et je suis enfin devenu moi-même.

Si je suis bien incarné, je sais depuis longtemps et avec justesse m'occuper de mon bien-être physique et je garderai cette bonne hygiène de vie ; et si ce n'était pas le cas, je vais enfin m'employer à fortifier mon corps dans une activité physique, qu'elle soit sportive ou plus douce, parce que maintenant j'ai du temps pour le faire.

Je pense aussi à ce moment qui n'est plus très loin, où je vais entrer totalement dans la communion avec tous ceux que j'aime et que j'ai aimés.

16
octobre

Relire sa vie avec des yeux neufs

Ce n'est ni « tricoter » sans arrêt les mêmes pensées négatives, ni se lamenter sur son sort. Relire ma vie, c'est revoir tous les moments difficiles, les passages douloureux que j'ai refusés parce que cela me paraissait injuste. J'ai dit non à cet abandon, non à ce handicap, non à cette maladie, non à cette mort, non à cette médisance. Relire sa vie, c'est revoir tous les non et petit à petit les transformer en oui.

Les blocages psychiques et physiques viennent de nœuds inconscients que sont les refus; et bien souvent, les blocages psychologiques entraînent des blocages physiques.

Si je suis délaissé(e) par celui ou celle que j'aime et que je parvienne à dire oui à la situation, non seulement je libère l'autre à qui j'en veux ou que je veux retenir, mais avant tout, c'est moi que je libère. Sans doute, au début, je ne serai que souffrance, mais plus tard, je constaterai que je peux vivre sans l'autre, alors que je me croyais anéanti, sans valeur, nié dans mon être. Et puis, je laisserai s'épanouir mon indépendance intérieure qui n'existait pas vraiment jusque là.

J'ai dit oui à ce handicap et aujourd'hui je comprends en quoi il a été une richesse, puisqu'il me rend plus disponible pour écouter, accueillir les autres. Qui aurais-je été si j'avais pu conserver toutes mes forces physiques, peut-être quelqu'un de très dominateur ?

Je dis oui à la mort de cet être cher qui a ouvert mon cœur ou qui m'a permis de faire un autre choix de vie.

Je dis oui à ce viol dont je n'ai parlé à personne et qui m'a fait comprendre la gravité de certaines blessures et le choix que font d'autres personnes de s'enfermer elles aussi dans le mutisme. Aujourd'hui, je décide de me confier à un écoutant.

Je dis oui à ce cancer qui me fait découvrir le bonheur tout simple d'être vivant.

J'apprends à découvrir le fil d'or de ma vie, à percevoir mieux mes dons qui ont cherché à émerger périodiquement. J'apprends à retourner la vision pessimiste et triste de mon existence comme on retourne un gant et je vois l'autre côté de ma vie : celui qui concerne la mise à jour de mon être profond et de la lumière qui m'habite.

17
octobre

Le droit à l'erreur

Depuis que je suis petit, je suis convaincu que mes faux-pas sont intolérables, qu'ils font de moi un être indigne, alors que mes parents sont si parfaits et ont toujours tout bien réussi – à ce qu'ils m'ont laissé entendre – et cela me remplit de culpabilité. Je passe beaucoup de temps à revenir sur mes échecs, mes insuffisances, et bien souvent, je dramatise des événements sans importance, alors que je suis capable de minimiser ma responsabilité dans des erreurs plus lourdes.

J'ai le droit de me tromper dans mes choix : je fais mes courses un peu rapidement et j'achète sans m'en rendre compte des fruits dont certains sont pourris. Je passe un examen et je le rate. J'emprunte la voiture d'un proche et j'ai un accrochage. Je prends une décision de changement et voilà que je retombe dans mon ancienne habitude. Ces erreurs sont relatives, sans conséquences sur la vie d'autrui, ni véritable dommage pour moi-même, sinon que je vis mal cet achat peu judicieux, mon échec scolaire, cet accident par inattention, ou ma rechute dans le tabagisme. Mais pourquoi en faire un drame ? Je vais agir là où je peux le faire et prendre une décision de plus grande vigilance, d'unification intérieure pour que « tout moi » soit en action dans ce que j'entreprends.

Il est des fautes beaucoup plus graves qui mettent en jeu la vie ou la sécurité d'autrui : j'ai un accident de voiture dans lequel je suis en tort et il y a des blessés ; je suis médecin et je fais un diagnostic erroné ; je suis magistrat et j'ai contribué à une erreur judiciaire. Mais là encore, si je suis dans cette situation, je n'ai pas à m'en mettre davantage sur le dos. Il y a cette erreur ; je la vois, je la reconnais, je répare ce qui est réparable, j'en accepte la sanction s'il y en a une, je repars sans m'accabler du poids du monde et je tire toutes les leçons nécessaires. Je suis un homme, une femme faillible, donc susceptible de me tromper. Nous faisons et ferons tous des erreurs. Dieu seul est infaillible.

18
octobre

Avoir un projet de vie

Ma vie ne peut pas « tenir debout » si je n'ai ni fil conducteur pour me guider vers mes aspirations profondes, ni charpente pour donner de la structure, de la consistance à mes projets. Si je n'ai pas de but dans la vie – quel qu'il soit – je risque de me laisser ballotter par les événements et de subir passivement ce qui m'arrive, au lieu de progresser vers ce à quoi je tends. Je serai alors mal dans ma peau, sans désir, proche de la dépression. Il est donc vital que je définisse, quel que soit mon âge, un projet de vie qui m'incite à l'action et dans lequel je me reconnaisse vraiment en disant : c'est bien moi avec tout ce que je suis.

Je peux avoir un projet de vie très idéalisé qui soit du domaine de la spiritualité, de la croissance intérieure, mais alors je dois veiller à ne pas négliger mon enracinement dans le concret, dans le réel, dans l'organisation de mes activités ; que je ne méprise pas non plus mon épanouissement physique.

Si au contraire, mon projet est très ancré dans le matériel, les affaires, la réussite sociale ou l'exploit sportif, il convient que je ne perde pas de vue le déploiement de mon être intérieur.

Si je suis un intellectuel, un universitaire, un écrivain, un artiste, je serai plus naturellement porté à regarder vers mon être intérieur, source de mon inspiration, mais alors je risque d'être peu intéressé par ce qui regarde le corps ; or, mon corps est l'armature de ma vie terrestre, la « monture » qui me permet de voyager aussi loin que le requiert mon programme personnel. *Mens sana in corpore sano.* Un esprit sain dans un corps sain.

Mon projet de vie, pour être harmonieux, se doit d'épanouir tout ce qui constitue l'être humain que je suis.

Or, je suis corps, âme et esprit.

19

octobre

Retrouver son axe

Je me sens souvent perdu, désaxé, éparpillé, ou comme on dit trivialement « à côté de mes pompes ». La raison de ce déséquilibre est souvent multiple ; elle s'inscrit d'une part, dans les blessures de mon enfance et d'autre part, dans la survenue d'épreuves difficiles et parfois même paradoxalement d'événements sans grande importance, mais qui tous m'atteignent en profondeur et réactivent la sensation de malaise, d'instabilité intérieure que j'avais intériorisée depuis longtemps. Comment vais-je réagir ? J'aurai tendance à me fuir dans l'hyperactivité, dans les relations amicales – bien qu'elles soient importantes et gratifiantes – ou pire, dans les médicaments ou l'alcool qui me déconnectent, et tout cela pour éviter de me trouver face à ma douleur, à mon mal-être, à mon vide existentiel. Or, si je refuse cette confrontation, c'est parce je crois qu'elle va me fragiliser davantage.

Si j'accepte de vivre ma souffrance, sans tenter de la repousser au loin, de l'endormir de mille façons, si je la laisse venir et s'emparer de moi, je constate que loin de me détourner de mon être intérieur, au contraire, elle me permet en la traversant de me plonger dans ce que je suis profondément et qui est la partie solide de mon être. C'est là que se trouve mon axe. Je refuse tous les remèdes habituels que je m'applique sans trop y croire et c'est vrai que je m'enfonce à certains moments. Si je pleure, je pleure vraiment intensément pour entrer dans ma profondeur. Mais, lorsque j'aurai traversé cette période je serai plus affermi, j'aurai repris confiance en moi et j'aurai expérimenté la solidité de mon axe : il est le roc sur lequel je rebâtis après l'épreuve ; il est un ressort intime qui me fait rebondir.

Comment cesser de m'étourdir, comment quitter la superficialité et l'éclatement intérieur ? Comment puis-je retrouver mon axe, ce que je suis vraiment, sinon en prenant des temps de silence, de recul pour ne plus être sous influence ? Je fais taire en moi toutes les voix psychiques, aussi bien intentionnées soient-elles ; je fais le vide et je laisse émerger mon identité profonde, là où se trouve mon trésor. Dans cet endroit, je suis auprès de Dieu et Il est avec moi et en moi ; dans cet endroit, je sais qui je suis, ce que je porte et ce que je veux ; je sais ce qui est bon pour moi et ce qui ne l'est pas ; je sais discerner et choisir.

20
octobre

Rien ne se perd

Rien ne se perd. Les artistes innovent à partir de ce qui existe déjà et qui les a touchés ; les chercheurs scientifiques ou les historiens orientent leurs recherches d'après ce qui est déjà connu et qui les émeut ou stimule davantage leur créativité. Et les émotions, les sentiments, les décisions, les agissements, les scénarios, ne sont-ils pas eux aussi régis par quelque influence du présent ou du passé ?

L'optimisme qui m'habite en général, je sais bien que je l'ai reçu de mes ascendants qui m'ont montré ce modèle.

La joie qui me remplit soudainement, je sais qu'elle me vient de ce frère qui me dit quelque chose de positif, de cette amie qui me réjouit par son humour, de ce proche qui me manifeste sa tendresse ; parfois, j'ai l'impression qu'une sensation de bonheur m'envahit sans raison, je perçois alors que quelqu'un a peut-être pensé à moi, et que cette pensée l'a rempli de joie. Si j'ai compris quelle peut être l'origine de mon contentement, je peux de la même façon regarder comment je contribue à l'ensoleillement du monde. Je constate que la caissière du supermarché est morose : mon sourire ou une parole aimable peut la réconforter. Je m'adresse à une assistance téléphonique et la personne qui écoute mon problème technique est si aimable et si patiente que je la remercie de sa gentillesse et j'entends au son de sa voix que ce compliment lui est agréable. Elle aussi pourra ensuite répandre sa bonne humeur autour d'elle.

Ma souffrance n'est pas perdue si je la transforme en offrande pour toi qui souffres aussi. Ma douleur physique n'est pas inutile si je m'unis à tous ceux qui à ce moment même, sont torturés pour leurs idées politiques ou pour ce qu'ils représentent dans un système totalitaire, ou ceux qui sont massacrés par villages entiers dans certaines régions du monde.

Rien de ce que nous vivons, éprouvons, souffrons, entreprenons n'est inutile, rien de ce qui est vécu, éprouvé, entrepris n'est vain : tout contribue à l'enrichissement du monde ou à son affaiblissement. Aucune goutte d'amour ou de souffrance n'est perdue. Tout peut être transformé par Dieu en bénédictions, si nous le voulons bien.

21
octobre

Quelles sont mes aspirations profondes ?

Je me sens mal. Je me plains des contraintes de mon travail, de la disponibilité qu'exige de moi la vie familiale. Je n'ai pas un instant à moi. Ai-je appris à refaire mes forces physiques, psychologiques et spirituelles ? Quelles sont mes activités personnelles, mes récréations ? Quels sont mes goûts, mes dons, mes aptitudes, mes talents ? Ai-je su les mettre à jour ? Que disaient de moi autrefois mes éducateurs ? Certains ont pu me dire que j'avais des dons artistiques pour le dessin, la musique ou le chant, d'autres ont pu trouver que je m'exprimais bien avec mon corps et conseillé à mes parents de me faire pratiquer la danse, la gymnastique. J'avais des dispositions pour le théâtre moi qui faisais rire tout le monde aux fêtes de fin d'année de l'école ; à mon grand regret, je n'ai pas exploité ce don. J'ai peut-être remporté dans ma jeunesse un concours de poésies, de nouvelles et j'ai gardé ce talent enfoui en moi. J'ai parfois fortement désiré pratiquer un sport que mes parents ne pouvaient pas m'offrir. Qu'est-ce qui m'empêche de me lancer maintenant ? Peut-être que certaines aspirations étaient irréalistes quand j'étais plus jeune, mais aujourd'hui ?

C'est parfois la peur du changement qui me fait rester dans mon ronronnement quotidien ; il est loin de me satisfaire puisque je me lamente, mais il m'angoisse moins que l'idée de devoir prendre une initiative, de pousser une porte pour aller m'inscrire à ce club de marche, à cette école de musique, à cette chorale, ou m'intégrer dans cette troupe de théâtre amateur. « *Lève-toi et marche !* » me dit Jésus. Il m'aide à faire le premier pas, puis à mettre un pied devant l'autre. J'ai peur, mais Il me murmure *Ne crains pas*, et avec Lui, je me décide à faire les démarches nécessaires.

22
octobre

Que je suis bête !

« Que tu es bête ! » J'ai bien senti que cette phrase, prononcée à mon intention, a remué en moi quelque chose qui vient de loin, une émotion singulière, disproportionnée, sans rapport avec la réalité du moment. J'ai si souvent entendu que j'étais bête lorsque j'étais enfant, que j'ai longtemps cru que c'était vrai. Je comprends bien que cette phrase anodine réveille chez moi une vieille blessure que je croyais cicatrisée : mes parents, qui avaient probablement eux-mêmes reçu cette parole dans leur enfance, plaçaient l'intelligence au-dessus de tout et me comparaient sans cesse à mon frère et à ma sœur, plus brillants à l'école que moi. J'ai en mémoire la jalousie qui m'étreignait alors vis-à-vis de ce frère ou de cette sœur et le dépit qui m'envahissait de n'être pas un sujet d'admiration pour mes parents.

Que je regarde bien quel type de personne déclenche en moi ce genre de réaction et dans quelles circonstances. Sont-ce des personnes qui représentent pour moi une autorité et qui figurent une image parentale ? Est-ce dans mon travail où je suis implicitement évalué par rapport à des collègues que je pense plus compétents, plus brillants que moi ? Est-ce dans mes relations sentimentales où je me compare sans cesse à celui que j'aime en me demandant ce qu'il peut bien me trouver de remarquable, ou encore à d'autres personnes susceptibles de le séduire davantage par leur esprit ; d'ailleurs lorsque j'ai l'impression d'être stupide, c'est plus fort que moi, je me rends stupide, je joue à celui qui ne comprend rien. Il m'arrive même de dénigrer publiquement mon intelligence et de me mettre plus bas que terre devant mes proches.

Elle est encore très récente cette époque où, en fait d'intelligence, on n'admettait que ce qui fait appel à la logique mathématique ou à l'abstraction. On admet aujourd'hui que l'intelligence revêt de multiples aspects[37]. On reconnaît par exemple, l'intelligence du cœur,[38] des relations humaines, ou de la compréhension de la vie

37. Howard GARDNER, *Les formes de l'intelligence,* édit. Odile Jacob, 1997.
38. Isabelle FILLIOZAT, *L'intelligence du cœur,* édit. Marabout, 1997.

intérieure. On constate qu'il existe également une intelligence concrète de l'habileté manuelle, du corps dans l'espace, ou de l'effort sportif. On accorde une place à l'intelligence musicale ou artistique en général qui comprend, outre la créativité et une forme de vigueur, la capacité de se laisser émouvoir par la beauté. J'ai à discerner quel est mon type d'intelligence et comment m'en servir. C'est par elle que j'atteindrai l'épanouissement de mon être et c'est en cela que résidera une partie de mon charme. Chacun a le type d'intelligence et aussi le type de mémoire qui correspond à ses dons.

Que j'apprenne à regarder avec tendresse le petit garçon ou la petite fille que j'étais ; que je prenne ce petit enfant dans mes bras pour lui dire de la part de Dieu ces paroles que j'aurais tant voulu recevoir autrefois : « mon enfant, tu es beau et intelligent, tu es unique et je t'aime d'un amour préférentiel et inconditionnel. »

23
octobre

J'ai une image fausse de moi

Lorsque nous sommes petits, nous sommes soumis à l'autorité de nos parents et éducateurs et nous nous laissons définir par eux ; ils vont imprimer durablement en nous leurs propres projections. Combien d'enfants ont été qualifiés de *« bon à rien, maladroit, imbécile, trop sensible, coléreux, paresseux, égoïste, vilain, sale, insolent, désordonné, toujours débraillé, garçon manqué, incapable de vivre en société »*, par leurs parents qui croyaient ainsi stimuler leur amour propre et les faire se mobiliser davantage. Combien d'élèves ont entendu de leurs professeurs qu'ils étaient irrécupérables, incapables de poursuivre des études, inadaptés scolaires, nuls, etc. Ces enfants ainsi étiquetés, s'ils sont armés d'une grande solidité intérieure ou d'un caractère profondément rebelle pourront peut-être résister à ces paroles de jugement sans appel ; néanmoins, il va s'insinuer en eux un doute sur leur valeur personnelle qui réapparaîtra dans les moments de plus grande vulnérabilité. Quant aux enfants les plus fragiles, ils n'ont souvent d'autre ressource que de se conformer à l'image que l'on a d'eux et de devenir réellement des inadaptés, parfois par fidélité inconsciente aux paroles soi-disant prémonitoires de leurs parents.

Nous avons tous reçu de ces phrases distillées au jour le jour. Je les ai peut–être reçues comme une vérité alors que ce n'était en réalité qu'un reflet de l'exaspération, de la fatigue ou des soucis personnels de mes parents et éducateurs.

C'est pour cette raison qu'il m'arrive de dire aujourd'hui : « Que je suis bête ! Je ne suis pas doué pour la cuisine. Je ne suis pas capable de plaire à un homme, à une femme. J'ai toujours été nul en maths et je ne suis pas capable de tenir mes comptes. Je ne sais rien faire de mes dix doigts. Je n'arriverai jamais à réaliser tel ou tel projet. Je ne sais pas m'organiser. Je n'ai pas de conversation. Je ne suis pas intéressant. Je n'ai aucun charme ».

Puis-je considérer que ces phrases que je me répète à longueur de temps, me viennent de mon éducation et qu'elles ne sont que des projections d'autrui ? J'ai à me débarrasser de cette violence verbale qui m'a été faite, et pourquoi pas, par une lettre adressée symboliquement à l'auteur ou aux auteurs de ces phrases ; je n'enverrai pas ma lettre mais elle me libérera définitivement des phrases poison que j'ai reçues.

Enfin, j'apprendrai à m'aimer en me disant de la part de Dieu les mots positifs et valorisants qu'Il me dit et que j'aurais aimé entendre. A chaque phrase poison, Dieu me donne l'exact contrepoison : « Oui ma petite fille chérie, tu as plein d'amis, tu n'es pas exclue, je t'aime, tu es ma bien-aimée. Oui, mon enfant chéri, tu es plein de dons, tu es beau, je t'aime ; tu as beaucoup de charme, une intelligence humaine très fine, pleine de délicatesse. J'aime ton cœur. Je suis heureux que tu existes. J'ai confiance en toi et je suis content de toi. Merci[39] ». *« Zachée, descend vite, il me faut aujourd'hui demeurer dans ta maison. »*[40]

---

39. Jo CROISSANT, *Le corps, Temple de la beauté,* 4ème partie II L'oreille et l'écoute, et en particulier page 64 : La bénédiction et la malédiction. Page 69 : Parole de vie, parole de mort. Page 75 et suiv. : Le choix de la bénédiction, éditions des Béatitudes, 1997.

40. Luc, 19, 5.

24
octobre

Avoir une parole claire

Si je m'exprime avec clarté, je serai mieux compris. « Ce qui se conçoit bien s'énonce clairement et les mots pour le dire viennent aisément. » Lorsque je m'adresse à toi, il n'est pas nécessaire que je sois un orateur talentueux qui sache bâtir ses phrases à la perfection, mais il est important que ma parole soit fidèle à ma pensée profonde et que j'en sois convaincu moi-même, afin de ne pas être le vecteur de malentendus. Si je sens un flottement chez toi, alors que tu ne réponds pas vraiment à ma proposition ou à ma question, si tu perçois une demande déguisée chez moi, alors un malaise s'installera entre nous, durablement, et il va nous faire souffrir inutilement.

Si je te dis quelque chose qui te heurte, n'hésite pas à me le dire clairement plutôt que de te murer dans un silence qui me donne l'impression d'être nié, ou de t'en tirer par une pirouette qui me laissera désemparé. Si je ne suis pas suffisamment intelligible, je te serai reconnaissant de me faire préciser ma pensée. Il est important que les convictions, les pensées auxquelles je tiens le plus soient reçues comme je le souhaite et pour cela, ma responsabilité est de veiller à ce qu'elles soient dites avec une voix bien placée, et non dans un bafouillage inaudible, qu'elles soient bien articulées et que mon regard ne soit pas fuyant. Je n'accorde souvent pas suffisamment d'importance à l'expression orale et gestuelle. Pourtant, bien articuler, prendre le temps de m'exprimer, finir mes phrases, mettre du relief, de la couleur dans ce que je dis, vont changer considérablement mes relations avec les autres : ils m'entendront et me comprendront mieux. Si j'ai à changer quelque chose dans ma façon de parler, que je voie ce changement d'abord comme une marque de respect pour l'autre : quelle est l'expression de mon visage, de mon regard, quels sont mes mimiques, les gestes que j'emploie ? Tout cela est-il en accord avec ce que je dis ? Mon regard que je qualifie de direct n'est-il pas gênant, inquisiteur ? Est-ce que je garde la bonne distance entre nous ? Tous ces usages qui peuvent paraître élémentaires, sont autant de facteurs d'une bonne communication.

Une parole claire n'est pas un assemblage de langue de bois, ni de préceptes généraux qui ne viennent pas de moi, ni de jugements ; cette parole est fidèle à ce que je suis en profondeur. Parler clairement, c'est m'exprimer en commençant par *je* ; c'est articuler mes mots d'une voix bien posée émanant d'un corps qui a trouvé son équilibre.

25
octobre

J'ai un handicap

Je ne suis pas comme les autres.

A la fois nous sommes tous bien semblables, et en même temps, c'est vrai, différents. Ce handicap, au-delà de la difficulté qu'il me donne à vivre, est devenu au fil du temps, une richesse extraordinaire.

Depuis que ma vue a baissé, je suis devenu plus sensible, plus délicat. J'ai compris que dans notre monde où tant d'importance est donnée à l'image, à la mode, j'ai accédé à une façon de voir différente, en profondeur. Lorsque je voyais encore, j'ai perçu combien de personnes pouvaient être blessées par le regard des autres et moi aussi, je l'ai été. Maintenant que je n'ai plus mes yeux de chair, j'accorde moins d'importance à mon apparence, ainsi qu'au regard des autres sur moi. Toi aussi, je te vois différemment. Avec mes yeux intérieurs. Maintenant, ce que je perçois de toi, c'est l'intonation de ta voix, la chaleur de son timbre, l'assurance ou la musique de tes paroles, ta façon de respirer, de rire. A ta manière de bouger, au débit de tes paroles, au parfum qui émane de toi, à la tiédeur de tes mains, je sais immédiatement si tu vas bien ou si tu es triste, préoccupé. J'ai approfondi l'écoute de ceux qui s'approchent de moi. J'ai acquis le respect du différent. Il m'est devenu facile de rencontrer les autres dans ce qu'ils sont vraiment, débarrassés de la pesanteur de l'image.

A vingt ans, suite à un accident de voiture, j'ai perdu l'usage de mes jambes. Longtemps, je me suis révoltée, désespérée ; j'ai pleuré sur ma jeunesse massacrée, j'ai hurlé sur l'abandon de certains de mes amis, dont le plus proche, et j'ai cru mourir de chagrin ; j'ai voulu mourir parce qu'à mon âge, ne plus pouvoir danser, ni courir dans les vagues, ni faire des randonnées avec mes amis, c'était déjà être morte ! Et puis, j'ai fait d'autres rencontres, plus profondes, moins axées sur le divertissement. J'ai découvert en moi deux qualités que je ne me connaissais pas auparavant : celle de faire rire et celle de l'écoute profonde. Ma vie a changé complètement : j'ai fait le deuil de tout ce qui faisait la vie de la jeune fille d'avant et j'ai regardé devant moi ce qui allait être celle de la jeune fille d'aujourd'hui. Le miracle s'est accompli : de nombreux amis viennent me voir, se confient à moi, reprennent des forces auprès de moi. Ils me disent qu'ils font le plein d'optimisme rien qu'à me voir si souvent souriante, malgré cet accident qui avait bien failli me terrasser.

Cette découverte est le privilège de mon handicap.

26 octobre

J'ai eu un accident

Quand ma voiture allait s'écraser, en un instant j'ai vu la mort arriver et j'ai vu défiler les images de ma vie. J'ai discerné de façon aiguë tous mes manques d'amour et j'ai désiré violemment en une seconde que les choses se soient passées autrement. Finalement j'ai échappé à la mort et je ne pourrai pas oublier cet instant de vérité. Si cet événement a déclenché en moi pendant des semaines de multiples angoisses de mort, des peurs diverses, notamment celle de reprendre le volant, et des insomnies éprouvantes où je revivais sans cesse mon accident, aujourd'hui, je vois la vie différemment, d'abord parce que j'ai accepté cet accident. J'en suis peut-être responsable ou bien j'ai eu le sentiment d'une injustice, mais il a eu lieu et j'en ai tiré un enseignement : je ne vivrai plus jamais comme avant, c'est-à-dire comme si j'étais immortel, comme si je disposais d'un temps illimité. J'ai acquis la conscience aiguë de la finitude de la vie et depuis je suis plus lucide, plus présent. Je vis au jour le jour, comme si j'allais mourir ce soir parce que j'ai réalisé à quel point mon existence terrestre était fragile. Plutôt que me lamenter sur ce que je n'ai pas fait, ou sur mes échecs d'avant, j'ai découvert que l'important c'est ce que je transmets maintenant à mes enfants et aux personnes que je côtoie : t'aimer plus, toi mon fils, toi ma fille, toi mon ami, toi mon conjoint, ou toi que je rencontre à mon travail, à la poste ou dans un magasin.

J'ai eu un accident et finalement cela a été pour moi une expérience enrichissante.

27
octobre

J'ai peur de mourir

Toute notre vie est imprégnée par la peur de la mort. Nous la redoutons tellement que souvent nous anticipons ce moment en cessant de vivre symboliquement, c'est-à-dire en tuant en nous le désir, l'énergie vitale ; parfois nous préférons la défier en adoptant une conduite suicidaire : un sport à risque, une dépendance à une drogue ; ou bien nous nous l'infligeons brutalement.

Et pourtant, au cours d'une vie, nous vivons bien des petites morts ! Tous ces renoncements à un travail, à un amour, à une localité ou une région où nous avions vécu ou aurions aimé vivre, à nos proches qui nous quittent un jour, à la jeunesse, à la force, et à tant d'autres choses. Nous avons vécu tant de dépouillements successifs et nous nous en sommes sortis ! Alors que penser de l'ultime dépouillement ?

La mort est indissociable de la vie. Il n'y a pas de vie sans mort, ni de mort sans vie. Elle sont comme les deux faces d'une pièce de monnaie, indissociables. Si j'intègre la mort à ma vie, celle-ci s'en trouvera élargie, magnifiée. Si je refuse de voir ma mort, que je repousse cela à plus tard quand je serai malade ou quand le moment sera venu de l'affronter, j'ampute ma vie de sa partie ultime, de celle qu'il est important de réussir parce qu'elle en est l'aboutissement ; je fais de mon existence quelque chose de rabougri, d'étriqué, de frileux en me repliant sur l'idée de rester en vie à tout prix, même si cet espoir est sans but.

Ma mort, je la regarde comme l'accomplissement de ma vie et je la vois avec douceur. Je me vois franchissant ce passage vers la Lumière, vers ce à quoi j'aspire depuis toujours.

La mort est le passage vers l'assouvissement du désir insatiable de rencontrer Dieu et d'être pleinement heureux.

28

octobre

J'ai approché la mort

Tu as envie de te suicider, et comme j'ai vécu moi aussi cette tentation, tu sens que je te comprends et cela te fait du bien. Ne plus avoir envie de vivre, je sais ce que c'est.

A cette époque, j'avais envie de mourir et puis je t'ai rencontré, toi qui as perdu ton épouse ou ton enfant, et toi qui as une maladie grave. Je t'ai vu dans le gouffre, dans le rien, dans le vide et ensuite tu as retrouvé le goût de vivre. Tu as été un témoin pour moi du bonheur retrouvé. Ainsi, il est possible de s'en sortir !

Qu'est-ce qui avait pu te faire quitter le néant ? C'est la vie, la force de vie qui a jailli en toi ! C'est elle qui a redonné du sens à ton existence. Autrefois, avant que tu ne traverses cette épreuve, tu te complaisais dans les récriminations, les accusations, les insatisfactions à tout propos. Et puis tu as failli mourir dans cet accident ou de cette maladie et finalement, tu t'en es sorti. Et depuis, plus rien n'est comme avant ; tu fais la différence entre ce qui est important et ce qui ne l'est pas ou a cessé de l'être. Tu demeures ancré dans ton axe de vie parce que ton être intérieur s'est révélé, transformé et qu'il te sert maintenant de guide.

Alors, si cela a été vrai pour toi, il en sera de même pour moi aussi. Moi qui avais eu la tentation du suicide, du découragement, j'ai soudain senti que la vie était la plus forte. Dieu m'a parlé à travers toi qui passais par là et j'ai pu me remettre sur pied.

L'éclosion de ton être et de mon être au cours de telle ou telle épreuve peut être un encouragement pour d'autres, un chemin à suivre pour ceux qui ont envie de tout laisser tomber.

Je peux être pour toi le révélateur de ce qu'il y a de meilleur en toi et qui te redonnera le goût de vivre, et tu peux l'être pour moi aussi.

29
octobre

J'ai provoqué ma mort

Vivre était trop douloureux, je ne me supportais plus, je n'en pouvais plus. Je ne croyais plus en rien. J'avais rejeté tout ce qui pour moi avait autrefois été l'essentiel. Et toi, ma petite fille et toi, mon petit garçon, vous vous êtes sentis trahis, abandonnés ; vous avez cru que je ne vous aimais plus, ou que votre amour ne comptait pas, puisqu'il n'a pas été suffisant pour me retenir auprès de vous. Mes enfants, je vous demande pardon, mais j'étais allé si loin dans le désamour de moi-même, que toute votre stratégie amoureuse pour m'attirer ne m'atteignait plus. J'étais dans un autre monde, un monde de malheur dont j'essayais de sortir par des voies qui m'y enfermaient de plus belle. J'avais l'impression d'être un poids pour tout le monde et j'ai cru vous libérer en me suicidant. « Surtout, ne vous culpabilisez pas ! »

J'ai voulu accomplir un acte d'héroïsme pour vous libérer de moi, de ma présence, de mon exemple pitoyable de vie détruite. Ce dernier geste, j'ai voulu qu'il soit pour moi l'ultime chance de gagner votre amour, votre estime et peut-être aussi vos regrets. Je croyais que je n'avais rien qui puisse faire naître chez vous le moindre regard d'admiration. J'avais alors sur ma vie et sur moi le regard qu'il me semblait que vous aviez aussi : celui de la pitié voire même du dégoût. Et si malgré tout, vous m'avez manifesté de la tendresse, je m'en sentais tellement indigne que je la niais en me détournant de vous. Personne ne pouvait plus rien pour moi ; mon mal de vivre était trop ancien, trop incommunicable, surtout que je ne sais pas dire les choses simplement. Bien souvent, lorsque je n'arrivais pas à trouver les mots justes, je me mettais à boire, je devenais violent et de la sorte, je coupais tous les moyens de me faire comprendre de vous.

Maintenant, là où je suis, je vous dis : n'imitez pas mon exemple, ne faites jamais comme moi. Mes enfants, je veux que vous sachiez à quel point je souffre de votre douleur et de voir les conséquences de mon suicide. Alors, vous qui vivez sur la terre, vous qui pouvez encore réagir, aidez-vous, écoutez-vous, soyez présents les uns aux autres, pour éviter la désespérance qui mène au suicide.

Dieu m'a accueilli, m'a ouvert les bras, mais comme mon cœur est lourd d'avoir causé tant de souffrances ; je vous en demande pardon.

30
octobre

Les âmes du Purgatoire

Dans certaines églises se trouve une chapelle dédiée aux âmes du Purgatoire. Si nous nous y arrêtons, prions pour elles, aidons-les par nos pensées, par notre amour d'aujourd'hui. Pensons à nos bien-aimés tels qu'ils sont maintenant et non tels qu'ils étaient il y a vingt ou trente ans ; ne les immobilisons pas dans le passé, mais vivons avec eux leur chemin vers Dieu.

Au moment de la mort, le feu de l'Amour nous est offert à tous ; certains sont prêts à s'y jeter, d'autres ont besoin de temps pour franchir les étapes du dépouillement et de l'affinement parce que cet Amour les brûlerait s'ils y entraient trop vite : ce sont les âmes du « Purgatoire ». Elles ont reçu la brûlure intime de l'Amour de Dieu et ont perçu la douceur de la Lumière ineffable mais, ne se sentant pas prêtes à la joie des épousailles en raison de la profondeur du fossé qui les sépare encore de l'Amour de Dieu, elles ont choisi de différer la rencontre pour se rendre plus belles et se mettre petit à petit en harmonie avec Lui.

Elles sont heureuses d'être dans la perspective de vivre ce grand Amour et en même temps elles sont dans la souffrance de ne pas y être encore. Elles vivent un état intermédiaire d'apprentissage de l'amour, de purification.

On pourrait dire par analogie que ces âmes ressemblent à des alpinistes arrivés à une altitude où ils respirent plus difficilement : certains seront obligés de redescendre ; et pour accéder aux plus hauts sommets, il leur faudra du temps et de l'entraînement. De même, pour aller dans les grands fonds marins, les plongeurs, outre l'entraînement de longue haleine indispensable, devront respecter en remontant des paliers de décompression sous peine de complications parfois fatales. Quand la fiancée d'autrefois s'apprêtait au mariage, elle préparait son trousseau, y brodait les initiales entrelacées de son futur couple en rêvant au jour de ses noces. Ce que vivent les âmes en chemin vers Dieu est comparable à l'expérience de la fiancée qui se prépare au mariage, et à celle du sportif qui s'entraîne à la plongée ou à une grande ascension.

Nous pouvons vivre dès maintenant en communion avec nos frères et sœurs en chemin vers Dieu. Notre amour leur fait du bien. De leur côté, ils peuvent nous aider.

31

octobre

Ils ont vu la lumière

J'ai été tout près de mourir et je suis revenu, sans doute pour accomplir ce que je n'avais pas accompli. Au cours de ce coma dont je suis sorti, j'ai eu une expérience extraordinaire telle que la décrivent les témoignages des personnes qui ont frôlé cliniquement la mort : j'ai vu et ressenti de tout mon être une douceur ineffable, une lumière d'amour tellement intense, tellement apaisante que je ne voulais plus revenir parmi les vivants. Mais mon heure n'était pas venue.

Maintenant, je porte cette lumière en moi et je n'ai plus peur de la mort : c'est comme si je l'avais déjà vécue et sous un jour tellement plus heureux que ce que notre imaginaire collectif m'avait laissé croire jusqu'alors !

Depuis cette expérience, j'ai beaucoup changé : je goûte beaucoup mieux la vie et elle a maintenant pris pour moi tout son sens. Je vois davantage la portée et les conséquences de mes actes. J'éprouve une véritable joie de vivre là où je suis, et même si mon existence ne m'offre rien de spectaculaire, je sais maintenant en voir les plus modestes cadeaux.

Je suis rempli du désir de faire partager cette expérience de bonheur autour de moi. J'ai frôlé la mort, j'ai connu la mort et je m'en souviens.

Et moi qui n'ai pas vécu directement cette épreuve, je vous remercie vous tous, témoins de l'invisible qui avez raconté de par le monde ce que vous avez vu et ressenti : l'impression d'une nouvelle naissance, l'éblouissement d'une Lumière, la sensation d'un Océan d'Amour, la faculté de lire votre vie différemment. Merci à vous d'avoir parlé ; vous êtes devenus les témoins de la Lumière que vous portez en vous pour toujours.

Quand je t'entends, toi qui te dis incroyant, ou toi qui es religieux, ou toi encore qui es d'une autre culture, quand je vous entends tous me parler avec des mots semblables de la même expérience de l'Au-delà, je me sens devenir meilleur et je trouve un autre sens à donner à ma vie.

Grâce à vous, cet Au-delà, je l'ai reconnu à l'intérieur de moi et je comprends mieux le témoignage des mystiques sur l'intériorité bienheureuse, la présence de Dieu et celle de la Trinité au fond de soi.

Élisabeth de la Trinité priait ainsi : « Ô mon Dieu, Trinité que j'adore, aidez-moi à m'oublier entièrement pour m'établir en vous, immobile et paisible, comme si déjà mon âme était dans l'Eternité ». En moi, « Je suis » est déjà dans l'Eternité.

1er novembre

Tous sains, tous saints

Nous sommes tous, sans exception, appelés à la sainteté, alors que nous ne sommes pas parfaits et que nous ne le serons jamais. Acceptons seulement de nous ouvrir à la sainteté que Dieu nous donne, quel que soit notre état de vie, quels que soient nos difficultés et nos éloignement actuels.

Il n'est ni nécessaire d'être « quelqu'un de bien », ni d'être dans un état de souffrance morale ou physique, ni d'être malade, fragile ou de faire pitié pour accéder à la sainteté, quand bien même certains saints, si grands ou si petits soient-ils, nous auraient montré ce modèle. Ces saints avaient leurs difficultés humaines, et une vocation particulière qui s'inscrivait dans les pratiques et les croyances de leur époque, c'est pourquoi ces pratiques peuvent nous heurter aujourd'hui. Par contre Jésus, notre modèle, n'a jamais été malade et n'a jamais glorifié la maladie ; au contraire, il s'employait à soulager ceux qui souffraient en suscitant d'abord en eux le désir de guérir. Et cette guérison du corps appelait le désir de recevoir aussi de Jésus la sainteté.

Si j'ai une bonne hygiène de vie, j'aurai une meilleure vitalité et une plus grande facilité à rentrer en moi-même, à retrouver mon être intérieur. Savoir dormir, respirer, s'aérer dans la nature, manger sainement, faire de l'exercice, savoir faire des pauses et varier les tâches quand je suis devenu inopérant, cultiver une pensée positive, ces quelques principes qui me réconcilient avec mon corps me rendent davantage capable de patience, de persévérance. A l'inverse, une mauvaise hygiène de vie me coupe de mon être intérieur et me rend plus fragile aux agressions de mon psychisme et au découragement ; m'empoisonner de pensées négatives m'éloigne de la sainteté. J'ai vis-à-vis de moi le droit et le devoir d'avoir un corps sain ; et plus je serai en forme, meilleur serviteur je serai.

Un des écueils à la sainteté, c'est une tension obsessionnelle où je ne me donne pas le droit de me tromper. A l'occasion d'une faute que j'ai commise, je pourrai observer que je n'étais pas dans des conditions favorables, que de vieilles habitudes ont repris le dessus, que je suis retombé dans mon « péché mignon ». Je le constate. Je ne me le reproche pas, mais je le regrette. Je décide de faire mieux à l'avenir en sollicitant l'aide de Dieu. Je lui donne mes tuyaux tordus pour qu'il en fasse un bel instrument. Je lui offre mes failles, mes faiblesses. Je lui ouvre toutes les pièces de la maison, même les plus obscures pour qu'Il les baigne de Sa Sainteté, pour qu'Il les transforme dans l'or de Son Amour.

2
novembre

Ils sont bien vivants

Je voudrais des démonstrations irréfutables, mais il n'y en a pas. Je peux tout affirmer ou tout contester parce que je n'aurai jamais aucune preuve ni de l'existence de Dieu, ni de son Amour, ni des signes de mes bien-aimés. Comment puis-je avoir la certitude de l'Amour de Dieu, sinon en le vivant ? Et ce n'est pas dans ma tête que je puis le vivre, mais dans mon cœur. « *Je te remercie Père, d'avoir caché cela aux intelligents et aux sages et de l'avoir révélé aux tout petits.* »[41]

Par analogie, lorsque je suis devant un micro pour une émission à la radio, rien ne me prouve qu'il y ait des auditeurs qui m'entendent. Je les imagine, mais je ne les vois pas. J'espère qu'ils sont là, j'en suis même persuadé, mais rien ne me le confirme à l'instant où je parle. Qu'est-ce qui me révèle que vous, auditeurs, êtes vivants ? Rien. Et pourtant, je le sais, vous êtes là, et vous êtes vivants.

Lorsque je veux téléphoner à quelqu'un qui a mal raccroché son téléphone, il m'est impossible d'entrer en communication avec lui tant qu'il ne s'en sera pas rendu compte, et j'aurai beau faire et refaire son numéro, mes tentatives resteront vaines.

Avec nos bien-aimés, c'est un peu la même chose. Ils me font des clins d'œil ; mais est-ce que je sais les voir ? Quels moyens est-ce que je leur donne de me faire sentir leur présence ? Ai-je ouvert en moi un endroit de communication avec Dieu, avec l'Au-delà ? Ai-je développé mon intuition ? S'ils tentent de communiquer avec moi et que mon téléphone est débranché, je ne les entendrai pas.

Il n'a pas de morts, il n'y a que des vivants. Nos bien-aimés ont traversé la mort ; la vie en eux a franchi la mort pour la dépasser. C'est important que nous pensions à ceux qui nous ont précédés comme vivants aujourd'hui, et non pas comme morts hier. Ne cherchons pas des signes à tout prix, n'allons pas consulter des voyants, ne cherchons pas dans les astres. Vivons tout simplement leur présence.

---

41. Luc, 10, 21.

Ce que nous avons tant regretté de n'avoir pu leur dire, disons-le-leur aujourd'hui. L'amour, c'est aujourd'hui ! Ne restons pas plongés uniquement dans les vieilles photos, ou les chambres pieusement conservées du passé. C'est présentement que nous avons à évoluer avec eux. Ils nous aident et nous aussi nous les aidons lorsque nous ne restons pas enfermés dans le culte du passé et que nous nous adressons à eux, tels qu'ils sont maintenant. Ils sont vivants ; ils sont en marche tout comme nous, vers leur réalisation en Dieu.

3 novembre

Ils sont présents

Si nous savons les voir, il y a des petits signes qui ne sont pas exprimés dans un langage clairement intelligible, mais qui sont une évidence pour un cœur ouvert.

Il ne s'agit pas de vouloir convaincre quiconque ; le signe que j'aurai reçu pourra fort bien être interprété par quelqu'un d'autre comme une projection de mon psychisme. J'accepte que ce puisse parfois être le cas. J'accepte aussi de laisser entrer en moi des perceptions différentes qui ne soient plus accessibles à mon raisonnement logique. Si je cérébralise, je ne suis que dans le domaine de la pensée et ce n'est pas celui-là qui m'ouvre à cette perception. Pour sortir de ma tête pensante, il faut que je m'incarne, c'est-à-dire que je sois bien dans mon corps, bien dans ma peau. Lorsque je m'ouvre à mes sensations physiques et qu'en même temps je suis dans mon être, alors je peux percevoir la présence douce et amoureuse de Dieu et celle de mes bien-aimés. Seule l'ouverture du corps, de l'âme et de l'esprit rend possible la sensation de cette présence. Si je perçois la présence de Dieu, je comprendrai mieux que tous ceux qui nous ont précédés puissent eux aussi être près de moi.

Si je prétends sentir cette présence en partant vers le haut, dans une spiritualité désincarnée, je vais m'éloigner de mon être et quitter la vie terrestre. Je ne peux pas sentir la présence de Dieu si je ne suis pas dans mon corps. Cette sensation est une perception physique et mon corps est un outil pour la percevoir. Lorsque je me ferme à mes émotions, lorsque que je me durcis parce que j'ai peur de souffrir, alors je finis par n'éprouver plus rien. J'ai un cerveau, je le sais intellectuellement, mais je n'en ai pourtant aucune conscience ; de même la présence de Dieu en moi est tout aussi réelle dans ma profondeur.

Si je me connais bien, je sais quelles circonstances déclenchent l'ouverture conjointe du corps et de l'âme. Par exemple, lorsque je marche consciemment en étant présent à moi et à tout ce qui m'entoure, je m'ouvre à mes sensations. L'action physique est importante pour reprendre contact avec les perceptions sensorielles, et pour ouvrir l'être intérieur. C'est cette ouverture intérieure qui permet de ressentir l'amour.

Il y a bien d'autres façons d'être incarné et d'ouvrir son âme. Si je joue d'un instrument de musique, l'attitude, les gestes, la respiration sont bien des manifestations de l'incarnation, et l'interprétation, l'inspiration sont l'expression de ce que j'ai à l'intérieur. Corps et âme participent de façon indissociable à l'élaboration de la musique. Même si elle n'est pas aussi belle que je le voudrais, et là, c'est mon psychisme qui parle, la musique me met en communication avec la grâce qui est en moi, avec le divin.

Nos bien-aimés tentent de nous rencontrer en mettant de la beauté autour d'eux, celle qu'ils reçoivent de Dieu. Lorsque la beauté de la musique ou de la nature me comble d'amour, même si cela ne dure que quelques minutes, je suis en relation avec eux.

4
novembre

Prions pour nos proches

Si j'ai quelque chose de difficile à dire à mon conjoint, à mes parents, si je vis une situation conflictuelle ou douloureuse avec mon enfant, mon frère, mon employé, mon patron, alors que je prenne le temps de prier pour lui, pour eux, pour nous, afin que cette rencontre, cette explication, cette relation se passe bien ou mieux. Je demande à mon ange gardien de nous préparer l'un et l'autre et je bénis à l'avance mon interlocuteur.

Si je me sens plein de rancœur vis-à-vis de ma femme, de mon fils, si je prie pour elle ou pour lui, je vais me mettre dans une disposition intérieure positive qui m'aidera à y voir plus clair, à pacifier notre relation, à trouver des mots vrais pour l'aborder.

Si mon compagnon m'abandonne, je serai tenté de nourrir du ressentiment contre lui, de l'amertume, et de chercher les moyens de lui nuire ; alors que si je prie pour lui, mon âme retrouvera progressivement la paix intérieure et des pensées plus en rapport avec l'amour que je prétends avoir pour lui.

Lorsqu'un proche me dit qu'il prie pour moi, ne suis-je pas aussitôt rempli du désir moi aussi, de prier pour lui ou pour quelqu'un d'autre ? Nos prières ne sont jamais perdues ; elles agissent à notre insu, apaisent, ne serait-ce qu'un court instant, celui qui souffre ; et en même temps, elles me pacifient moi aussi, qui suis en train de prier.

Soyons porteurs de bénédictions tout particulièrement pour nos proches, afin de n'être pas un jour confrontés à la réalité douloureuse d'avoir prêché au loin tout en négligeant notre entourage.

5
novembre

L'Eternité est déjà commencée

L'Eternité est l'accomplissement de ma vie terrestre. Tout ce que j'ai désiré profondément, tout ce à quoi j'ai aspiré au meilleur de moi-même, tout ce que j'ai rêvé de plus beau dans mes relations amoureuses, je le vivrai dans l'Eternité.

Je peux commencer dès maintenant et mettre à jour tous mes désirs profonds même s'ils ne peuvent pas encore se réaliser pleinement. Je peux considérer que ma vie est extraordinaire, si je la regarde comme le début de l'Eternité au lieu de me lamenter sur son peu d'intérêt actuel ou sur le fait que je n'ai encore rien accompli. Quel que soit mon âge, il n'est jamais trop tard pour entreprendre cette conversion intérieure, celle de prendre conscience que ma vie est une merveille, que tout ce que j'aurai commencé maintenant, je le continuerai après ma mort dans ma vie de l'Au-delà. Il suffit d'une graine semée sur la terre pour obtenir un arbre dans l'Au-delà.

Dès maintenant, je découvre qui je suis, j'épanouis ma vocation, je goûte pleinement tout ce qui remplit mon existence et tout ce qui constitue ma personnalité : mes goûts, mes dons et aussi tout ce qui me porte vers les autres. Il n'y aura pas de rupture au moment de la mort, mais plutôt une continuation, une transfiguration, un accomplissement total.

Je commence mon Eternité maintenant, aujourd'hui, à l'instant même.

6

novembre

Mon Seigneur et mon Dieu

Ces mots que je dis lors d'une célébration ou que je prononce dans mon cœur pourraient signifier :

« Tu es le Seigneur de toutes les parties de mon être. Je ne veux plus être le chef d'orchestre de ma vie et je te laisse la conduire, parce que Tu es un père aimant qui ne recherche que mon bien. Je Te laisse me reconstruire de l'intérieur et je ne me cherche plus de maître à l'extérieur, car Tu es mon seul et unique Maître. Tu es à tout le monde et en même temps entièrement à moi. Quand je suis à l'adoration, je sais et je sens que Tu te tiens dans ma chapelle intérieure. Et si j'en étais sûr même lorsque je ne suis plus en prière, si je comprenais à quel point Tu es mon bonheur, je n'aurais plus besoin de me tourner vers les mirages de l'existence car j'y attacherais moins d'importance. La plupart du temps je me disperse, je me fuis, j'ai peur de moi parce que je ne connais que la couche superficielle de mon *petit Moi*. Je n'ai pas encore découvert l'oratoire intérieur où se trouve mon *grand Moi* et aussi Ton Amour infini, mon Dieu. J'apprends à faire taire mes voix psychiques pour entendre Ta voix dans le silence, mon Bien-Aimé. Je Te répondrai alors : Tu es mon Seigneur et mon Dieu. »

Mon Seigneur et mon Dieu. Dans cette simple parole d'adoration, quelle beauté ! Quelle profondeur !

7

novembre

La peur du silence

J'ai peur du vide de mon être parce que je ne m'aime pas et que je n'ai pas encore découvert qui je suis en profondeur ; je crois remplir ce vide avec de l'avoir. Je suis étudiant et je n'aime pas être seul, alors je me fuis dans les sorties nocturnes tant je redoute de me retrouver face à moi-même.

Je suis veuve et je ne supporte pas la solitude, surtout le soir : personne à qui parler. J'ai tendance à me servir abusivement du téléphone. Mais si je ne trouve personne sur qui déverser mon angoisse et que je suis obligée de me tenir compagnie, je me sens alors envahie par la peur du vide, par l'angoisse du silence. Je ne sais pas rester dans le silence même si je suis seule : alors je parle, je me parle ; j'invente des dialogues imaginaires où j'ai évidemment le beau rôle.

Je suis séparé de ma compagne et je le vis mal ; je comble mon vide intérieur en consommant de la nourriture avalée à toute vitesse, de l'alcool qui me déconnecte de moi-même ; je consomme des images, des sons et j'allume la télévision ou la radio sans même les écouter, tant j'ai besoin d'une présence et ce bruit de fond entretient une illusion.

J'ai peur du vide, du vide de ma vie ou de ce qui est en fait le vide de ma mort et pourtant cette épreuve peut me permettre de me trouver, de rencontrer Dieu, de me mettre en communion avec tous. C'est au moment ou l'on est vidé de ses prétentions, de ses avoirs, de ses compensations, de ses habitudes, de ses soucis et fausses croyances que Dieu peut enfin venir nous remplir de son Amour. Le silence est d'or !

8

novembre

La solitude habitée

Je peux redouter de me trouver seul, face à moi-même, et pour cette raison, trouver un intérêt à me griser de bruit, de mouvement, de vitesse ; et si je découvrais le cadeau qui se trouve dans le silence ?

Vivre une solitude habitée, ce serait paradoxalement unir la présence à la solitude ; le moine est seul : seul avec Dieu et seul avec lui-même. Comme pour le moine, il m'est possible de ressentir l'extrême bonheur qu'il peut y avoir à être seul. Certes, j'ai besoin d'avoir des contacts humains, mais je m'attacherai à ne cultiver que ceux qui seront pour moi et pour l'autre un facteur d'enrichissement, de progrès, de découverte de soi, ou de service dans une relation constructive. Je saurai quitter progressivement, sans blesser inutilement, les relations qui me rongent, qui m'utilisent ou que j'utilise pour me sauver du désarroi.

Si je suis mère de famille et chargée de multiples et lourdes tâches, il m'arrive d'exprimer le désir de partir sur une île déserte ; n'est-ce pas là un souhait vital de solitude ? Et maintenant que je suis plus âgée, et seule, je redoute cet isolement qui m'apparaît comme une malédiction, un abandon, un exil. Que je sache retrouver l'aspect positif de la solitude que je comprenais si bien lorsque j'en étais privée. Qu'elle ne soit plus subie, mais recherchée, voulue comme une nécessité vitale. Savoir apprécier la solitude, c'est avoir du bonheur à être avec soi-même ; ne suis-je pas pour moi le compagnon le plus constant de toute ma vie ? N'ai-je pas envers moi-même un devoir de fidélité à ce que je suis en profondeur ? Ne suis-je pas redevable envers moi et aussi envers toute l'humanité de ce que j'ai fait pour me libérer des lourdeurs de mon hérédité ? Ce travail d'approfondissement, je ne pourrai le faire que dans la solitude, dans la méditation qui permet la conscience de soi, le désir de changement, la prise de décision, et la mise en œuvre de cette résolution.

La solitude est une chance, une opportunité, une nécessité.

9

novembre

Que faire de nos refus ?

J'ai appris une douloureuse nouvelle : ce cancer que j'espérais surmonté évoluait de nouveau et j'étais rempli de métastases. Ma première réaction a été d'en vouloir aux médecins qui m'avaient sûrement mal opéré, insuffisamment traité, et mal surveillé. Et je me suis révolté, je demandais des comptes, je faisais part de mes soupçons à mon médecin et j'étais rempli d'agressivité contre lui, et contre tous ceux qui ont l'insolence d'être éclatants de santé alors que mes jours à moi sont comptés. Ma deuxième réaction, grâce à l'écoute dont j'ai pu bénéficier auprès de ce médecin que j'accusais, est de me dire qu'aujourd'hui, je suis vivant. Aujourd'hui, je marche, je suis encore en forme, je peux faire tout ce que je faisais auparavant, y compris mon travail, alors je relève la tête et j'accepte de demeurer dans cette vie qui me reste à vivre du mieux que je pourrai, en mettant de l'amour dans tout ce que je fais, en y joignant toute mon énergie, tout mon courage, même si je me donne le droit de ne pas en avoir en permanence. Je découvre que ma vie est unique et que chacun a la sienne à vivre jusqu'au bout, avec toutes les épreuves qu'elle peut apporter. Je ne peux pas exister à la place du voisin, à la place de telle personne que j'envie ; ma vie est irremplaçable et belle telle qu'elle est, et quelles que soient les souffrances que j'aurai à supporter dans un avenir plus ou moins proche.

Mon enfant m'a fait part de son homosexualité. Quelle souffrance, quel déchirement ! J'aurais pu avoir la tentation de les refuser, lui et son homosexualité comme quelque chose qui ne venait pas de moi, qui m'était totalement étranger et repousser cet enfant que j'ai mis au monde, ne plus le regarder comme mon fils. Mais je l'ai écouté, j'ai essayé de comprendre son cheminement, ses déceptions avec l'autre sexe, ses peurs, sa crainte d'en parler, sa solitude aussi face à ceux qui ne comprennent pas. Mais surtout et avant tout, je lui ai dit que je l'aimais tel qu'il était et qu'il pourrait toujours compter sur mon amour. Si j'ai pu lui dire que j'étais fortement ébranlée par cette révélation, je n'ai pas eu de parole de jugement, je ne lui ai pas tenu de discours moralisateur, je n'ai pas plaqué sur lui mon désir de le voir changer, mais je lui ai demandé s'il était bien sûr de son homosexualité. Dans les jours qui ont suivi, cette révélation a fait monter en moi toutes sortes de culpabilités concernant les difficultés relationnelles que j'avais eues avec lui durant sa petite enfance et cette souffrance a été pire que celle de la révélation proprement dite. Ce refus de me pardonner me causait de terribles angoisses. J'ai fini par offrir ce secret, ces angoisses à Marie et cela m'a complètement libérée de ma culpabilité. C'est à elle, Marie, la meilleure des mères, que j'ai confié mon enfant et depuis, j'ai retrouvé la sérénité.

10
novembre

Se dire des phrases positives

Je dois bientôt passer un examen et déjà je m'embourbe dans des phrases négatives qui ne m'apportent rien : « Je ne sais pas rédiger, je fais des fautes d'orthographe, je vais sûrement tomber sur un sujet que je connais mal, je vais perdre tous mes moyens devant l'examinateur », etc.

Pour une fois, je vais procéder autrement ; je verrai ensuite si cette nouvelle méthode est meilleure et si elle m'a apporté plus de bénéfices. Demain donc, je passe un examen et je me dis l'inverse de ce que j'envisage habituellement : « J'ai en moi tout ce qu'il faut pour rédiger correctement ; je raisonne avec justesse et les mots se mettent en place naturellement. A cette épreuve orale, je vais tirer un sujet que je connais, je saurai répondre convenablement et l'examinateur sera bienveillant ; j'ai confiance en moi et en mes possibilités intellectuelles. Je m'affermis chaque jour davantage. Dieu me protège en toute circonstance ».

Je sais neutraliser avant même leur naissance, les pensées négatives qui pourraient à nouveau m'envahir ; j'apprends à visualiser à l'avance et de façon positive cet examen, cet entretien d'embauche, cette compétition sportive, ce concours de chant. Je me vois réussissant à parler distinctement à l'examinateur, bien jouer à ce tournoi de tennis, gagner un prix à ce concours international de musique, avoir mon bac, réussir l'entrée dans une grande école.

J'ai retrouvé une saine confiance en moi et j'en ai terminé avec les petites vexations, persécutions que je m'inflige sans cesse, à tout propos, jour après jour, comme si je voulais me mettre des embûches supplémentaires. J'en ai assez de scier la branche sur laquelle je suis assis. Que je me comporte avec moi comme je le ferais avec mon meilleur ami, car je ne devrais pas avoir de meilleur ami pour moi, que moi-même.

11
novembre

J’ai eu un coup de foudre

Je suis éperdument amoureux, amoureuse. La passion amoureuse, aussi exaltante et belle qu’elle nous apparaisse dans ses débuts, va peut-être nous faire vivre des périodes de vide, de grande sécheresse. Aussi élevé est le sommet dans la passion, aussi aride sera le désert ensuite. Est-ce que tu veux bien laisser Dieu enfouir en toi cette passion, ce feu dévorant pour le transformer en une flamme qui gardera toujours la même intensité ? Cette flamme continue serait l’image de l’amour apaisé, durable qui prendrait la place de l’incendie passionnel dans ton cœur et l’ouvrirait à l’amour universel. Est-ce que tu veux bien être comme une lampe à huile dont la lumière reste constante ? Veux-tu laisser se transformer cette passion, qui pourrait te laisser sans force, en un amour stable, permanent, où tu retrouveras une disponibilité pour les autres avec un cœur beaucoup plus ouvert ?

J’ai eu un coup de foudre, j’ai eu un moment de passion et je l’ai transformé en amour vrai et durable.

12
novembre

J'ai été violée

Tu as été violée, lorsque tu étais petite ou adolescente ; tu as été violé lorsque tu étais petit ou adolescent. Tu as vécu des attouchements que tu n'as pas vu venir. Tu les as peut-être subis d'un proche : d'un oncle, d'une tante, de ton père, de ton frère ou de ta mère.

Dieu te demande pardon. Pardon au nom de ces adultes en manque d'amour qui se sont tournés vers toi. Pardon aussi pour toi-même, car tu as eu du mal à te pardonner. Tu manquais de tendresse et tu as peut-être cru avoir attiré l'autre et tu te reproches donc de n'avoir pas su t'en dégager. Ainsi ce viol a laissé en toi de la honte, de la culpabilité, une blessure profonde, une peur de l'autre et du sexe de celui ou de celle qui t'a violenté. Il t'a laissé une image dégradée, avilie de toi et peut-être aussi une trop grande soumission ou une trop grande révolte ou même un désir de dominer l'autre sexe pour te protéger de la peur qu'il réveille en toi.

Jésus vient te prendre dans ses bras et Il te serre sur son cœur.

Retrouve une image positive de toi et de l'autre sexe, pour apprendre à vivre de façon simple et saine ta vie relationnelle et amoureuse.

13

novembre

J'ai peur des hommes

Je crois que j'ai peur des hommes ; j'ai d'eux une image globalisante que j'ai peut-être reçue de ma mère qui avait déjà cette problématique : « les hommes sont des »... Quand je prononce ces mots à mon tour, j'exprime que j'ai peur de certaines caractéristiques masculines que je ressens comme plus agressives, plus brutales, plus froides alors que je rêve de douceur, de tendresse. Peut-être ai-je souffert de l'autorité excessive ou de la violence de mon père et surtout de son absence de tendresse à mon égard. J'ai peut-être mal supporté sa trop grande exigence concernant des projets d'avenir qu'il avait sur moi ; sa possessivité excessive lorsqu'il contrôlait tout dans ma vie et dirigeait mes activités de loisir et scolaires, lorsqu'il surveillait aussi mes sorties et mes relations amicales d'une façon gênante. C'est pour cela que je crains de m'engager dans une relation amoureuse parce que je redoute cette possessivité dont j'ai eu tant de mal à me défaire. Alors je fuis les relations que je trouve étouffantes, enveloppantes, je n'aime pas les gestes de tendresse, je refuse l'intimité. En fait, c'est ce que j'ai vu faire par ma mère qui elle aussi, repoussait mon père.

J'ai à découvrir autrement les hommes qui m'entourent, à me réconcilier avec eux, à voir autrement mon mari et mes fils. Vais-je continuer à reproduire le passé, répéter ce que j'ai entendu dire par ma mère ? Mon mari, mes fils ne sont pas responsables de l'image négative que j'ai des hommes, ni des blessures de mon passé. Si j'ai peur d'être envahie, j'ai à me ménager des moments à moi, à faire respecter par les autres mon lieu et mes temps d'isolement, et à leur dire mes limites

Suis-je prête à me débarrasser de mes peurs et ainsi à libérer mes proches de ce que je projette sur eux ?

14

novembre

J'ai peur des femmes

Si je suis vrai avec moi-même, je dois reconnaître que j'ai été mal initié à mon rôle d'homme. On m'a inculqué qu'un homme devait être dur, fort, ne pas montrer ses sentiments et je comprends mal lorsque ma femme, mes proches, mes filles expriment leurs émotions, manifestent de la tendresse ou m'en demandent. J'ai peur des femmes, j'ai peur de la part féminine de ma personnalité qui représente pour moi un continent obscur, dangereux. J'ai repris à mon compte le mépris de mon père pour ma mère et pour les femmes en général, et je ne sais pas entrer en relation avec elles autrement que par la provocation, la brutalité, la plaisanterie ou la crudité de mes paroles. Et même d'ailleurs dans mon intimité, mon appréhension fait que je ne tiens pas suffisamment compte de ma compagne, de la tendresse qu'elle réclame ; je vis des relations d'intimité trop brèves ou trop centrées sur moi parce que j'ai peur de m'impliquer, de me donner tout à fait ; je crains de m'attacher, de devenir dépendant de mon désir ou de celui de l'autre.

Avec mes filles, je suis peu disponible, je rentre tard le soir, je suis encombré par mon travail, parce que je redoute la relation affective qu'elles veulent tisser avec moi.

Moi, homme qui ai souffert de la possessivité de ma mère ou du modèle de brutalité que j'ai reçu de mon père, j'ai à me réconcilier avec le côté féminin de ma personnalité. Je m'affranchirai de la peur de la femme, celle que je vois exigeante, envahissante, ou celle qui est sensible, amoureuse et qui exprime ses émotions, lorsque j'aurai appris à aimer ma vulnérabilité, mon émotivité, et aussi lorsque je saurai poser mes limites sans agressivité, devant ce que je prenais auparavant pour une atteinte intolérable à ma liberté.

15
novembre

Une première relation sexuelle difficile

Très souvent nous avons mal vécu une première relation sexuelle à l'adolescence. Elle s'est mal passée parce que nous rêvions d'autre chose et que nous ne l'avions pas vraiment souhaitée, désirée au plus profond de notre être. Une grande déception s'est installée, voire du dégoût, et surtout de la culpabilité, d'autant plus qu'à l'adolescence réapparaissent des souffrances de la petite enfance, liées à tout ce qui reste difficile dans les relations avec les parents.

Qu'est-ce qui peut nous avoir précipités vers une sexualité prématurée ? Un sentiment de rejet ? Une trop grande permissivité ? Des interdictions qui enferment et qui suscitent la rébellion ? Une simple curiosité ou la crainte de n'être pas comme tout le monde ? Dans tous les cas, il nous aura manqué une parole vraie de nos parents, une parole d'amour qui structure.

Nous sommes sur la terre pour apprendre et bien sûr nous faisons des essais et des erreurs, et c'est le cas de nous tous, sans aucune exception. Or, souvent, une première relation sexuelle difficile nous aura beaucoup marqués. Il va falloir sortir de cette fixation, de cette obsession, sinon, nous allons la répéter, ou développer une crainte de l'intimité durable et une peur de l'autre. C'est pourquoi il est parfois nécessaire d'oser parler à un soignant capable de nous entendre vraiment. Parler, raconter son histoire, c'est d'abord la sortir de soi par les mots et se donner alors la possibilité de la regarder et de la comprendre différemment ; c'est réussir à porter sur soi un regard d'amour et non plus de jugement. Grâce à l'écoute empathique, c'est parvenir à tisser par le langage une autre histoire qui devienne porteuse de sens et non plus pourvoyeuse de destruction.

16

novembre

De la sexualité à l'intimité

Ce que je recherche, est-ce la sexualité ou l'intimité ? Est-ce quelque chose qui vient de mon passé, qui est désordonné, que je sens ne pas être unifié, qui me remplit de blocages ou m'amène à des excès, ou est-ce un échange de tendresse et d'amour dans le cadre de la relation de fidélité que je vis ?

Est-ce que ce sont des habitudes de domination ou de soumission, des gestes techniques, ou est-ce vraiment un cœur à cœur, une écoute de l'autre, un émerveillement, un ravissement partagé, la possibilité de se comprendre, de s'aimer et de se le dire ?

Qu'est-ce que je transmets à mes enfants ? Sexualité ou intimité ? Si je n'en parle pas par inhibition ou si j'en parle trop parce que j'en suis obsédé et que je justifie tout, ce qui revient au même, mes enfants rencontreront en premier la sexualité.

Est-ce que je peux témoigner de l'intimité, de la beauté de l'amour et de la tendresse échangés ? Est-ce que je peux dire à mes enfants l'importance pour notre couple du plaisir partagé, de tous ces gestes de tendresse qui me font me sentir reconnu, aimé tel que je suis ? Est-ce que j'exprime dans ma manière d'être, de vivre, que la joie de l'intimité me fait mieux habiter mon corps régénéré par elle ? Est-ce que je peux expliquer qu'ayant connu ce bonheur d'être regardé, embrassé, enlacé, caressé avec amour, j'accepte avec joie les imperfections de mon corps ? Est-ce que je peux témoigner que dans l'intimité, j'ai connu parfois un vrai bonheur, la sensation d'une nouvelle naissance et que j'ai pour mon compagnon ou ma compagne, beaucoup de reconnaissance ?

Si je peux être le témoin de cette richesse auprès de mes enfants, ils auront une image positive de la sexualité et ils comprendront l'importance de la qualité relationnelle dans l'épanouissement de leur intimité.

17
novembre

L'orgasme du cœur

Nous espérons tous avoir une vie amoureuse comblée et c'est dans notre cœur qu'a lieu l'orgasme le plus profond. Nous avons peut-être coupé notre sexualité de notre être intérieur et nous avons placé au-dessus de tout l'orgasme du sexe que nous avons recherché avec obstination. Ou bien, nous avons cru qu'il se trouvait dans la tête et nous avons alors pratiqué assidûment ce qu'on peut appeler la masturbation intellectuelle. Mais avons-nous rencontré le vrai bonheur ?

Les grands mystiques ont fait se rencontrer leur tête et leur corps dans leur cœur. Si François d'Assise, Thérèse d'Avila, Jean de la Croix, Thérèse de l'Enfant-Jésus ont vécu de tels états de grâce, c'est parce qu'ils ont fait monter leur sexualité et fait descendre leur cérébralité dans leur être profond. La sexualité s'éveille par un débordement d'amour, le cœur en premier et non pas le sexe ou la tête d'abord.

Si j'ai choisi la vie conjugale, je découvre avec mon conjoint que l'intimité s'engendre d'abord dans la rencontre d'âme à âme. C'est d'abord l'union des âmes qui éveille le désir de l'union des corps, qui donne du sens aux gestes de tendresse, qui magnifie le plaisir partagé. L'orgasme du cœur, c'est ce que nous désirons depuis toujours. Lorsque je vis l'orgasme avec mon compagnon, ma compagne, c'est au plus fort de ce moment que je peux ressentir ce qu'est l'union avec Dieu. Je vis une étincelle de l'amour divin.

Je suis célibataire. Je suis seul. Souvent je me mets à rêver de ce bonheur sexuel qui me paraît extraordinaire, surtout lorsque je regarde des films, que je lis des histoires d'amour. Je me dis que j'ai raté quelque chose dans ma vie. Ce qui est rarement exprimé au sujet de la sexualité, c'est que sa réalisation n'est jamais parfaite et qu'à des moments intenses peuvent succéder des périodes de grande sécheresse et de non-désir.

Il est une sorte d'orgasme qui est celui du cœur à cœur avec Dieu. C'est un état qui embrasse tout, même l'amour humain. François d'Assise nous l'a montré dans toute sa vie. Alors, j'ai choisi une vie consacrée, je vais réaliser pleinement ma voie. L'orgasme du cœur, c'est ce qui fait les états de plus grands bonheurs, même si pour y arriver, il y a toutes ces nuits, ces difficultés et ces vides.

Le bonheur profond peut être vécu par tous sans aucune exception. Je peux le vivre dans l'intimité conjugale et je peux aussi le vivre dans ma vie consacrée. Il n'est ni nécessaire d'être avec quelqu'un, ni nécessaire d'être seul : il y a simplement à se laisser aimer par Dieu.

18
novembre

Des gestes de tendresse

Les gestes de tendresse ne sont pas réservés uniquement aux manifestations du transport amoureux ; dans un contexte différent, comme celui de la relation d'aide, je les donnerai et je les recevrai avec délicatesse et discrétion pour qu'ils ne suscitent ni chez l'autre, ni chez moi de désir d'appropriation. Telle personne du même sexe que moi – ce qui lève toute ambiguïté – que j'ai aidée dans mon travail de soignant, et qui soudainement me serre dans ses bras et m'embrasse, me fait toucher du doigt ce qu'est la tendresse gratuite qui n'attend rien. C'est un cadeau de Dieu qui peut-être arrive exactement à un moment difficile de ma vie. Mais je ne serai capable d'accueillir ce cadeau que si je m'aime et si je sais me laisser aimer. Je peux avoir un geste vers toi qui souffres en ce moment et te réconforter en serrant tes mains dans les miennes ou en entourant tes épaules de mon bras. Je ne prends pas possession de toi, je te montre que tu es aidé, soutenu, que je suis en empathie profonde avec ta souffrance.

Les gestes de tendresse dans le couple sont la marque de l'expression amoureuse. Je nourris mon amour avec de tels gestes pour qu'il ne meure pas. Si je ne sais pas nourrir mon amour, il va s'étioler et dépérir. Nous sommes deux à l'alimenter, « chacun à son bout de la relation ». [42]

Si je sais manifester mon amour, je le vis comme un débordement naturel de mon cœur. Si mon mari ne sait pas me manifester sa tendresse, sans doute ai-je à rassurer ses peurs ; je le vois comme quelqu'un qui se contrôle beaucoup, mais sans doute a-t-il des angoisses qu'il ne reconnaît pas forcément en lui et que je n'ai jusqu'ici pas perçues. J'ai à découvrir la parole ou l'écoute qui lui ouvrira le cœur ; l'autre n'a pas forcément les mêmes besoins que moi, ni au même moment. Là où j'ai le désir d'être touchée, caressée, il a peut-être lui envie que je l'écoute davantage pour pouvoir ouvrir son cœur. Alors, avant de me précipiter sur lui, je vais me centrer sur son

42. Jacques SALOMÉ, *Jamais seuls ensemble,* édit. De l'Homme, 1995.

travail, sur ce qui l'intéresse ; et se sentant accueilli, compris, aimé tel qu'il est, il y a plus de chance qu'il sache me donner les gestes de tendresse dont j'ai besoin. Mais lorsque je demande d'abord, lorsque j'exige, je casse la relation.

Si j'apprenais la tendresse pour moi-même, si je m'aimais suffisamment et que je puisse me dire que l'amour de Dieu prend soin de moi et soulage mes souffrances, mes manques, alors je ne serais plus dans la revendication. La tendresse, ce sont toutes ces paroles réconfortantes que je me donne: «je suis beau, je suis belle de la beauté de Dieu ; la beauté de Dieu m'habite. Moi, tel que je suis, avec toutes mes imperfections, je peux être un cadeau pour telle personne qui sera un cadeau pour moi. Ma vie, telle qu'elle est, est porteuse de bienfaits.»

19
novembre

L'amitié

Le signe de ta profonde amitié, c'est par exemple, ton coup de fil ce matin de mon anniversaire, alors que je ne t'ai pas appelé depuis au moins six mois. Tu as pu penser que je te négligeais et pourtant, j'existe toujours pour toi. La qualité de cette amitié est telle que même si nous ne nous manifestons pas, elle demeure intacte, aussi vivante que par le passé.

L'amitié, c'est cette discrétion qui fait que tu sens quand je vais mal et que tu ne me poses pas de question ; tu me regardes, tu respectes mon silence et puis tu m'écris que tu es à ma disposition quand je le voudrai ou quand je le pourrai.

L'amitié, c'est ce bouquet que je reçois quand je ne m'y attends pas.

Ton amitié, c'est celle de l'humour ; tu réconfortes, tu dédramatises en rendant tout plus léger.

L'amitié, c'est de savoir que tu existes quelque part ; je sais que je peux t'appeler si j'en éprouve le besoin et toi aussi tu sais que tu peux le faire.

L'amitié se manifeste dans l'adversité comme elle sait accompagner les événements heureux.

Elle est parfois si proche de l'amour.

L'amitié remercie l'autre de ce qu'il est ; elle se réjouit du bonheur de l'ami. Elle n'attend rien. Elle est dans la gratuité. Elle n'a pas besoin de preuve. Elle n'est pas jalouse, ni envieuse. Elle n'accapare pas, ne possède pas. Elle respecte la liberté de l'autre. Elle accepte la séparation sans souffrance. Elle est légère. Elle m'aide à me construire, à me structurer, à m'enrichir. Chaque véritable ami dépose en moi quelque chose de vivant et moi aussi je le fais pour lui. « L'ami privilégié est celui auprès duquel je ne suis pas seulement, mais je deviens », écrivait Marcel Conche.[43] Tous ces compagnons de ma vie avec lesquels je parcours un chemin plus ou moins long, contribuent à

43. Marcel CONCHE, *Je te parle du plus profond de mon être,* Le Nouvel Observateur, hors série L'amitié, page 52, déc. 2000.

l'élaboration de mon trésor intérieur. Chacun d'eux fait résonner en moi un écho différent et c'est pourquoi chacune de ces rencontres me fait découvrir une autre facette de ma personnalité et éveille en moi l'intuition de ce qu'est l'Amitié sans faille de Dieu.

Cette amitié que je vis avec d'autres sera d'autant plus légère que j'aurai découvert que mon premier ami, c'est moi-même. Si je sais être un bon ami pour moi, je ne serai pas celui qui me juge, qui me condamne, qui me noie de phrases négatives, qui me veut du mal, mais celui qui croit en moi ; et comme je crois en moi, je serai fidèle à ce que je suis, je respecterai mes rythmes, je m'entourerai de sollicitude et de paroles de bienveillance. Comme je suis riche de ce que tous mes amis ont déposé en moi, et de tout ce que j'ai mis dans mon trésor intérieur, je saurai faire surgir ces richesses et m'en nourrir lorsque je traverserai des moments difficiles.

Je ne saurai être un ami sûr pour autrui que si je le suis d'abord pour moi même. « *Aime ton prochain comme toi-même* », disait Jésus.

20
novembre

Il est trop dépendant de ses parents

Mon mari est très souvent chez ses parents ; beaucoup trop souvent à mon gré. Il travaille avec son père dans les champs. Nous habitons dans la ferme où il est né et son père vient chaque jour dans son ancienne maison, pour emprunter des outils ou sous n'importe quel autre prétexte. Mon mari prend son petit-déjeuner avec ses parents et il passe avec eux beaucoup plus de temps qu'avec moi et j'en souffre.

Je comprends que cela puisse être difficile, lorsqu'on habite tout près de ses parents, de savoir garder la bonne distance. J'aimerais que nous en parlions tous les deux, mais je me suis déjà tellement fâchée que j'ai l'impression que toute discussion est maintenant devenue impossible.

Je vais me fixer un nouvel objectif : pouvoir en parler à mon mari simplement sans faire de reproche ; il vaut mieux que j'exprime mon regret, ma tristesse, plutôt que mon agressivité. Pour des raisons de terre et d'argent, il est vrai que nous sommes obligés de rester là. Est-il possible de s'organiser autrement, de faire respecter davantage notre intimité, par exemple, en ne laissant plus nos portes ouvertes ? Est-ce que tu pourrais, toi mon mari, faire en sorte que nous soyons plus souvent ensemble ? Pourrions-nous envisager progressivement un éloignement géographique au moins de notre habitation, pour que nous ayons plus d'autonomie, d'indépendance ? Nous nous apprécierions d'autant mieux, tes parents et moi, que nous aurions chacun notre espace et une certaine distance entre nous, à la fois physique et affective.

21
novembre

Je ne veux plus être dépendante de mes parents

Je suis mariée, j'ai des enfants et pourtant je ne peux pas m'empêcher d'aller voir mes parents fréquemment parce qu'ils me le demandent. Ils vont mal.

Ma mère qui est seule a besoin de mon coup de téléphone quotidien. Mon père voudrait habiter chez nous et je n'arrive pas à dire non. Je reste dépendante de mes parents et cela m'empêche de grandir. Je sens bien que mon comportement n'est pas adéquat et que mon mari en souffre. Je n'ai pas compris où se trouvait l'autonomie véritable. Je ne sais pas faire valoir mon point de vue avec fermeté. Que j'apprenne d'abord à être moi-même. C'est en découvrant qui je suis et ce que sont mes besoins que je vais commencer à grandir. Ma croissance personnelle sera bénéfique à mon couple et à mes enfants qui apprendront à mon contact ce qu'est l'indépendance. Je discernerai ce qui est recevable dans l'attitude de mes parents et je ne céderai plus au chantage, aux reproches : « tu ne me téléphones plus ; je vais mal, je suis malade, je vais mourir ; ta sœur elle, s'occupe de moi ; si tu voyais tous les médicaments que je prends ! » Je sais que je me dois d'abord à moi-même ; j'accepte aussi d'être l'épouse de mon mari et la mère de mes enfants, en revanche, je ne suis plus de façon exclusive la fille de mes parents.

Je ne me laisserai plus manipuler et je penserai : « je vous comprends, maman, papa, je respecte l'âge que vous avez et qui vous empêche peut-être de voir les choses sainement. Je vous aime mais je me réserve le droit de vous dire non, lorsque vous me ferez des demandes que je trouverai abusives. Je me donne le droit d'avoir des activités en-dehors de mon foyer et de mon travail et je n'ai pas à vous consacrer tout mon temps de loisir. J'ai besoin de pouvoir vous retrouver lorsque j'en ai envie et non pas lorsque vous l'avez décidé, sinon cela tue en moi toute spontanéité, tout élan vers vous et je n'arrive plus à éprouver autre chose que de l'aigreur. » Ensuite, de façon unifiée, je prendrai librement les décisions que je trouve correspondre à leurs demandes, à mes possibilités et à un juste positionnement de ma part.

Et moi, je suis célibataire de trente ou quarante ans, et ma mère vient encore chez moi faire la cuisine ou m'apporter des petits plats ; elle fait aussi mes courses et refuse que je les lui paie. Je le vis de plus en plus mal. Je vais petit à petit reprendre les rênes et la remercier tout en lui faisant comprendre que dorénavant, je tiens à m'occuper moi-même du ménage, des courses et de la cuisine ; je lui assurerai que je n'hésiterai pas à lui demander un coup de main de temps en temps, mais qu'il est important pour moi de devenir autonome.

22

novembre

Se retrouver en couple

S'il est essentiel d'avoir des temps rien qu'à soi et aussi des moments de détente en famille, il est nécessaire de se ménager des rencontres à deux, régulièrement et sans les enfants. Cela exige peut-être de ma part que je prenne une résolution, car je me laisse prendre par ce que je crois être le plus urgent, comme l'organisation de la vie de famille, le travail, les activités extra-scolaires des enfants. Les temps de couple bien souvent passent après tout cela, ce qui revient à dire qu'il n'y en a plus.

Et pourquoi ne pas convenir d'un moment et l'écrire sur un agenda pour que ce soit essentiel, comme le serait un rendez-vous important ? Je prends des rendez-vous réguliers avec mon conjoint, chaque semaine, pour ne plus nous fuir, pour nous écouter, pour nous parler, pour retrouver des moments d'intimité et la joie toute simple d'être ensemble. Je le fais pour la bonne santé de notre union et aussi celle de nos enfants : ils voient que nous avons une relation solide qui vit aussi en-dehors d'eux. L'existence d'un lien amoureux entre nous, qui sait ménager également l'intimité de chacun, montre à nos enfants que nous ne sommes pas dans une relation fusionnelle ni entre nous, ni avec eux. C'est leur donner le droit à l'indépendance affective.

Nous ne nous investissons jamais assez dans notre couple et les conséquences en sont souvent fâcheuses, bien que prévisibles.

Écoutons la voix de tous ceux qui sont meurtris par les séparations, les divorces. C'est une très grande souffrance. Alors protégeons notre union en ménageant de façon régulière et privilégiée des temps rien que pour nous.

Il m'est si facile de critiquer les autres, ceux qui divorcent, ceux qui se séparent, plutôt que de regarder vraiment là où j'en suis avec mon mari, ma femme ! Mes critiques sont le signe de ma crainte qu'il m'arrive la même chose. Que je sache mettre en place ce qu'il faut pour que mon couple tienne. Vivons des temps de vacances tous les deux, régulièrement, même si c'est court. Qu'il y ait de temps en temps deux ou trois jours ensemble, et au moins une ou deux fois par an, une période plus longue. Qu'il y ait ces moments privilégiés où nous puissions faire le point, nous retrouver et prendre des décisions alors que nous nous sentons proches et disponibles.

23

novembre

De la fusion amoureuse à la joie de l'amour vrai

Dans les débuts de notre vie amoureuse, bien souvent nous attendons de l'autre qu'il soit là pour combler tous nos manques et nous sommes dans une relation de fusion et même de confusion. Chacun s'y trouve confondu dans un «nous» où son identité est perdue. En réalité, ce «nous» de confusion est un piège dans lequel l'un des membres du couple enferme l'autre, pensant savoir mieux que lui ce qui est bon pour lui. Ainsi commence la lente désagrégation de la relation par la mise en place de jeux psychologiques à l'origine de tant de mal être.

Si je n'ai pas découvert ma richesse profonde, si la connaissance que j'ai de moi reste superficielle, si je ne m'aime pas, si je ne suis pas le meilleur ami de moi-même, comment puis-je envisager de vivre une relation amoureuse qui soit saine ? Je vais attendre de l'autre qu'il soit le compagnon que je ne sais pas être pour moi ; je me servirai de « mon amour » dans le but de créer un attachement ; je vais lui demander d'être l'homme parfait, la femme parfaite que je ne suis pas moi-même, et le dispensateur de l'amour sans faille dont je suis assoiffé. J'aurai la croyance que moi, je peux être tout pour l'autre et l'envahir au nom de mon amour. J'aurai la conviction que s'il m'aimait, il devinerait obligatoirement ce qui me fait plaisir et ma déception de n'être pas aimé comme je l'attends, alimentera des reproches sans fin. Je croirai devoir renoncer à ce qui est important pour moi dans le seul but d'être aimé davantage.

Si pour moi l'amour est associé à la souffrance, à la peur de perdre l'autre, à la jalousie, à l'angoisse, alors je suis dans la possessivité, le désir d'appropriation.

L'amour vrai n'a pas d'attente, pas de projet «sur» l'autre ; l'amour vrai est vigilant, persévérant, accepte la personnalité et les besoins de l'autre ; celui qui aime est fidèle à lui-même, à ce qu'il est en profondeur et respecte la liberté, les choix de l'autre. L'amour vrai autorise l'intimité personnelle et permet l'intimité commune.

24
novembre

Les divorcés-remariés

Non, tu n'es pas un « divorcé », « une divorcée-remariée » ! Ne laisse pas les autres te mettre cette étiquette. Beaucoup d'entre nous connaissent ou connaîtront des difficultés conjugales : les séparations, les divorces. C'est tellement difficile de vivre ensemble et notre éducation nous a si mal préparés à la vie de couple.

Alors toi, ne deviens pas celui qui juge et qui distribue des étiquettes, mais sois plutôt celui qui comprend que la séparation ou le divorce est une souffrance. Si c'est ton conjoint qui s'en va, après avoir fait ce qui était humainement possible pour « sauver » ton couple, tu as à respecter la liberté de son choix, même si c'est douloureux ; et c'est très douloureux, alors ne te charge pas les épaules de jugements sur l'autre ou sur toi-même.

Que tu aies quitté ton conjoint ou que ce soit lui qui t'ait quitté, et quelles qu'en soient les raisons, puisqu'elles sont toujours partagées, ne te laisse pas impressionner par ceux qui veulent t'enfermer dans un jugement. Accueille-toi : tu es d'abord un enfant de Dieu. Et si tu as vécu tel ou tel événement, l'autre qui prétend te juger en a vécu autant , même si c'est dans d'autres domaines. Sois dans la paix. N'aie plus cette culpabilité qui t'empêche d'entrer dans l'Eglise et d'y conserver ou d'y retrouver la place qui était la tienne. Offre à Dieu ta culpabilité et reçois la force qu'Il te donne, pour être aujourd'hui un témoin ; non pas un témoin qui justifie tout, mais un témoin de la miséricorde rendu plus humble par l'épreuve : quelqu'un qui manifeste l'Amour de Dieu pour tous, quel que soit son état de vie et quoi qu'il ait vécu ; quelqu'un qui apprend à mieux se comprendre et à mieux comprendre les autres, quelqu'un qui chemine et qui tire la leçon de ses erreurs.

25
novembre

Réussir les séparations

Pour quelqu'un qui désire aimer, être aimé et qui est fidèle, toute séparation est douloureuse. Les enfants vivent très difficilement les séparations d'avec leurs parents, leurs proches, leurs amis. Alors quel drame lorsque dans un couple s'annonce une rupture.

Est-ce que nous avons tout fait pour l'éviter? Est-ce que j'ai regardé ce qui venait de moi, au lieu de voir toujours ce qui vient de lui ou d'elle, de l'autre? Ai-je tout fait pour comprendre ma part de responsabilité? Est-ce que «tout moi» a le désir que notre couple se retrouve? Avons-nous tenté une thérapie de couple? N'y ai-je pas mis d'obstacle?

Si maintenant rien n'est vraiment plus possible, si l'autre est parti ou aime une autre personne, alors au moins réussissons cette séparation. C'est là que je vais montrer réellement ce qu'est mon amour; car si j'aime l'autre, la douleur au cœur, j'accepterai son départ et j'éviterai de l'accabler de reproches et d'avoir sur lui ou sur elle, des mots aigres en présence des enfants. Je dois au moins à mes enfants que la séparation se passe positivement, qu'ils gardent une bonne image de leur père et de leur mère, et surtout que nous ne les utilisions pas dans nos conflits. Si un homme et une femme se séparent, c'est évidemment leur couple qui se dissocie; mais ils ne perdent jamais pour autant leur fonction de parents qui eux, ne se séparent jamais intérieurement; et ils doivent se respecter de plus en plus comme tels. Cela je dois le dire clairement à mes enfants, si possible en présence de mon conjoint: «nous, vos parents, nous serons toujours vos parents et nous serons toujours là pour vous, même si notre couple se sépare; et vous nos enfants, vous n'êtes pas responsables de notre séparation. Nous continuerons à vous aimer, quoi qu'il se passe entre nous».

26
novembre

Je traverse l'épreuve

L'épreuve que je traverse actuellement a un sens que je ne vois pas de prime abord. Je suis tellement ballotté que je ne sais pas dans quelle direction je vais ; je ne sens que mon désarroi et du coup, je n'ai plus de vision claire.

Que je fasse bien la différence entre deux manières de vivre une épreuve. Dans la première, je me mets dans l'état de soumis-rebelle : l'*enfant soumis* subit la situation, se dévalorise, se complaît dans un rôle de victime, se plaint de ne pas avoir de chance, s'enfonce dans des phrases impasses : « je n'y arriverai jamais, c'est toujours sur moi que ça tombe, je suis nul ». etc. *L'enfant rebelle* n'est pas plus constructif parce qu'il se révolte, s'affirme contre les autres, déclenche des conflits qui ne débouchent sur rien, fait sa crise d'adolescence et cela aussi bien à seize ans qu'à trente ou cinquante ans.

La deuxième façon de vivre l'épreuve est de m'ancrer dans la position *adulte*. Je reste moi-même, quoique je me sente au début comme dans un bateau sur une mer démontée. Certes, je suis en pleine tempête et le vent me pousse vers un endroit inconnu ; je ne peux pas commander au vent, mais c'est bien moi avec mon *adulte* qui tiens le gouvernail. Alors, j'avance dans la direction où le vent me mène, je maintiens à peu près le cap et je navigue plus ou moins vite, plus ou moins facilement, mais j'avance.

En avançant petit à petit, le sens de tout cela se fait jour. L'*adulte* en moi sait que la traversée de tout événement difficile permet d'apprendre, de progresser et d'en sortir fortifié. En cela, il entrevoit et espère toujours une issue favorable ; il surfe sur la vague et l'utilise positivement.

Ulysse, avant son retour à l'île d'Ithaque où l'attendent sa femme Pénélope et son fils Télémaque, doit affronter de nombreux périls et épreuves, notamment celui de l'archipel des Sirènes : les Sirènes chantent d'une manière si suave qu'elles attirent irrésistiblement les navigateurs et provoquent des naufrages. Pour se prémunir du danger, Ulysse qui désire entendre ce chant si mélodieux, se fait attacher au mât de son bateau par ses compagnons et ceux-ci, les oreilles bouchées par de la cire, rament de toutes leurs forces, les yeux baissés.

Les liens empêchent Ulysse de répondre à l'appel des Sirènes, tandis que les marins aux oreilles bouchées n'entendent pas les supplications qu'il leur adresse pour être libéré. C'est ainsi qu'il réussit à traverser l'épreuve sain et sauf.

Et toi, quel est ton mât ? Quel est ton roc ?

27 novembre

Des crises pour avancer, des crises pour renaître

La crise que j'ai traversée m'est apparue d'abord comme un coup d'arrêt. Elle m'a assommé, m'a laissé sans force, anéanti. J'ai peut-être pris des médicaments qui m'ont abruti davantage. Un peu plus tard, je me suis désespéré, puis révolté. Quand j'ai cru toucher le fond de la souffrance, un choix m'est apparu nécessaire : est-ce que je me relève ou est-ce que je me laisse couler ? Finalement, les forces de vie ont été les plus fortes et ce sont elles qui m'ont poussé en avant et m'ont fait voir la vie sous un jour nouveau.

Mon enfant s'est suicidé. J'ai passé des années et des années de révolte contre ceux que je tenais en partie pour responsables : ce professeur qui l'avait sanctionné durement, cet ami de mon enfant qui l'avait laissé tomber. Ensuite j'en ai voulu à mes proches qui ne me parlent plus de lui comme s'il fallait maintenant l'oublier ; à mon conjoint qui ne m'a jamais confié sa peine ; et également à Dieu qui avait « permis » cela. Je ne dormais plus ; je passais mes nuits à refaire le passé, à régler des comptes, à pleurer mon enfant. Et un jour, je t'ai rencontré, toi qui as vécu la même chose que moi : tu m'as écouté vraiment et je me suis senti compris au plus profond de moi. Je pouvais maintenant partager ma douleur avec toi qui l'avais traversée aussi, et peu à peu, j'ai repris goût à la vie. J'ai vu la part que j'avais eue dans la mort de mon enfant, cette part que je récusais avec acharnement, puisque je l'aimais tant. Enfin, j'ai accepté ; j'ai cessé d'accuser les autres. Et j'ai eu la force de me tourner vers des associations de parents qui ont vécu le suicide de leur enfant ; et moi aussi maintenant, j'écoute, je partage avec eux ma souffrance. Ma vie a repris son cours et je me suis découvert une nouvelle raison de vivre : aider ceux qui sont passés par la même épreuve. Je veux faire éprouver à d'autres, le réconfort d'être entendu avec le cœur.

Lorsque mon patron m'a annoncé que mon poste allait être supprimé, tous mes repères se sont écroulés ; je m'y attendais si peu. J'ai fait une dépression et j'ai mis des mois à remonter la pente. Un jour, un de mes amis m'a demandé si j'étais bien sûr d'avoir été à ma place dans cette entreprise, il m'a rappelé combien je me plaignais des horaires et des conditions de travail, il a évoqué aussi tout ce à quoi j'aspirais et que je n'avais pas pu réaliser dans cet emploi. L'ayant écouté attentivement, j'ai décidé de faire vraiment le point : j'ai fait un bilan de compétence, j'ai réfléchi avec un conseiller et j'ai pris une nouvelle orientation. Depuis j'ai trouvé un poste différent dans lequel je me sens plus à l'aise parce qu'il correspond à ma formation, à ma personnalité et qu'il me donne la possibilité de m'ouvrir à d'autres centres d'intérêts.

Pour ma part, après cette suppression de poste, j'ai suivi une formation pour m'installer à mon compte, ou bien je suis entré dans une association qui satisfait davantage mon désir de relations humaines ..

Aujourd'hui, je ne regrette pas d'être passé par là ; avec le recul, je me réjouis de la chance que j'ai eue, d'avoir pu ajuster si parfaitement mon activité professionnelle à mon désir profond.

28
novembre

Déterminisme et fausses croyances

Quand je dis qu'il était écrit que tel accident ou telle maladie allait m'arriver, ai-je bien conscience que j'exprime une simple projection de mon psychisme ? Ne suis-je pas en train de reproduire une fausse croyance qui était dans ma famille selon laquelle il fallait accepter avec un certain fatalisme les coups du sort qui ne manqueraient pas de s'abattre sur nous ?

Il peut s'agir d'un héritage familial, d'un mode de pensée culturel ou religieux, mais au fond, n'est-il pas commode pour moi de m'abriter derrière ce fatalisme pour me dédouaner de toute responsabilité vis-à-vis des accidents de la vie, pour m'encourager dans l'inhibition face à la prise de décision et d'action ? Ne suis-je pas dans la résignation passive sous couvert d'abandon ? Si je suis persuadé que ce qui m'arrive est écrit quelque part, établi à l'avance, je risque de ne pas me prendre en charge.

Si je me répète à longueur de temps que je vais avoir un cancer du sein comme ma grand-mère et ma mère, sans doute vais-je mettre en place certains mécanismes inconscients qui vont s'ajouter aux facteurs héréditaires, si par hasard il y en a. Je peux, par fidélité, par affection, ou même par culpabilité et désir de me punir, déclencher en moi ce cancer. Était-ce réellement une fatalité ? Avais-je bien vu par exemple la relation de dépendance affective, de possessivité, de soumission qui s'était tissée de mère en fille dans ma lignée ?

Des accidents corporels ou les suicides se répètent dans telle ou telle famille de génération en génération : est-ce que j'ai bien compris qu'il ne s'agissait pas d'une fatalité ? N'ai-je pas entendu moi aussi que « dans notre famille on est sujet aux accidents ou prédisposé au suicide ? ». Pourquoi devrais-je partager cette conviction ? Pour renforcer la cohésion du lignage, pour me sentir relié à tous, pour montrer mon amour, ma fidélité ?

29
novembre

Qu'est-ce que j'ai fait au Bon Dieu pour mériter cela ?

La réponse est très simple : rien. Tu n'as rien fait pour mériter cela. Ce qui t'arrive est le fait de causes multiples, à la fois psychologiques, physiques et aussi de schémas de pensée hérités de ta famille. Pourquoi cela viendrait-il de Dieu ? N'aurais-tu pas une fausse image de Dieu ?

Tu dis « le Bon Dieu » ; crois-tu vraiment que le Bon Dieu ait voulu tous ces malheurs dans ta vie ? N'aurais-tu pas été élevé dans l'idée que tout se paie, que si tu es heureux, cela ne va pas durer et qu'il va t'arriver quelque chose de fâcheux, parce qu'il y a toujours un revers à la médaille ? N'as-tu pas été éduqué dans l'idée du mérite ? « Telle personne a bien du mérite ! Je ne mérite pas cet honneur, ce cadeau. Telle personne ne mérite pas d'être heureuse. Qu'est-ce que j'ai fait pour mériter cela : cette maladie, ce mari alcoolique, cette épouse dépensière, cet enfant qui se drogue, cet accident, ces difficultés relationnelles avec mes enfants ? » Mais tu ne mérites rien, ni moi non plus, ni en positif, ni en négatif. Dieu aime et donne : Il est là pour faire fleurir au milieu des décombres.

Qu'est-ce que j'ai fait au Bon Dieu pour mériter cela ? Rien. Voilà une phrase toute faite, une phrase entendue, que tu répètes et qui n'a pas de sens. Maintenant décide de voir ta vie différemment et ne te pose plus en victime ! Regarde ce qui t'arrive avec d'autres yeux. Vois bien les faits, tire les conclusions de ce que ces faits t'ont appris, et avance dans ta vie sans ces béquilles inutiles que sont ces phrases creuses que tu répètes comme un automate.

30

novembre

Si Dieu aime et est Tout-Puissant, pourquoi la souffrance ?

Cette question si souvent posée est sans doute la question de fond qui explique tant de refus de Dieu et tant de recherches spirituelles de toutes sortes. Nous pouvons trouver un élément de réponse dans notre propre vie, parce que nous avons tous été confrontés à la liberté d'un être aimé, d'un conjoint, d'un enfant.

Si j'aime profondément, je respecterai la liberté de mon conjoint de me quitter ou d'aimer quelqu'un d'autre, même si c'est très douloureux, et celle de mon enfant de faire un choix de vie que je ne comprends pas ; et dans toutes ces épreuves qui semblent me frapper aveuglément, je saurai voir quelle est ma part. Je comprendrai alors de l'intérieur quelle peut être la souffrance de Dieu face à moi, face à mes propres options ; j'appréhenderai aussi son impuissance vis-à-vis de la liberté qu'Il me donne d'agir à ma guise.

Si je peux comprendre ce qu'est l'impuissance de Dieu face à ma liberté, je peux réaliser de la même manière que c'est moi qui empêche Dieu d'agir en moi, mais à l'inverse, que j'ai le pouvoir de l'aider à agir dans ma vie. Si je compare la puissance de Dieu à un dynamisme qui participe à ce qui vit au plus profond de moi, je comprendrai alors que Sa volonté puisse être en accord parfait avec la mienne. Ma souffrance vient du fait que je fais obstacle à la volonté de Dieu et donc en même temps, au désir de mon être intérieur.

Au fond de moi, je sais bien que je n'ai pas désiré cet accident qui est à l'origine de la mort de mon enfant. Alors quand je m'étonne que Dieu permette tant de malheurs dans ma vie, est-ce qu'en même temps je m'interroge sur les obstacles que j'ai pu mettre à sa puissance ? Mon enfant est mort dans un accident de voiture et je me révolte, j'invective Dieu en lui demandant des comptes, au lieu de voir quelle est ma part dans cette tragédie. Avais-je suffisamment et depuis longtemps formé mon enfant aux règles de sécurité ? Lui avais-je donné un exemple positif dans ce domaine, ou bien avais-je moi aussi collectionné les accidents ? Y avait-il dans notre foyer une harmonie suffisante pour développer en lui une sécurité intérieure saine ? Mais surtout, c'est lui, mon enfant, qui conduisait ou qui avait choisi de revenir cette nuit-là, dans la voiture de cet ami. Devais-je l'empêcher de passer son permis de conduire ? Devais-je lui interdire d'acheter une voiture avec l'argent qu'il avait gagné ? Devais-je lui défendre de sortir ? Moi parent, face à mon enfant devenu grand, j'ai seulement la possibilité d'expliquer mon point de vue, dire mes craintes, prier, mais je ne peux pas agir à sa place. Cette réflexion sur mon rôle de parent me fait mieux saisir comment Dieu peut agir ou au contraire rester impuissant dans ma propre vie.

Si une ville se construit sur une faille sismique ou près d'un volcan, est-ce Dieu qui l'a permis ? Ne sont-ce pas plutôt les hommes qui n'ont pas écouté leur petite voix intérieure ? Quelles séductions les ont amenés à s'établir là où il y aura, on le sait, un jour ou l'autre, des milliers de morts voire plus ? Ont-ils vraiment écouté l'inspiration divine ?

Mes grands choix de vie se font dans mon Moi profond ; lorsque je suis dans mon *grand Moi*, à l'écoute de ce que Dieu veut pour moi et qui est en accord avec ce que je suis, je ne me mets pas à la merci de mes voix psychiques ou de puissances extérieures qui m'entraîneraient dans toutes les directions. Je ne peux pas empêcher tous les malheurs de ma vie, mais je peux apprendre à voir quand j'agis à l'inverse de ce que je sens profondément.

Et je n'accuserai plus Dieu d'être un persécuteur.

1er décembre

Découvrir en nous l'enfant de lumière

Nous fêtons à Noël la naissance de Jésus, Jésus tout petit qui tend sa main vers mon enfant intérieur pour le mettre à jour. Au fur et à mesure des difficultés de ma vie, je me suis entouré d'une muraille pour protéger la vulnérabilité de mon enfant intérieur, si bien que j'ai pu rester longtemps dans l'ignorance de son existence. Lorsque je suis dans mon paraître, que je me cache derrière des masques, je suis dans mon enfant maquillé qui cherche à se faire accepter ; c'est lui qui constitue la couche extérieure de ma personnalité. En-dessous se trouve mon enfant blessé, en manque d'amour, qui demande avec maladresse, qui profère des jugements, qui manipule, qui joue à des jeux destructeurs ou fait des reproches dans l'espoir de s'entendre dire qu'il est aimé, qu'il est important. Tout au fond de moi, recroquevillé, s'est blotti mon enfant de lumière ; il a besoin d'être appelé à la vie parce qu'il en est la colonne vertébrale ; c'est en lui que résident mes qualités, les dons que je ne connais pas, ou que j'ai perdu de vue parce que j'ai été blessé. A Noël, Jésus vient me faire accoucher de mon enfant de lumière et je deviens ce que je suis en vérité.

Je sais que je rencontre mon enfant intérieur dans tout ce qui me touche, chaque fois que je suis bouleversé, ému aux larmes ; dans tout ce qui m'émerveille, la beauté d'un visage, d'un paysage ; tout ce qui me tient à cœur, mes aspirations ; dans ce qui me régénère, ce qui m'apaise.

Je peux retrouver mon enfant de lumière dans mes idéaux, les rêves que je n'ai pas réalisés parce qu'ils me semblaient extravagants ou chimériques ou parce que d'autres les ont jugés comme tels. Si je me suis aigri, si je suis devenu dépressif, c'est que j'avais des aspirations qui ont été niées.

Je connaîtrai mon enfant de lumière dans les défauts qui me font souffrir ; si par exemple j'ai à me reprocher des mensonges, c'est que je possède la qualité inverse, autrement dit le goût profond de la vérité ; et c'est mon psychisme rempli de peurs qui m'éloigne de la vérité.

Je découvre mon enfant de lumière à travers les qualités, les dons que j'apprécie et qui m'attirent chez les autres. Si je suis dans l'admiration, c'est vraisemblablement que chez moi ces dons sont à l'état de potentialité. J'ai en moi ce que j'admire chez toi.

Mon enfant de lumière se retrouve aussi dans tout ce qui m'a blessé : je serai d'autant plus blessé à un endroit de moi qu'il correspondait à un de mes dons ; c'est le regard révélateur de Dieu qui me montrera que j'ai par exemple, le don d'aller vers les autres, de les comprendre et de les réconforter.

Lorsque j'aurai accepté d'accoucher de mon enfant intérieur, je deviendrai beaucoup plus tolérant, beaucoup plus aimant vis-à-vis de mes frères ; je comprendrai d'autant mieux que ce frère ait pu tomber dans la dureté ou la violence que j'aurai reconnu en moi les mêmes blessures et je ne lui en voudrai pas. J'aurai ainsi pour mes frères le regard que Dieu a pour moi. Ayant découvert mon enfant de lumière, je ne ressentirai plus l'envie, la jalousie ; je cesserai de me comparer aux autres ; j'aurai conscience de mes richesses et je m'en réjouirai. Je n'entrerai plus dans les rapports de force inutiles, ni dans des jeux psychologiques. Je saurai que j'ai quelque chose à apporter mais aussi quelque chose à recevoir de tous : je vivrai la communion et la complémentarité.

2

décembre

Le vilain petit canard

Comme dans le conte d'Andersen, j'ai pu me sentir dans la peau d'un petit cygne élevé dans une famille de canards ; mais bien entendu, cela aurait pu être l'inverse, un petit canard élevé dans une famille de cygnes et qui s'y sent mal parce qu'il est différent. Il ne s'agit que d'un symbole évoqué dans ce conte, et non d'un jugement de valeur.

Si les enfants aiment entendre cette histoire, c'est qu'ils s'y reconnaissent. Nous sommes quasiment tous des vilains petits canards, parce que nous ne sommes pas exactement de la même nature que nos parents, nos frères et sœurs ; nous avons peut-être souffert de cette différence et nous avons compris qu'il y avait en chacun de nous quelque chose d'unique à découvrir.

Très vite un enfant peut construire une image négative de lui, en réponse à toutes ces phrases qui le définissent : « tu es méchant, tu es maladroit, tu es paresseux, » etc., sans compter tous les programmes destructeurs : « tu n'y arriveras jamais ; tu seras un bon à rien ; ou bien, à quarante ans tu auras raté ta vie ». C'est ce qu'on pourrait appeler le « scénario de la Belle au bois dormant » à qui il est prédit : « à dix-huit ans tu te piqueras et tu mourras ».

Que de paroles négatives ai-je entendues lorsque j'étais enfant ! Et devenu adulte, j'ai gardé de moi une image tellement dévalorisée que j'attire le rejet. Ce rejet qu'en réalité je crains de vivre, c'est moi qui le provoque par mon attitude. Pour finir, j'ai bien la confirmation de ce que je savais déjà et que je recherche inconsciemment : je suis un vilain petit canard. Et j'ai non seulement une mauvaise image de moi, mais je suis aussi rempli de culpabilités : celles que j'ai reçues de ma famille et celles que je rajoute, du fait que j'ai conscience de ne pas agir toujours de façon exemplaire. Ces culpabilités renforcent également mon image de vilain petit canard.

Un jour j'ai eu ou j'aurai la révélation de mon être véritable : je suis un petit cygne, né dans une famille canard. Ce n'est ni mieux, ni pire, c'est différent. Comme dans le conte, je comprends qu'être ce vilain petit canard n'est pas ma vraie nature, ce n'est qu'une personnalité, une apparence. Le petit canard est un cygne depuis toujours mais il l'ignore. C'est seulement lorsqu'il rencontre d'autres cygnes qui le reconnaissent comme l'un des leurs, qu'il découvre sa véritable identité. Il comprend qu'il est cygne et que ceux de sa famille avec lesquels il a vécu tant de souffrances, sont des canards ; il va donc s'en différencier, découvrir pourquoi ils ne se comprenaient pas et apprendre à les respecter.

Je ne pourrai jamais quitter totalement ma personnalité de vilain petit canard ; elle fera encore longtemps partie de moi et le cygne en moi blanchira peu à peu mes plumes de vilain petit canard. Le souvenir de ce que j'ai été me permettra de mieux comprendre les autres. Si je découvre avec ravissement que je suis un cygne, je ne pourrai plus tenir de propos blessants, ni mettre d'étiquette à tous les vilains canards qui croiseront ma route parce qu'il subsiste en moi la trace de cette image négative.

Nous sommes semblables dans nos peurs, dans nos sentiments d'indignité. Nous sommes tous des vilains petits canards, ou tout au moins, nous avons tous une plume de vilain petit canard : une plume noire dans un plumage de cygne

Je suis un cygne qui s'ignore. J'ai une qualité qui n'a pas été reconnue par ma famille et qui n'a pas été mise en valeur. Cette qualité-là, je ne la connais pas et je l'ai retournée, en ce sens que je me suis vu à l'inverse de ce que j'étais : déplaisant, disgracieux ou sans intérêt. Ainsi j'ai tendance à m'isoler, à me replier, à en vouloir à la terre entière. Je deviens fuyant, j'entre dans les luttes de pouvoir, je ressens de l'agressivité. Ma blessure qui se répète et qui s'aggrave, me fait entrer dans une image de plus en plus négative de moi et je me coupe encore davantage des autres. Alors il est temps que je renaisse et que je devienne vraiment ce que je suis.

3

décembre

Dieu est le prince des contes de fées

Le prince dans les contes de fées, c'est celui qui reconnaît la princesse au-delà des apparences (Cendrillon la servante) ou des protections psychiques (Peau d'Ane qui cache sa féminité sous une peau d'animal). La princesse, c'est toi, c'est moi, que je sois homme ou femme. Le prince, c'est Jésus. La princesse choisie par le prince, c'est la plus belle, non pas parce que son miroir le lui affirme, mais parce qu'elle est belle intérieurement. Le prince Jésus par le regard qu'il pose sur moi me fait voir la vraie beauté, celle qui vient de l'intérieur, celle de l'enfant de lumière, celle qui transfigure les traits et non pas celle qui est liée à la mode ou aux croyances d'une époque.

Derrière le paraître, se cache un psychisme souvent blessé. Si j'accepte humblement de voir mon psychisme négatif, je découvrirai la grâce de mon être. Blanche-Neige a mis à jour cette beauté. Peau d'Ane, celle qui est vue comme la dégoûtante, c'est elle que le prince choisit parmi les dames de la cour et toutes les femmes du royaume. Il la reconnaît comme la plus simple ; c'est elle qui a le plus petit doigt tout comme Cendrillon avait le plus petit pied ; elle est petite au sens spirituel du terme.

Le conte d'Andersen *La princesse au petit pois,* nous révèle à quel point notre être intérieur est sensible, fin, délicat : dans cette histoire, le fils du roi veut savoir si la jeune fille recueillie à la cour est bien une princesse comme elle le prétend et, pour en avoir la preuve, la reine dépose dans le lit de la princesse un petit pois au-dessus duquel elle entasse vingt matelas et encore vingt édredons superposés. Au matin, on demande à la princesse si elle a bien dormi, et elle répond qu'elle n'a pas fermé l'œil de la nuit, à cause de « quelque chose de dur qui (lui) a rendu la peau toute violette » Le prince reconnaît qu'elle est bien une princesse à ce qu'elle a la peau si tendre et qu'elle est si sensible, et il l'épouse.

Jésus te regarde ainsi, comme une princesse. Et toi, peux-tu regarder comme cela ? Et les autres, sais-tu les voir autrement que dans leur paraître ? Ne reconnais-tu en eux que le crapaud, la sorcière ou bien sais-tu voir aussi le prince ou la princesse ?

La Belle au bois dormant et Blanche-Neige, lorsqu'elles sont réveillées par le baiser du prince, questionnent avec ardeur : « Est-ce vous, mon prince ? Vous avez mis beaucoup de temps à venir ». Ces paroles expriment la ferveur de l'âme, tendue tout entière vers ce moment où elle va être réveillée par le baiser du Prince. Nous portons en nous tous ce désir de rencontrer Dieu. Les héroïnes des contes de fées montrent que la réalisation de leur vie – la rencontre d'amour avec le prince – est inscrite en elles dès le début du conte, comme elle l'est en nous dès le début de notre vie. Ainsi, dans le film de Walt Disney, Blanche-Neige chante : « Un jour mon prince viendra ».

Les contes commencent bien. Le héros ou l'héroïne est fils ou fille de roi et de reine et semble promis à un avenir radieux ; et puis tout se gâte : les parents meurent, d'autres vont s'occuper de lui ou d'elle et le rejeter, le persécuter. Ensuite, ce héros va s'exposer à des épreuves qui sont symboliquement celles de la traversée de son psychisme pour enfin retrouver son essence royale, divine pourrait-on dire. Et cela nous rappelle que nous naissons fils et filles de Dieu et que nous nous éloignons de Lui. Cela nous montre que nous sommes un jour ou l'autre, obligés de nous affronter à notre hérédité pour mettre à jour qui nous sommes vraiment. Ces retrouvailles avec nous-mêmes peuvent être l'occasion de rechoisir cette parenté divine qui transfigurera notre personnalité psychique. Notre filiation est celle de Dieu roi et reine, papa et maman.

Les contes finissent bien : « Ils vécurent heureux et eurent beaucoup d'enfants ». C'est en Dieu que nous connaîtrons le vrai bonheur et que nous serons féconds.

4

décembre

Ne plus être une marionnette

Nous sommes tous au début de notre vie des marionnettes tirées par les fils invisibles de nos conditionnements et de nos scénarios. Gepetto sculpte une marionnette qu'il appelle Pinocchio et nos parents de chair, par l'éducation qu'ils nous donnent, font de nous aussi des marionnettes. Nous recevons de nos parents un corps avec un potentiel génétique, des caractéristiques physiques et des empreintes psychologiques, c'est ainsi qu'au sortir de l'adolescence et parfois beaucoup plus tard encore, nous sommes amplement régis par des routines, des automatismes, des mécanismes psychologiques et héréditaires qui nous dépassent. Il nous manque l'essentiel.

Un jour vient où un choix se présente à nous : ou nous entrons à l'école de la vie pour devenir de vrais petits garçons, ou bien nous nous laissons entraîner dans l'île aux plaisirs et nous demeurons des marionnettes ; cette histoire peut se terminer mal, parce que comme Pinocchio, nous pouvons nous transformer en ânes. Encore que, transformés en ânes, nous pourrions toujours faire entrer Jésus dans Jérusalem !

Pinocchio, après bien des errances, choisit d'entrer dans la voie de l'amour : son père Gepetto est en danger et Pinocchio décide de partir à sa recherche ; ce parcours difficile est celui de son itinéraire intérieur. Il finit par se retrouver avec son père dans le ventre d'une baleine, et comme pour Jonas, ce séjour est l'image d'une gestation suivie d'une nouvelle naissance. Pinocchio, grâce à un stratagème, sauve son père au péril de sa propre vie et c'est à l'état de cadavre qu'il est rejeté sur le rivage.

La mort du héros du conte représente la mort à soi-même, celle du « vieil homme ». Pinocchio apparemment mort, après l'épisode du ventre de la baleine, est ressuscité par la Fée Bleue, image de Dieu qui lui donne son identité de vrai petit garçon. D'avoir choisi l'amour fait naître Pinocchio à sa véritable identité et il se transforme, de la marionnette qu'il était, en vrai petit garçon. Cette identité, c'est lui qui l'a mise à jour en parcourant les étapes de son chemin intérieur avec l'aide de révélateurs tels que chacun de nous en croise sur sa route. Ce sont ces révélateurs qui nous aident à nous découvrir, à nous structurer, à nous construire.

5
décembre

Quitter la jungle et s'unifier

Blanche-Neige, prévenue du dessein de sa belle-mère de la faire mourir, s'enfuit dans la forêt où se trouvent toutes les peurs, toutes les terreurs. La forêt représente notre nature psychique. Nous avons à nous affronter à notre forêt intérieure pour devenir ce que nous sommes. Nous ne pouvons pas rester uniquement dans le paraître ou dans le confort du giron maternel. Blanche-Neige entre dans la forêt de son psychisme et là, elle a peur. Elle y rencontre toutes sortes d'animaux effrayants qui représentent des parties de ce qui l'habite héréditairement ; elle fait vraiment connaissance avec elle-même lorsqu'elle entre dans la maison des nains, sa maison psychique intérieure où elle découvre les sept facettes de sa personnalité symbolisées par les sept nains.[44]

Comme Moogli dans le *Livre de la jungle*, nous vivons une bonne partie de notre vie dans la jungle de nos tendances, de nos désirs et nous sommes tirés à gauche et à droite par les singes qui nous apprennent des tas de facéties, de pirouettes. Nous courons vers les plaisirs que nous proposent l'ours Baloo et les singes Bandar-Log qui parlent à tort et à travers, qui vivent sans organisation et qui n'ont ni loi, ni chef. Nous hésitons entre ces tendances qui nous gouvernent de façon contradictoire. C'est vrai, cette vie sans contrainte est facile et tentante ; et puis c'est pesant de toujours suivre la sagesse de Bagheera, la panthère ; elle qui aimerait tant faire sortir Mowgli de la jungle à cause de Shere Khan, le tigre, qui pourrait le dévorer.

Dans Shere Khan on peut voir le Malin, mais aussi tous ceux qui essaient d'empêcher Mowgli de sortir de la forêt. Nous pouvons reconnaître également dans Shere Khan, dans le loup, dans l'ogre, des parties de notre personnalité telles que la violence, la rancœur, la haine et le désir de posséder, de détruire, de dominer.

Pour le Petit Poucet, ce sont ses parents qui veulent le perdre dans la forêt. Ils sont bûcherons et n'ont plus de quoi nourrir leurs garçons ; nous aussi, bien souvent à cause de notre pauvreté intérieure et nos

---

44. Cf *L'analyse transactionnelle et les sept états du moi.*

complications psychologiques, nous perdons nos enfants dans les méandres de nos problèmes. Dans un autre niveau de lecture, un parent intérieur trop étouffant ou trop écrasant peut créer en nous l'inhibition, la paralysie des parties spontanées et créatives de notre enfant intérieur; et à l'inverse, un parent intérieur absent, à l'image des bûcherons qui abandonnent leurs enfants, peut créer en nous l'errance – comme pour le Petit Poucet et ses frères – et l'éparpillement des capacités de notre *enfant libre*.

Il arrive un moment où l'enfant doit quitter ses parents pour apprendre la liberté, pour entrer dans la compréhension de son héritage psychologique. Et là, c'est une forêt sombre ou une jungle inextricable qui l'attend. Le Petit Poucet perdu dans la forêt de son psychisme aperçoit soudain au loin, une petite lumière. Cette lumière préfigure celle de son être: son enfant de lumière qu'il découvrira un jour.

Dans *la Belle au bois dormant,* le prince, à l'aide de son épée, doit se frayer un passage dans une forêt de ronces pour atteindre le château. Son épée, c'est le glaive de Dieu qui tranche les liens qui nous unissent de manière pathologique à nos parents; ce sont les liens de tout notre héritage familial. En nous dort la Belle, notre essence; Dieu, notre Prince vient nous réveiller. Accepterons-nous son baiser?

6

décembre

Les cadeaux de Dieu

Je reçois chaque jour des cadeaux de Dieu que bien souvent je ne remarque même pas, si bien que je n'en éprouve aucune reconnaissance.

Ce matin, alors que je me sentais si mal, j'ai reçu une carte de quelqu'un qui ne m'avait encore jamais écrit et qui avait pensé à moi : c'est une lumière dans ma journée. Cet autre jour, une personne me dit qu'elle prie pour moi chaque soir, ainsi que pour toute ma famille : encore un cadeau ! Et ce message sur mon portable, et cet autre qui m'arrive par internet, quels rayons de soleil !

J'entreprends une démarche qui me coûte et tout s'arrange à merveille ; je suis en retard à un rendez-vous à cause d'un ralentissement sur l'autoroute et la personne que je dois rencontrer a le même retard que moi ; je cherche à me garer dans un parking qui affiche complet et quelqu'un libère une place juste devant moi ; j'appréhende une opération et tout se déroule le mieux possible ; je suis en conflit ouvert avec un collègue de travail et cela s'arrange miraculeusement ; j'ai des problèmes d'argent et un versement inespéré que je n'attendais plus, me tombe du ciel.

J'apprends à me réjouir, à me remplir de tous ces cadeaux que je recevais auparavant dans l'indifférence ou même le dédain. Si je retrouve ma fraîcheur d'enfant, celle de mon enfant de lumière, je saurai voir dans ce qui m'arrive ce qui est don de Dieu et m'en réjouir.

7
décembre

Dans la crèche de notre cœur

Dans la crèche de mon cœur, l'enfant Jésus représente l'innocence de l'agneau qui est aussi celle de mon enfant intérieur.

L'âne avec ses grandes oreilles c'est ma capacité à écouter, non pas de façon indiscrète mais avec empathie; dans l'imagerie populaire, il est une figure de l'ignorance ou de la stupidité, mais certains y voient au contraire l'image de la connaissance. Il représente également la volonté; on le dit têtu, car il possède une énergie qui demande à être orientée avec pertinence; un âne incompris ou brutalisé se rebelle et épuise sa force dans cette rébellion alors qu'il pourrait l'utiliser de manière plus profitable. En lui on peut voir aussi l'humilité, le dépouillement.

Le bœuf avec son physique généreux figure en moi l'affectivité, non pas une affectivité débordante, envahissante bien que le bœuf puisse avoir une certaine lourdeur, mais une affectivité qui s'exprime dans la bonté, le calme, la force paisible. Lorsqu'il tire la charrue pour tracer son sillon, le bœuf est également une image de l'effort continu et persévérant que je déploie pour avancer et pour agir.

Dans la crèche, l'âne et le bœuf pleins de vénération se couchent près de Jésus et joignent leurs efforts pour le réchauffer de leur souffle; en moi aussi, l'âne et le bœuf, l'intellect et l'affectivité s'unissent pour que je progresse dans l'humilité et que je me mette au service de Dieu et de mon enfant de lumière.

Dans cette crèche sans prétention, Dieu se fait tout petit pour ne pas effrayer le petit enfant qui est en moi.

8
décembre

Faire de notre étable un lieu saint

A l'intérieur de nous, dans notre ventre, c'est un peu comme dans une étable ; l'odeur y est forte. Nous le constatons d'ailleurs quand nous allons aux toilettes, même si nous y vaporisons des parfums. Notre psychisme lui aussi est parfois peu ragoûtant avec ses complications, ses souffrances, ses manquements, ses errements ; n'est-il pas lui aussi comparable à une étable malodorante ?

Et malgré tout ce qu'il y a de peu attirant dans ce lieu, c'est dans une étable que Jésus est venu. Si j'appelle Jésus dans l'étable intérieure de mon psychisme, Il viendra ; dans l'étable de mes passions désordonnées, de mon orgueil, de mes exigences, Il viendra. Dans cette étable-là, sur ce fumier nauséabond, Il viendra avec Marie et Joseph. La présence de la Sainte Famille transformera mon étable en un lieu saint et mon fumier en or.

Je m'accepte tel que je suis, et j'offre ma maison intérieure, si modeste, si dévastée, si détériorée, si encombrée de détritus soit-elle, pour que Dieu y demeure et en fasse un tabernacle.

9
décembre

Recevoir la Sainteté de Dieu

Toutes mes blessures peuvent me faire rencontrer le Cœur de Dieu à la fois si puissant et si vulnérable, si grand et en même temps si petit. Si j'apprends à relire les épreuves de mon existence, elles deviendront ouverture, fécondité. De même que la Gloire de Dieu s'est manifestée à la crèche, de même elle peut transfigurer toutes mes souffrances si je le désire ; et dans ces failles qu'ont été toutes les épreuves de ma vie, s'infiltrera l'Or de Sa Sainteté. Je comprendrai mieux ce que signifie « avoir un cœur d'or » : je ne peux pas me donner à moi-même un cœur d'or, mais mon cœur blessé peut se transmuter en or grâce à Dieu. Mieux que le roi Midas, c'est Dieu qui transforme en or ce qu'Il touche.

Je Lui donne tout ce que j'ai en moi de plus fragile, de plus inavouable, de plus tourmenté et je ferai l'expérience extraordinaire de Sa Sainteté dans mon cœur labouré. Un croyant devrait être comme un vitrail : quelqu'un dont les blessures ont été traversées par la Lumière ; quelqu'un dont les vides offerts ont été remplis par la Sainteté de Dieu ; quelqu'un à travers qui on voit la lumière.

10
décembre

Les bergers et les mages

Quand Jésus est né, il y avait tout près de là, dans la campagne autour de Bethléem, des hommes très simples, des bergers. Après l'apparition des anges venus leur annoncer la naissance du Messie, ils sont allés, éblouis, s'agenouiller devant un nouveau-né.

Il y a en nous des bergers, tout ce qui en nous est à proximité de la crèche, proches de Dieu, prêts à l'accueillir et qui ne nous obligent pas à un long parcours pour Le retrouver. Mais en nous se trouvent aussi des mages, ce sont ces éléments plus lointains que sont notre cérébralité, nos connaissances intellectuelles; et à partir de ces lieux plus retirés, il y aura parfois de longues errances pour arriver à Dieu. Les mages étaient des autorités en matière de savoir, et parmi eux, trois seulement se sont mis en marche pour aller contempler le Messie. Comme ils venaient de pays éloignés, ils ont dû demander leur route à Hérode; et c'est cette rencontre qui a été à l'origine du massacre des Innocents. Nos cheminements intellectuels sont souvent compliqués et parfois dangereux. Si notre cérébralité n'est pas sous-tendue par beaucoup d'amour et si nous sommes loin du cœur de Dieu, nous risquons de massacrer en nous des parties plus vulnérables, plus sensibles, plus généreuses et plus aimantes. Avoir des connaissances n'est pas préjudiciable en soi, loin s'en faut, mais ce savoir peut nous faire rester dans les couches superficielles de nous-mêmes et nous éloigner de notre être profond.

Il y a deux façons d'arriver au cœur de Dieu: en étant berger ou en étant mage. Si les deux voies sont possibles, n'oublions pas que l'une des deux est directe, toute simple et que l'autre est plus compliquée et risquée. Elles peuvent cependant toutes les deux comporter des pièges. La voie des bergers est celle de l'innocence; elle pourrait nous laisser croire qu'elle est celle de l'angélisme; mais les bergers ne sont pas des anges, ils ne sont que des hommes simples et même un peu rudes. Le piège de la voie des mages est celui de la cérébralité: nous avons une intelligence pour nous en servir, mais faisons attention à la distance qu'elle crée parfois avec les humbles et donc avec le cœur de Dieu. *Je te remercie Père, d'avoir caché cela aux intelligents et aux sages et de l'avoir révélé aux petits.*[45]

---

45. Mathieu 11, 25.

11

décembre

Retrouver un cœur d'enfant

Avoir un cœur d'enfant, c'est garder la spontanéité de l'enfant. C'est savoir en toute simplicité échanger quelques mots de sympathie avec un inconnu, une caissière, le facteur, sans aussitôt me demander ce que lui, ou les autres vont penser de moi. C'est conserver la fraîcheur du regard sur la vie, sur les êtres, sur les événements, sur le temps qu'il fait, sans y mettre de jugement. C'est aussi sentir passer un courant de sympathie ou d'empathie avec les enfants, ou avec les personnes qui laissent s'exprimer en elles l'*enfant spontané,* parce que je reconnais en elles quelque chose qui est aussi en moi et qui s'ouvre à leur contact.C'est me réjouir de petits bonheurs que d'autres pourraient tenir pour dérisoires et qui sont importants pour moi, comme savoir arrêter mes pensées et mes pas durant ma promenade pour contempler un lever de soleil ; observer dans le ravissement tout ce que je vois de la vie de la nature et m'en remplir ; sentir en moi la vulnérabilité que je perçois dans le regard de ce chien ; savoir interrompre mon travail parce qu'une mésange picore innocemment sur ma terrasse ou sur la fenêtre.

Lorsque je me laisse émouvoir par une œuvre d'art, sans aussitôt vouloir l'acquérir ou regretter de ne pas la posséder, c'est la beauté de mon enfant intérieur qui est réveillée.

Le petit enfant vit essentiellement dans le présent. Avoir un cœur d'enfant, c'est savoir être heureux d'abord avec soi-même et ensuite avec l'autre, dans l'instant présent, sans se soucier du lendemain, ou d'hier. Si je sais être un bon ami pour moi, je saurai l'être avec l'autre sans avoir d'exigence, de projet sur lui. Dans l'intimité, dans la pauvreté de ma nudité, je ne puis être que moi-même et j'accepterai d'être simplement ce que je suis. L'intimité n'est possible que si je la vis dans mon cœur d'enfant qui rencontre un autre petit semblable à moi.

12
décembre

Lumière dans la nuit

Lorsque le soleil ne brille plus,et que le ciel est dégagé, ce sont des myriades d'étoiles qui apparaissent.

Même dans la nuit la plus obscure, il y a toujours des lumières : celles de la ville ou celles de ma maison, et celle d'une bougie ou d'une allumette s'il y a une panne d'électricité. Lorsque je roule dans un tunnel, j'aspire à en sortir pour retrouver la clarté du jour ; et à moins d'un accident, je sais que la fin du tunnel est proche. Le petit Poucet perdu avec ses frères la nuit dans la forêt, voit au loin une petite lumière vers laquelle il dirige ses pas ; cette lueur l'amène hélas dans la maison de l'ogre, mais cette rencontre, a priori dangereuse, marque le début de son cheminement intérieur, de sa confrontation avec ses méandres psychologiques et de la découverte de son être profond.

Lorsque je ne dors pas et que je suis dans la souffrance, la nuit me paraît plus longue et plus angoissante que jamais et pourtant, je sais bien que dans quelques heures viendra le jour. Moi qui ai vécu si douloureusement la nuit parce qu'elle me rendait plus cruels un abandon, mes angoisses, un deuil, la sécheresse de mon cœur ou mon insomnie, j'ai fini par prendre conscience que ce moment de solitude était celui de la découverte de ma lumière intérieure. Et ce moment que je redoutais tant, je le vis maintenant dans l'unité, dans la communion avec tous ceux qui, comme moi, sont en cet instant dans la détresse.

C'est pendant la nuit qu'est né Jésus. C'est dans la nuit la plus terrible, celle du Vendredi Saint, que la Lumière a triomphé. C'est durant la nuit de Pâques que le monde a été sauvé.

C'est toujours vrai pour moi, aujourd'hui : dans cette nuit que je redoute et qui me fait si mal, je peux rencontrer la réussite de ma vie, la découverte de ma base, de mon fondement, du roc sur lequel je peux m'appuyer, de ma solidité, de ma force intérieure.

13
décembre

Je veux voir Dieu

Je voudrais Le voir de mes yeux ; mais dès maintenant, si je le veux, en ouvrant les yeux de mon enfant de lumière, je peux contempler Dieu dans toutes les beautés de la création : celles qui sont incontestables comme les arbres en fleurs, un paysage de montagne, et celles qui le sont moins comme ces temps de pluie, ces ciels chargés. Je peux Le rencontrer dans le visage de mes frères, dans la beauté d'un regard, dans leurs qualités révélées et aussi dans la découverte de mon être intérieur.

Partout, si je sais les voir, il y a des témoins de Sa Présence. Si j'assemble tout cela, la beauté de la nature, les qualités de mes frères, les moments où j'ai été inondé de tendresse et d'amour avec ce que je peux ressentir dans l'adoration, je dirai que j'ai vu un peu de la Splendeur de Dieu. Je relis mon « cahier des merveilles »[46] et je L'y découvre partout. Je comprends ainsi que toute ma vie entre dans une spirale de croissance et de rencontre de plus en plus précise avec Lui. Je saurai percevoir au-delà de tout ce qui me faisait souffrir auparavant, la Présence de Dieu.

Je comprends alors pourquoi cette infime parcelle de la vision de Dieu, me donne une faim démesurée de Lui ; et c'est le bonheur, une préfiguration de ce que je vivrai à l'infini dans l'Au-delà.

46. Voir à la rubrique du 16 août.

14
décembre

Le nom de Jésus

Jésus ! Dire simplement le nom de Jésus. A travers Toi, à travers Ton nom, je rencontre mon Père et ma Mère de toute éternité, Celui et Celle qui m'aiment. Jésus ! Comme c'est bon de dire dans mon cœur Ton nom bien-aimé. Je le murmure quand je suis heureux et aussi quand je suis malheureux ; quand je suis dans la solitude de ma promenade et aussi dans la foule des magasins ou du métro ; quand je patiente dans un embouteillage ou quand je prie dans le silence d'une église. Ainsi, où que j'aille, lorsque je prononce Ton nom délicieux, je sens que Tu es présent partout au milieu des hommes. Et c'est un baume sur mes blessures.

La nuit, si je dors mal ou si je suis assailli de pensées sombres, j'ai pris l'habitude de dire Ton nom Jésus, et c'est comme si des oiseaux noirs me quittaient. Je retrouve la paix grâce à Ton nom, le Nom au-dessus de tous les autres, celui qui me défend et qui est mon amour et ma protection. Tu es mon Bien-Aimé, mon Ami.

Dire le nom de Jésus, c'est une prière toute simple, une prière pour tous ; c'est du miel dans ma bouche et dans mon cœur.

15

décembre

Un vrai papa

Si une maman est primordiale pour un bébé, un papa est lui aussi essentiel. Il aide son enfant à quitter la relation fusionnelle établie avec la mère depuis la naissance; il contribue à sa structure, à sa construction intérieure en lui exprimant sa confiance mais aussi en mettant des limites. Pour un garçon, il représente un modèle auquel s'identifier. Pour sa fille, il est surtout celui qui lui apprend ce qu'est un homme, ce qu'est l'amour. Un papa, c'est quelqu'un qui prend dans les bras, qui cajole, qui dit ce qu'il aime dans sa petite fille, qui la révèle à elle-même. Les manifestations de tendresse ne sont pas réservées à la mère. Si un papa n'a pas joué son rôle auprès de sa fille, celle-ci devenue femme risque paradoxalement de chercher un compagnon qui ne saura pas lui manifester sa tendresse, comme si elle ne connaissait que ce type de relation, ou bien encore elle verra un substitut de père dans un compagnon plus âgé; elle peut aussi faire un transfert sur un patron, ou un prêtre (un père de l'Eglise), ou un soignant; ou bien elle aura une relation extraconjugale comme pour réparer cette paternité qu'elle n'a pas eue. Ou bien encore s'installera une peur des hommes, une fuite du contact avec eux et des blocages sexuels. Alors, ne vaut-il pas mieux dès le départ donner à cette petite fille un papa bien présent ?

Apprenons à devenir des pères. Et nous mères, apprenons à nos conjoints à devenir de vrais papas; laissons-leur ce rôle irremplaçable que nous ne saurons jamais tenir, quand bien même nous en aurions l'illusion ou le fantasme.

Et nous, petites filles devenues femmes, pour éviter les transferts, si nous avons eu des blessures avec notre père dans l'enfance, retrouvons le Papa en Dieu. Il vient nous donner maintenant ce que nous aurions aimé recevoir et nous dire ce que nous aurions aimé entendre: « tu es belle, tu es ma petite fille chérie et je t'aime ». Il vient réparer ce que nous n'avons pas reçu dans notre enfance.

16

décembre

Maman !

C'est la femme qui donne la tendresse, la douceur, la compréhension et qui permet aux hommes de devenir des pères et des hommes avec une tête et un cœur. C'est essentiellement à la mère que reviennent les tout premiers soins de maternage ; c'est par le toucher, par les caresses accompagnées de mots tendres de sa mère que le tout-petit prend conscience de son corps et de sa beauté.

Parfois, je peux être tentée de dévaloriser ma mission de mère, parce que c'est lourd pour moi de rester à la maison ; ou parce que j'ai trois ou cinq enfants et que c'est très difficile de concilier ma vie de travail à l'extérieur et ma vie de famille. Chacun de mes enfants à élever est pourtant une mission extraordinaire à accomplir, parce que chacun d'eux a une vocation que je vais aider à mettre à jour.

D'un autre côté, mes enfants ont besoin de voir que je ne suis pas uniquement leur mère, que je suis aussi une épouse et une femme, que j'ai des besoins de réalisation personnelle et que je ne suis pas seulement celle sur qui toute la famille peut compter. J'ai à développer ma propre autonomie, à découvrir mes désirs et à les réaliser au mieux, en veillant à ce qu'ils ne fassent de mal à personne. J'ai le droit et le devoir de développer mon être intérieur. Je donnerai à mes filles un modèle auquel elles auront ou non envie de s'identifier. Si elles voient chez moi la soumission, comme je l'ai vue chez ma mère, elles feront la même chose ou bien elles seront dans la rébellion.

Je trouverai un équilibre entre l'harmonie familiale et la réalisation de ce que je porte le plus profondément en moi. J'ai besoin de réaliser mes aspirations pour me construire. Pour oser prendre leur autonomie, mes enfants, mes filles ont besoin de voir que je suis aussi un être de désir et que je ne suis pas le reflet de ce que ma mère a été, ou a rêvé pour moi.

Si j'ai manqué de mère, je peux rencontrer en Dieu la Douce Mère, la Bonne Mère, la vraie Maman qui me réconcilie avec ma mère et avec moi en tant que mère. Quand je suis fatigué ou malade, je peux l'appeler Maman. Je me mets dans ses bras ou sous sa protection.

17
décembre

L'humilité

Dans la crèche de Noël, il n'y avait qu'humilité : l'humilité de Marie, cette jeune fille toute simple qui a su dire oui et être la servante du Seigneur, et celle de Joseph qui demeure à sa place de serviteur. Dans l'étable où ils se réfugient, Marie et Joseph ont pour seuls compagnons un bœuf et un âne. Marie accouche sur la paille ; puis elle installe son enfant dans la mangeoire des animaux.

Jésus aurait pu choisir de naître ailleurs, dans un cadre qui soit plus digne de sa divinité : dans une famille royale, dans un palais, dans l'or et la dentelle, ou dans un pays plus prestigieux, une civilisation plus avancée ou un peuple à la spiritualité plus éclatante. Il est né dans un endroit sans confort, dans le dénuement total, entouré en fait de cour princière, de simples bergers accourus des environs pour le voir. Des mages aussi sont venus : ils étaient des autorités respectées dans leur pays et ils ont eu l'humilité d'entreprendre un long voyage pour se mettre à genoux devant un petit enfant.

Ce petit enfant est venu montrer la gloire et la puissance de l'Amour de Dieu. En face de cette humilité, il y a l'orgueil d'Hérode qui veut rester le seul roi et qui n'a rien compris de la royauté du Messie ; sa lutte à lui est celle du pouvoir temporel.

Choisissons l'humilité de la crèche et faisons de chaque jour de notre vie un Noël renouvelé.

18
décembre

Paix aux hommes de bonne volonté

Devant la crèche de Bethléem, les anges proclamaient : « *Paix aux hommes de bonne volonté* ». Dieu attend de moi simplement que je sois « de bonne volonté » et non que je sois parfait. Cela signifie que je sache mettre de l'harmonie autour de moi, là où je me trouve : dans mon travail, avec mes proches, partout où j'ai des échanges avec des êtres humains ; et non pas que je sois gonflé d'un quelconque mérite. Au contraire du mérite qui tente de se faire valoir devant les autres ou de les écraser de sa supériorité, on voit la bonne volonté, elle, tenter d'établir des relations aisées, des relations sans jugement où se valorisent les actions des autres, ainsi que les petites choses qui sont faites dans l'humilité, sans se prévaloir d'une quelconque vertu. Être de bonne volonté, c'est savoir pardonner et savoir demander pardon en reconnaissant qu'on s'est trompé, et chercher à établir un vrai dialogue

La parabole des talents est souvent comprise comme un règlement de compte final de Dieu avec moi, parce que j'aurais laissé un de mes talents inemployé, le déposant bien enfoui dans la terre au lieu de le faire fructifier. Dieu ne cherche pas à me « coincer ». Il me laisse libre de développer telle ou telle de mes dispositions et ce sera ma responsabilité si j'avais l'étoffe d'un chanteur lyrique ou d'un peintre et que je n'ai pas exercé ce don ! Par ailleurs, si quelque chose, quelqu'un ou quelque conception erronée m'a empêché de développer un de mes talents sur terre, peut-être, sans doute, le développerai-je au Ciel. Dieu attend seulement que je sois de bonne volonté : quoi de plus simple et de plus à ma portée ? Si je le suis, je saurai me laisser toucher par celui qui est dans les mêmes intentions et reconnaître en lui comme en moi ce qui cherche à grandir, à se fortifier.

Nous tous hommes de bonne volonté, employons-nous à nous aider les uns les autres dans notre croissance et notre construction intérieure. Devant tant de guerres, tant de souffrances, la meilleure des actions à mener est d'éveiller en nous l'artisan de paix, l'homme, la femme de bonne volonté.

19

décembre

Un petit agneau

Tu es et je suis un petit agneau sans défense, si fragile. Les agneaux sont touchants, vulnérables. Ils ne sont pas pleins d'audace, ils ne brillent pas dans les réceptions par leurs conversations éblouissantes. Alors pourquoi Jean le Baptiste a-t-il ainsi présenté Jésus : *Voici l'agneau de Dieu,* et incité ses disciples à le suivre ? Suivre un agneau, cela a-t-il un sens ?

Jésus, l'Agneau, avait une parole puissante, une parole bouleversante qui donnait envie de tout quitter pour lui. François d'Assise lui aussi avait une parole qui touchait. Ni l'un ni l'autre ne faisaient des discours plein de savoir, mais ils avaient l'éloquence de ceux qui saisissent l'âme.

Tu es mal à l'aise en société et dans ton entreprise, mais tu peux être porteur de bénédictions là où tu te trouves, même si c'est dans une assemblée où tu ne te sens pas vraiment à ta place.

Les mondanités, les contacts sociaux te gênent, et c'est pour cette raison que tu as choisi de vivre dans une communauté, ou de puiser des forces dans un groupe de prière. Mais tu peux t'y sentir mal, là aussi, parce que tes difficultés psychologiques sont toujours présentes ; elles empoisonnent tes relations avec les autres parce qu'elles entrent en résonance avec leurs propres blessures.

Et toi qui te sens bien partout où tu te trouves, quel don inestimable as-tu reçu ! Que cela ne t'empêche pas d'être toi aussi un agneau. Partage ton bonheur de vivre avec tous ceux que tu croises sur ta route. Qu'ils soient brillants ou non, érudits ou non, est pour toi sans importance, parce que derrière le paraître, tu recherches toujours l'être.

20

décembre

J'ai en moi ce que j'admire chez les autres

Une des façons de connaître notre être, notre potentiel divin, est de regarder ce que nous admirons chez les autres. Nos dons sont souvent cachés par notre éducation, nos habitudes, nos routines, toutes nos duretés et par le manque de confiance que nous avons en nous-mêmes.

Si je veux découvrir mon identité véritable, mon être, je vais rechercher ce que j'admire chez les autres. Si je suis très attiré par une qualité chez quelqu'un et qu'elle me touche, c'est que j'ai sans doute cette qualité au fond de moi. Ce qui me fascine chez l'autre est en moi. Mais ce n'est pas parce que j'admire un grand violoniste, que je vais me mettre immédiatement au violon et devenir un virtuose sous prétexte que j'aurais ce don en moi. Cela signifie seulement que dans les potentialités qui sont en moi, il y a la musique, il y a le violon ou le piano. Moi qui ai vingt-huit ou cinquante ans aujourd'hui, ai-je envie de développer ce talent? Je vais devoir y consacrer du temps, structurer ma vie différemment et accepter de faire des sacrifices pour cela. Je me souviens qu'il y a vingt ou trente ans, quand cette disposition avait commencé à se manifester, je n'avais pas pu m'y consacrer parce que mes parents ne voulaient pas ou le voulaient trop, ou parce que j'étais peu motivé.

Si j'admire quelqu'un qui a le don de l'éloquence, sans doute ai-je dans mes capacités, celle de savoir toucher les autres par ma parole; mais si je suis persuadé que je ne sais pas parler parce que j'ai des souvenirs douloureux de bafouillage ou de bredouillement face à quelqu'un devant qui j'aurais voulu être brillant, alors s'est peut-être glissé en moi un doute profond sur mon aptitude à la parole. J'ai donc à reprendre de l'assurance en travaillant mon expression verbale avec quelqu'un en qui j'ai toute confiance et qui accepte sans jugement tout ce que j'exprime et ma façon de le faire.

Lorsque j'apprécie la capacité qu'ont certains d'être attentifs aux autres, de savoir mettre en valeur une qualité chez tel ou telle, je sens que moi aussi j'ai cette disposition même si une pudeur excessive m'empêche parfois de le manifester; pour cette raison, cela peut me toucher tout particulièrement.

Lorsque j'admire la générosité de telle personne, c'est qu'il y a en moi la même qualité mais qu'elle n'est peut-être pas encore éclose surtout si j'ai entendu dans mon enfance que je n'étais qu'un égoïste. La beauté, l'intelligence du cœur, la capacité de travail, la bonté, la résistance physique, tout ce que j'admire ou qui me touche en toi, est aussi en moi.

21
décembre

La musique des âmes

J'aime entendre la musique de vos âmes, de toutes nos âmes réunies. Devenons de ces musiciens qui osent jouer de leur instrument intérieur. Soyons tous musiciens pour faire une belle musique ensemble. Chaque fois que nous sommes réunis, par exemple à l'instant avec toi qui lis ces lignes, quel bel orchestre formons-nous alors !

Dans l'orchestre, en-dehors du soliste, il n'y a pas d'instrument qui l'emporte sur les autres. Chacun a son rôle, chaque pupitre a sa partition et tous sont indispensables à la réalisation finale. Chaque musicien écoute les autres : il écoute la musique autant qu'il la joue. L'écoute est aussi importante que le jeu.

Est-ce que tu entends la mélodie de l'âme de ton voisin, de ton ami, mais aussi celle de ton ennemi ? Il est peut-être ton ennemi dans ce qu'il a fait ou dit, mais il y a en lui une note particulière dont tu as besoin, parce qu'elle te parle aussi de toi. Est-ce que tu l'entends ? Si tu l'entends, tu vas t'approcher de lui différemment et il t'accueillera autrement.

Nous avons tous une musique intérieure, nous avons tous une mélodie à jouer ; et à certains moments simplement une seule note. Que cette unique note, je puisse la jouer de tout mon être, qu'elle soit remplie de tout ce que je suis, que j'y mette le meilleur de moi ; et que j'ouvre mon oreille intérieure pour entendre les autres âmes, chacune jouant sa partie.

Chaque note fait partie du tout de la musique des âmes.

22
décembre

Tu es fait pour la Gloire

Il y a des moments de ma vie où je me suis enthousiasmé, passionné pour un être, pour une opinion, pour un objet ; et puis j'ai été déçu par cette possession matérielle qui n'a pas guéri ma détresse intérieure, ou par cet être idéalisé qui s'est ensuite avéré décevant, alors qu'il était tout simplement un être humain comme moi, et je suis désabusé, aigri.

Il faut bien voir que j'étais dans l'illusion lorsque je me suis emballé si vite pour un avoir qui ne pouvait pas me satisfaire, alors que le désir le plus profond de mon cœur, c'est un accomplissement, un épanouissement total, bien loin de celui du pouvoir, de l'argent ou du sexe. Si je suis sûr qu'un jour je vivrai pleinement cette gloire auprès de Dieu, alors, dès maintenant je peux me laisser remplir d'espérance puisque je vis dans cette certitude.

Si je pouvais être absolument sûr de vivre bientôt le plus grand amour, celui dont je rêve depuis toujours. si quelqu'un pouvait m'affirmer avec certitude que cet amour vient vers moi et que je puisse le sentir s'approcher, alors bien sûr que je serais déjà dans la joie aujourd'hui ! Or, la Bonne Nouvelle de Jésus, c'est que je vivrai le Grand Amour.

J'apprends à laisser la Joie de Dieu m'inonder jour après jour, même si par moment je suis à nouveau plein de doutes. Maintenant et quelles que soient les circonstances de ma vie je sais et je me remplis de cette vérité profonde que je suis fait pour la Gloire.

23
décembre

Etre un Vivant

Notre première mission ne serait-elle pas d'être des Vivants ? Dieu est Vie ! Un chrétien devrait avant tout, être un Vivant. Dieu nous donne une intensité de vie, une vibration qui nous porte d'abord à nous construire en profondeur, à progresser et ensuite, chacun à sa place, à faire avancer l'humanité d'un tout petit pas. Savons-nous contempler la Création, mais aussi y agir de façon enthousiaste ? Est-ce que nous ressentons cette pulsation de vie en nous ? Plutôt que de faire des sermons, de nous gargariser de belles phrases, savons-nous témoigner de Dieu simplement en étant pleins de vie ? D'abord regardons en face toutes nos morts, nos désirs de mort vis-à-vis de nous-mêmes et vis-à-vis des personnes qui nous dérangent. Voyons toutes nos fuites, nos inhibitions, nos reculs, nos refus de nous regarder en face, et entrons dans la Vie que Dieu nous propose. Faisons nôtre ce regard de Dieu qui transforme toutes choses en bien.

Si je parviens à changer ma vision du monde, même si cela me demande une conversion intérieure – et d'ailleurs toute notre vie est faite de conversions successives et multiples – alors je vais devenir un vivant, quelqu'un qui vit et qui donne envie ! Au lieu d'être envieux, je deviens un vivant ! C'est si simple et c'est notre mission à tous : recevoir plus pleinement à chaque instant la Vie de Dieu et la partager, quel témoignage !

24
décembre

Les anges dans notre vie

Un ange, un envoyé de Dieu, nous accompagne partout au cours de notre vie ; certains en ont conscience, ont eu la révélation de son nom, voire s'entretiennent avec lui ; d'autres pensent à l'invoquer dans des moments difficiles ou délicats.

Telle personne égarée en voiture se retrouve soudainement après avoir prié son ange, très précisément à l'endroit où elle devait se rendre pour porter secours à des proches accidentés, alors que désespérée, elle s'en croyait éloignée de plusieurs kilomètres.

Telle autre qui voit s'avancer vers elle lors d'une promenade en forêt trois chiens d'apparence féroce, prie son ange tout en continuant à avancer tranquillement ; immédiatement, les trois chiens s'arrêtent, marquent un temps d'arrêt et font demi-tour. Depuis ce jour, cette personne n'a plus eu aucune crainte de se promener seule.

D'autres encore se rendent compte qu'une entrevue avec une personne avec laquelle ils sont en conflit se passe beaucoup mieux s'ils envoient leur ange auprès de cette personne peu avant de la rencontrer.

Des petites contrariétés matérielles peuvent s'arranger rapidement après un clin d'œil à notre ange : des clés perdues se retrouvent ; des pannes d'ordinateur se résolvent ; des places de parking se libèrent ; des objets soi-disant oubliés sont là dans le sac ou la poche.

En-dehors des anges gardiens, certains sont là pour prendre soin par exemple d'une famille, d'un groupe, d'une communauté, d'une nation. D'autres anges assistent certains types de vocation ou de métier. Ils sont partout présents pour nous soutenir, nous réconforter, nous éclairer, nous aider à faire de bons choix. Ils sont à la croisée de tous nos chemins et font route avec nous.

25

décembre

L'émerveillement

Noël, c'est la fête de l'émerveillement, de la renaissance. Puissions-nous vivre un peu Noël chaque jour et ainsi changer de regard sur notre quotidien.

La découverte de notre trésor intérieur nous donne sur toutes choses un regard différent, un regard de lumière rempli d'amour qui saisit la beauté de la profondeur. Sortir du labyrinthe du psychisme nous fait entrer dans notre être où tout est lumière et cela transforme notre vision du monde.

C'est l'expérience radicale qu'a vécue François d'Assise. Il est promis à un avenir tout tracé de riche drapier s'il reprend l'affaire de son père. Mais sentant un appel divin, il refuse ce que son père avait décidé pour lui car il n'a que faire de la puissance de l'argent et de la gloire des combats. Il renonce à sa vie de frivolités, à la fierté d'être un meneur parmi ses compagnons de festivités et il choisit le dépouillement malgré l'incompréhension de ses proches. Dans une scène mémorable, il se débarrasse de son paraître, de ses lourdeurs héréditaires, à commencer par ses riches vêtements qu'il dépose aux pieds de son père et il le quitte entièrement nu, au vu de la population d'Assise stupéfaite. Ce dépouillement le met en présence de son être, de son enfant de lumière et ses yeux s'ouvrent. Il voit comme il ne les avait encore jamais vus la nature, les animaux, les hommes. Il s'émerveille de la beauté du monde et pleure de joie. Il chante des cantiques où tout est occasion de louange ; il n'y a plus ni bon ni mauvais, ni beau ni laid, mais simplement frère l'orage, sœur la pluie, sœur la boue, frère l'inconfort, dame pauvreté.

Cet émerveillement, c'est le don de Dieu pour chacun de nous, si nous acceptons que les souffrances de notre vie transfigurées nous fassent découvrir notre profondeur.

26
décembre

Merci mon Dieu

Dès mon réveil, ma première pensée pourrait être celle-ci : “Merci mon Dieu pour cette journée et pour la Vie”.

Au lieu de me plaindre de la tristesse de l’existence, de déplorer les catastrophes naturelles, les injustices du sort, je pourrais choisir de dire que la vie est belle, parce qu’elle vient de Toi. Je penserais à ouvrir les yeux sur ce qui est beau, réjouissant, exaltant et je cesserais de me lamenter à longueur de temps sur ce qui ne va pas dans ma vie ou dans le cours des événements du monde. Je déciderais de ne plus me prendre pour une victime. Je serais alors dans la louange :

« Je Te remercie car tu me donnes sans fin et tu m’as aidé à renaître tant de fois ! Merci pour mes parents, pour la vie qu’ils m’ont donnée, pour leur exemple, pour leur affection. Merci pour tous ceux qui m’entourent, pour mes enfants, pour mes collaborateurs, pour tout ce qu’ils m’apportent, pour le temps qu’ils me consacrent. Merci pour mon corps tel qu’il est avec ses imperfections et ses indispositions, et même pour cette maladie grave qui a été riche d’enseignement pour moi, parce qu’elle m’a fait découvrir ce qui est important et ce qui ne l’est pas. Merci pour tout ce qui a été bouleversé dans ma vie, même si ces bouleversements m’ont fait verser beaucoup de larmes, et même si au début, je n’ai rien compris ; maintenant j’ai trouvé le cadeau qui se trouvait derrière et que je ne voyais pas. Merci pour cette journée, merci pour la Vie. Merci d’avoir été et d’être toujours avec moi, merci de me porter dans les moments difficiles. Tu n’es jamais absent. Tu ne m’abandonnes jamais. Merci Seigneur, Tu es Eternellement Présent et Tu m’aimes. »

27
décembre

Dieu me donne une autre chance

A chaque fois que je pense avoir tout gâché dans ma vie, Dieu me donne une autre chance. Si je n'ai pas réussi mon mariage, si un de mes enfants a une maladie grave pour laquelle je me sens coupable et impuissant, si j'ai de gros problèmes relationnels avec mes parents ou mes enfants, si j'ai quitté ma communauté monastique ou mon engagement sacerdotal, malgré tous ces boulets de ma vie qui me font tant souffrir, Dieu ne me rejette pas et me donne inlassablement d'autres chances. Je découvrirai par exemple une autre manière de comprendre ce que je vis, une nouvelle vocation, ou des talents que je ne me connaissais pas jusqu'alors, ou bien je retrouverai tout simplement la joie de vivre. J'ai longtemps cru que Dieu avait des projets précis sur moi et que je le décevais par les choix que je faisais. Et puis un jour j'ai compris à travers mon expérience de parent comment Dieu agissait avec moi. Moi qui suis père ou mère, je découvre au fur et à mesure que mes enfants grandissent, qu'ils ont besoin de mon écoute, de ma compréhension et que cela ne s'arrête pour ainsi dire jamais, même si leurs besoins ne sont plus d'ordre matériel lorsqu'ils sont devenus adultes. J'ai accompagné et j'accompagnerai encore mes enfants dans leurs changements d'orientation ou dans leurs choix de vie : l'un avait démarré des études en faculté et a tout arrêté parce qu'il s'est senti une vocation de musicien ; l'autre qui aurait pu envisager de poursuivre des études secondaires a décidé brusquement d'aller travailler à l'usine ; et puis, celui-ci est en train de divorcer et celle-là m'a annoncé qu'elle était homosexuelle. J'ai ressenti une profonde tristesse et j'ai été rempli de culpabilités ; oui, c'est vrai, j'ai ressenti tout cela et j'ai bien vu ma part dans toutes ces souffrances ; mais j'ai pu assurer mes enfants de mon amour et de mon soutien sans faille. Je les ai encouragés à aller jusqu'au bout de leur projet d'orientation ou j'ai accepté mes enfants tels qu'ils étaient, même si leurs choix avaient pu me heurter. Je les suis dans leurs cheminements puisque ces voies sont celles qu'ils souhaitent suivre.

Que fait Dieu avec moi ? N'est-il pas ce Père aimant qui me conduit pas à pas et m'accompagne dans mes choix, qui me réconforte quand je suis dans le doute et même dans l'erreur et qui m'encourage à avancer ? N'est-il pas Celui qui tient compte de mes décisions et qui chaque fois m'aide à en tirer un plus grand bien ?

28

décembre

Ma vie commence aujourd'hui

Moi qui ai subi des relations incestueuses lorsque j'étais enfant, je me suis longtemps dit que ma vie sentimentale était un désastre et que j'avais tout raté. Lorsque j'étais adolescente, j'ai fait des tentatives de suicide qui n'ont pas été comprises par mes proches et je me suis sentie encore plus seule, encore plus mal-aimée. Mais, ai-je vraiment tout raté ? J'ai eu des déceptions sentimentales certes, mais j'ai eu aussi des enfants qui sont une joie pour moi. Et moi qui pensais qu'il était trop tard pour vivre enfin une histoire d'amour qui tienne debout, voilà que j'ai rencontré celui qui est maintenant mon compagnon depuis quelques mois ; et pour la première fois de ma vie, je me sens comprise, aimée telle que je suis avec ce passé si lourd. J'ai l'impression d'avoir reçu une autre chance et de pouvoir renaître ; le fait de vivre cet amour me donne la force d'entreprendre une démarche de « nettoyage intérieur » afin de commencer cette nouvelle vie sur des bases renouvelées, plus saines. Je veux comprendre ce que je recherchais lorsque je provoquais ces ruptures, ces rejets ; je veux voir plus clair en moi. Pendant de nombreuses années, je me suis détournée de Dieu à cause de mes ratages conjugaux ; je pensais qu'Il ne voudrait plus de moi, puisque j'étais « sortie du rang ». Maintenant, je comprends qu'Il ne m'avait jamais quittée dans tous les choix que j'avais pu faire. Et chaque matin, je peux me dire que je suis au seuil de ma nouvelle vie et que cette vie commence aujourd'hui même. A moi, cette fois, de ne plus rien gâcher ! Je comprends tous ceux qui me jugent et je ne cherche ni à les convaincre, ni à les scandaliser. Je demande pardon à tous ceux que j'ai fait souffrir ou que le témoignage de ma vie a pu heurter, et je deviens très humblement un témoin reconnaissant de la miséricorde infinie de Dieu.

29
décembre

Je tourne la page et j'intègre le passé

Après deux années de dépression, je me suis rendu compte que ma vie professionnelle ne me convenait pas du tout. J'avais un poste à responsabilité dans une entreprise avec des personnes sous mes ordres et moi qui aime avoir des relations vraiment humaines, d'égal à égal et basées sur l'entraide, je me voyais obligée de tenir un rôle qui n'est pas le mien en profondeur, celui d'un gendarme sans état d'âme.

J'ai fait alors un bilan de compétences et j'ai réalisé que j'avais des dispositions pour soigner, pour venir en aide à celui qui souffre, pour avoir des contacts chaleureux ; malheureusement, dans la profession que j'exerçais, choisie pour faire plaisir à mes parents, je faisais tout le contraire et j'étais donc contrainte à forcer ma nature. Grâce à une aide financière j'ai pu reprendre des études et je poursuis une formation d'infirmière. J'ai retrouvé la joie de vivre. Pour réussir à tourner la page, il m'a fallu vivre cette dépression, accepter de me faire aider et découvrir enfin qui j'étais vraiment. Mon passé a servi de révélateur à mes dons ; le fait d'avoir souffert jusqu'à être déprimée m'a permis de commencer une nouvelle vie. Depuis lors je me demande, avant de prendre une décision, si c'est bien là ce que je veux en profondeur et si je ne suis pas encore en train de vouloir faire plaisir à mes parents, à mes chefs ou à mon conjoint. J'ai appris à savoir dire non à tout ce que je faisais auparavant sans conviction, à tout ce que j'acceptais pour contenter mes proches ou mes supérieurs. Ce passé de souffrance, je ne le renie pas ; il a été plein d'enseignements et m'a permis de découvrir ma richesse intérieure.

30

décembre

Que la Vie de Dieu coule librement en moi

Voici ce qui pourrait être le dessein, l'œuvre de mon existence: laisser la Vie de Dieu m'imprégner chaque jour davantage; ne plus Lui mettre d'obstacle; prendre conscience qu'une bonne partie de mon temps et de mon activité consiste à mettre des barrières et à empêcher cette Vie de circuler librement en moi et de moi vers les autres. Ces obstacles sont les murailles, les blindages de mon psychisme qui entourent toutes mes blessures; et j'en ai tant à guérir et tant de murs à démolir pour laisser cette Vie couler vers moi !

Que la Vie de Dieu coule librement à travers moi: cela pourrait être ma prière de chaque jour. Qu'Elle irrigue mes cellules, qu'Elle ouvre mon cœur, qu'Elle réorganise ma pensée, mon imagination, ma rationalité, mes sentiments, qu'Elle remette en ordre mon histoire personnelle et celle de ceux qui sont autour de moi, tout en respectant la liberté et les choix de chacun. Laisser la Vie de Dieu circuler librement, ne plus entraver son passage et voilà une existence comblée, féconde pour mes proches, mes collaborateurs! Pourquoi édifier tant de constructions que j'aurai ensuite à abattre? Pourquoi tant de montages compliqués dont je devrai me défaire ?

Que la Vie de Dieu coule librement en moi.

31

décembre

Vive Dieu !

A la fin d'un spectacle, les applaudissements remercient l'artiste pour ce qu'il a réalisé et donné.

Ne serait-il pas plus beau encore que ce dernier se tourne vers Celui qui l'a comblé de tant de dons et qu'il Le fasse applaudir par la salle ? Rêvons à plus grandiose encore : en réponse à ce geste, toutes les personnes assemblées pourraient se lever et clamer d'une seule voix : « Vive Dieu ! » Bien que cette exclamation puisse surprendre au premier abord, car Dieu est La Vie même ! Considérons–la surtout comme un témoignage de notre gratitude.

Lorsque j'accomplis un travail, une œuvre, que je sache accepter les « merci » qui me sont adressés et que je mérite. Que je les reçoive avec simplicité en les faisant remonter vers Dieu à qui je dois tout. Dieu le plus Grand est aussi le plus petit. Son Amour plein de délicatesse ne fait pas sa promotion, ni sa publicité. A toi, à nous de Le découvrir dans toutes les facettes de la vie, les cadeaux, les merveilles, les événements heureux, les grâces inespérées, afin de pouvoir restituer à Dieu ce qui Lui revient. Et moi qui pense ne jamais rien recevoir et qui dis avoir tout raté, moi qui me crois oublié de Dieu, est-ce que je peux Lui permettre de retourner tous les drames de ma vie, toutes mes culpabilités comme on retourne un gant, pour que je puisse relire ma vie en positif et enfin m'aimer tel que je suis ?

Lorsque le facteur m'apporte une lettre d'amour, je peux embrasser le facteur, mais il n'est pour rien dans l'existence de cette lettre ; il n'en est que le porteur. Si je pense aux révélateurs, aux éclaireurs de ma vie à qui je dois certaines des fondations de ma construction intérieure, je peux être tenté de me fixer exagérément sur eux et les idolâtrer ; ils ne sont pourtant que des transmetteurs, des messagers de l'Amour de Dieu. Alors, comme l'artiste, je saurai rendre à Dieu ce que j'aurai reçu : la parole bienveillante de ce frère, le regard compatissant ou le geste d'affection de cet autre qui seront autant de témoignages de Son Amour pour moi et je pourrai dire : VIVE DIEU !

Table des matières

Janvier

Février

Mars

Avril

Mai

Juin

Juillet

Août

Septembre

Octobre

Novembre

Décembre

Impression réalisée par

BUSSIÈRE

GROUPE CPI

à Saint-Amand-Montrond (Cher)
en mai 2007

N° d'impression : 071488/1.
Dépôt légal : mai 2007.

Imprimé en France